中国枣产业
发展问题研究

——基于供给侧结构性改革的视角

刘妮雅　王慧军◎著

RESEARCH ON THE DEVELOPMENT OF CHINESE JUJUBE INDUSTRY

—BASED ON THE PERSPECTIVE OF SUPPLY-SIDE STRUCTURAL REFORM

经济管理出版社
ECONOMY & MANAGEMENT PUBLISHING HOUSE

图书在版编目（CIP）数据

中国枣产业发展问题研究：基于供给侧结构性改革的视角/刘妮雅，王慧军著 .—北京：经济管理出版社，2022. 10

ISBN 978-7-5096-8767-3

Ⅰ.①中… Ⅱ.①刘… ②王… Ⅲ.①枣—产业发展—研究—中国 Ⅳ.①F326. 13

中国版本图书馆 CIP 数据核字（2022）第 187003 号

组稿编辑：张　艺

责任编辑：申桂萍

责任印制：黄章平

责任校对：陈　颖

出版发行：经济管理出版社

（北京市海淀区北蜂窝 8 号中雅大厦 A 座 11 层　100038）

网　　　址：	www. E-mp. com. cn
电　　　话：	（010）51915602
印　　　刷：	唐山玺诚印务有限公司
经　　　销：	新华书店
开　　　本：	720mm×1000mm/16
印　　　张：	16. 5
字　　　数：	259 千字
版　　　次：	2023 年 1 月第 1 版　　2023 年 1 月第 1 次印刷
书　　　号：	ISBN 978-7-5096-8767-3
定　　　价：	78. 00 元

前　言

枣产业是中国特色林果产业，也是中国规模最大的干果产业。伴随着新疆枣产区的迅速崛起，中国枣产业于 2000 年后呈现出前所未有的增势，种植面积和产量呈刚性增长、枣果品质得到大幅提升，枣果价格也保持高位运行。随着我国居民收入水平的提高，居民消费结构、消费理念和消费能力都发生了显著变化，以往的产品供给已经不能满足日益变化的消费需求，枣产品市场也从供不应求转为供过于求，枣果价格呈现断崖式下跌，需求侧的变化对枣产业发展提出了新的要求。当前枣产业发展面临的主要问题是低端供给总量供大于求，品质结构矛盾突出；生产效率差异较大，枣果品质参差不齐；产业链各环节利润分配不合理；规模扩张无序，价格波动幅度过大；等等。解决中国枣产业面临的经济发展问题，对于带动贫困山区产业发展、提高农民经济收入、保护生态环境具有重要意义。

为了解决中国枣产业面临的主要问题，本书在供给侧结构性改革的战略背景下，以中国枣产业为研究对象，采用定量分析、定性分析、案例分析相结合的研究方法，从需求侧着手，对枣产业的生产、加工、流通等环节进行全面系统的分析，为今后枣产业可持续健康发展提供决策依据。本书首先通过实地调研获取一手数据，分析了消费者个体特征、消费行为和消费态度等需求特征；其次采用交叉因素法，初步分析了消费者特征和消费偏好分别与枣产品消费之间的关系；最后采用有序多分类 Logistic 模型，分析了影响消费需求的主要因素，得出消费者的年龄结构、受教育程度、职业、收入均会影响其对枣产品的消费，知名品牌产品、精深加工品和绿色有机产品更受消费者的青睐。本书采用情景分析法预测了未来不同消费结构下的市场需求量，将其与供给量进行对比分析，得出中国枣产业有效需求尚未得到满足、枣产业发展仍有巨大潜力的结论。

为了满足有效需求，中国枣产业需要从供给侧结构性改革的视角，通过对生产、加工、流通等环节进行改革，从而达到增加有效供给、降本提质增效、加快市场化和产业化进程的目标。从中国枣产业生产情况看，本书通过采用地区集中度、资源禀赋系数、区位熵等方法分析枣产业的生产区域布局、资源禀赋情况和专业化程度，发现中国枣产业生产呈现高度集中化和区域化的特点，不同枣产区具有不同的资源禀赋优势，生产重心已从传统枣产区转移至新兴枣产区新疆。通过采用比较分析法和 Mann-Whitney 秩和检验法，分析不同枣产区的生产成本收益情况并比较不同农作物之间的成本收益情况，得出新疆具有发展生产的绝对优势，但也存在品种结构单一、地区发展不均衡、人工成本偏高、土壤质量退化等问题。传统枣产区虽不具有发展生产的绝对优势，但种植枣树仍具有比较优势，通过特色发展实现传统枣产业生产的转型升级。本书通过分析中国枣产业的流通模式，得出枣产业仍以传统流通模式为主，与"合作社+农户"和"龙头企业+基地+农户"的流通模式并存。不同流通模式下产业链各环节利益主体的利润分配比例不均衡，为了解决利润分配不均的问题，通过 Shapley 值法测算出各利益主体的合理利润分配比例。经 Shapley 值优化后，枣农和加工商的利润分配比例有较大幅度提升。中国枣产业链需要通过完善市场流通体系、创新流通模式、提高流通效率和产业组织化程度，来实现不同主体间利润的合理分配。本书采用季节调整法和 HP 滤波法深入剖析了枣的市场价格变化规律，发现市场价格呈现整体下滑、规律性波动的特征，季节性变化特征明显，周期性波动规律呈现出波动频率逐渐增高而波幅逐渐减少的特点。

为了从根本上解决中国枣产业经济发展问题，最有效的措施即为供给侧结构性改革，基于此提出以下对策建议：优化产业区域布局，各枣产区寻求特色发展；以提质增效为目标发展生产，加大对科技创新支持力度；发挥枣产品药食同源优势，提升深加工水平；实施品牌带动战略，创新体制机制；大力开拓国际市场；强化财政金融保险政策支持，消除产业发展后顾之忧。

目　录

1　导言

1.1　研究背景和研究意义

1.1.1　研究背景

中国经济经历了高速增长，取得了卓越的成果。但是，随着人口红利的减少、中等收入陷阱的逼近、全球经济格局的调整等内外因素共同作用，中国经济发展步入新常态，出现了经济发展增速放缓、CPI 保持低位运行态势、居民收入增加且消费上升、企业利润下降且投资减少等现象。其中，供需错位已经成为阻碍中国经济增长的主要障碍性因素。此时，种种迹象表明传统的需求管理模式亟待优化升级。2015 年 11 月习近平总书记在中央财经领导小组第十一次会议上首次提出"着力加强供给侧结构性改革"，此后，"供给侧结构性改革"成为中国经济改革的主要内容：2016 年中央一号文件提出要"推进农业供给侧结构性改革"；2017 年中央一号文件《中共中央　国务院　深入推进农业供给侧结构性改革　加快培育农业农村发展新动能的若干意见》正式发布，以增加农民收入、保障有效供给为主要目标，以提高供给质量为主攻方向、以体制改革和机制创新为根本途径；2017 年中央经济工作会议指出，"深化供给侧结构性改革""把推进供给侧结构性改革作为经济工作的主线""推动我国经济在实现高质量发展上不断取得新进展""推进中国制造向中国创造转变，中国速度向中国质量转变，制造大国向制造强国转变""大力破除无效供给"；就农业发展战略而言，"实施乡村振兴战略""推进农业供给侧结构性改革，坚持质量兴农、绿色兴农，农业政策从增产导向转向提质导向"；2018 年中央一号文件《中共中央　国务院　关于实施乡村振兴战略的意见》正式发布，并再次强调要"以农业供给侧结构性改革为主线""加快构建现代农业产业体系、生产体系、经营体系"。

枣产业为中国传统特色林果产业之一，历经 7000 多年的发展传承和近 40 年的现代化改造，枣树已经成为我国第一大干果树种。2018 年，我国枣树的种植面积达到 331 万公顷，产量达到 736 万吨，远远高于核桃、柿子、板栗等其他干果品种。枣产业发展兴衰直接关系到全国至少 2000 万枣农切身经济利益。[①] 伴随着枣文化逐渐渗入中华文明，从传统节日、结婚生子的传统膳食到饮茶、药膳的制作，再到如今的各种枣类精深加工品，中国人对枣的消费已经深入到生活的方方面面。现阶段，我国已经进入中上等收入国家的行列，居民收入水平不断提高、中等收入群体不断扩大，消费结构、消费理念、消费能力都发生了显著变化，对枣产业的供给提出许多新的要求，迫切需要从供给侧进行改革，以满足逐渐升级的多样化和个性化的需求。只有满足需求侧的新要求，才能实现枣产业的可持续发展，提升枣产业的经济效益、保障枣农的经济收入，推动乡村振兴战略的实施。目前，中国枣产业经济发展中存在的诸多问题已经影响到产业健康发展。

第一，低端供给总量供大于求，品质结构矛盾突出。在过去的近 20 年中，中国枣产量经历了史上最快速的增长期，年增长率最高可达 20% 以上，枣产量在 2016 年达到了历史最高值 824 万吨。[②] 从市场消费情况看，供给总量已经能够满足需求总量，但是，从供给结构看，越来越多的消费者追求高品质、品牌化、绿色枣产品，市场上的中高端需求尚未得到满足，供需结构性失衡特征明显，品质结构矛盾突出。

第二，生产效率差异较大，枣果品质参差不齐，经济效益有待提高。中国枣产业具有较好的发展基础，生产技术处于世界领先地位，但是，与其他果品产业相比，整体发展水平相对落后，在生产技术上尚未全面推广现代化栽培技术。当

---

① 资料来源：刘孟军. 中国枣产业发展报告 1949—2007［M］. 北京：中国林业出版社，2008.
② 资料来源：《中国统计年鉴》（2001~2019）。

前，传统枣产区和新兴枣产区新疆在栽培技术、资源环境、人力成本等方面均存在较大差异。新疆枣产区现代化栽培技术普及程度高，生产效率较高，但是也面临资源约束、成本上升较快、枣果品质下降等问题；而传统枣产区的主要问题在于现代化栽培技术普及程度较低，生产规模化、标准化有待进一步推进，枣果质量不高、抗风险能力差，但是不同产区各自具有资源禀赋优势，具有个性化、特色化发展的潜力。

第三，规模扩张无序，价格波动幅度过大，枣农经济收益不稳。中国枣产业在过去的近 20 年间经历了巨幅波动，先是在短短不到 10 年的时间里，从名不见经传的小产业发展到全国最引人注目的干果产业；又用不到 5 年的时间，从发展顶峰迅速跌落。从总量供不应求到供过于求，价格也随之经历了暴涨到下跌，产业链各主体也是从获利颇丰到亏损连连，甚至退出枣产业，从而影响了枣产业的健康发展。

第四，产业链各环节利润分配不合理。枣产业已经发展形成了以枣农、经纪人、专业合作社、加工企业、批发市场、零售市场等为主体，以批发市场、集贸市场、零售终端为主要流通渠道的多模式并存的流通格局。在不同的流通模式之下，产业链各环节利益主体的利润分配不均，本书调研数据显示，处于产业链上游的枣农所获利润占比较低，在传统流通模式下，枣农利润只占整个流通环节利润总和的 3.85%，而约超过 50% 的利润集中在零售端。[①] 利润的不合理分配影响了各环节利益主体的积极性，造成了枣农种植风险高、增收难的问题。

目前，中国枣产业进入发展瓶颈期，转型升级已经迫在眉睫。在供给侧结构性改革的大背景下，要以需求侧为导向，以提高有效供给、增强市场竞争力为目标，以降本提质增效、绿色健康发展、市场化和产业化为实现途径，要实现上述目标需要对中国枣产业经济发展问题进行深入研究：从需求侧视角出发，中国枣产业的消费需求是什么？影响消费需求的因素有哪些？如何从生产、加工、销售等产业链各环节进行改革以满足有效需求，从而促进枣产业高质量发展、增加枣农以及产业链各利益主体的经济效益？本书试图从枣产业经济发展实际情况出

---

① 资料来源：本书调研数据，详见 7.4.1 传统流通模式的利润分配。

发，通过理论分析并解决上述问题，为枣产业发展寻求可持续健康发展之路。

1.1.2 研究意义

第一，理论意义。本书以供给侧结构性改革为研究视角，立足中国枣产业发展现状，以解决枣产业供求结构性失衡为主线，从需求侧的视角入手，研究了消费需求特征和主要影响因素，在此基础上，对中国枣产业的空间布局特征及演变、生产效率、流通模式、产业链主体利润联结机制、价格波动特征进行分析，探究枣产业内在发展规律和外在影响因素，为进一步研究中国枣产业提供理论借鉴。

第二，实践意义。随着中国中等收入群体不断扩大，消费者对农产品的品质提出了新要求，消费需求从单纯对"量"的追求升级为对"质"的追求，消费者对中高端产品的需求显著增加。就枣产业供给侧而言，以由量的需求向满足不同人群个性化需求转变，对高品质产品的需求尚未得到满足。如何构建降本、高效、优质、绿色的枣产业体系成为亟待解决的问题。此外，枣产业作为中国最大的干果产业已经成为山区发展旱地农业、实现乡村振兴的重要产业。在枣产业快速发展的近20年里，催生了大量从业人员和相关企业，枣产业的发展直接关系到枣农、红枣经纪人、加工企业、物流企业、仓储企业、批发企业和零售企业的经济利益，产业的兴衰会直接影响当地农民的收入。本书将解决供求结构性失衡，提升供给质量作为主攻方向，研究如何节本增效、提高流通效率、促进各主体之间利益合理分配、稳定市场价格，并分析了相关影响因素，这对制定中国枣产业政策建议、促进枣产业高质量健康稳定发展具有重要的现实意义。

1.2 国内外研究现状

枣产业是中国规模最大的干果产业，其种植规模和产量远远高于其他干果品种。国内外学者对于枣产业的研究主要集中在技术层面，具体包括基因组测序、品种选育、病虫害防治、节水灌溉、营养成分分析等方面，对于产业经济问题方面的研究为数不多，国外学者关于枣产业经济问题的研究成果几乎处于空白状态。目前有关中国枣产业的经济问题研究主要集中在生产环节、加工环节、产业组织模式等方面，整体来看研究成果多为地方性枣产业发展问题研究。由于国内以全国枣产业为研究对象的系统性研究较少，本书首先梳理了农业产业经济问题研究和其他农业产业发展全国性研究的成果；其次梳理了学者在枣产业发展研究过程中对产业链各个环节以及不同地区枣产业的研究成果，在此基础上，构建中国枣产业经济发展问题的研究框架。

1.2.1 农业供给侧结构性改革的研究现状

（1）关于供给侧结构性改革的研究。我国的供给侧结构性改革的理论根源最早可追溯到供给学派。供给学派强调市场供给，认为生产增长取决于生产要素的供给和有效利用。法国经济学家让·巴蒂斯特·萨伊（1827）的萨伊定律（Say's Law）是供给学派最初的理论渊源，该定律指出供给创造其自身的需求。我们每个人只能购买生产出的产品，能够购买的价值等于能够生产的价值。人们生产得越多，购买也就越多，不存在供给过剩，产品没有销售出去是因为另有一些产品没有生产出来。[1] 萨伊定律说明资本主义经济在没有政府干预的情况下会自然趋向充分就业和繁荣。凯恩斯（2010）指出萨伊定律过于简单并不正确，需求是决定经济活动整体水平的关键变量而非供给。但是，凯恩斯并未完全否定萨伊定律，他认为只要执行正确的宏观经济政策，萨伊定律就能够成立。

上述供给学派和凯恩斯主义最根本的失误是"假设"了供给环境，没有充分意识到生产力革命给总供给带来的根本性变化。当生产力的飞跃使人类的供给能力迅速提升之后，人类的需求也并未被充分满足，根本原因在人类的需求是适应环境变化而变化的且人类的需求是无限的。因此，虽然人类社会的发展离不开消费需求作为动力源，但是"人类社会不断发展的主要支撑因素，可认为是有效供给于需求的回应与引导"（贾康等，2014）。正是由于此错误判断，20世纪70

---

① Jean-Baptiste Say. A Treatise on Political Economy［M］. Philadelphia：Grigg & Elliott, 1827.

年代，在凯恩斯主义指导下人为地扩大市场需求，导致了经济出现滞胀的局面，随之催生了新供给学派。新供给主义经济学指出只有通过更新供给侧结构、引导新供给创造新需求、引导资源向新业态转移，才能实现萨伊定律中"供给创造需求"的经济运行机制。新供给学派强调市场对经济的调节作用，反对政府对经济的过多干预，并非强调政府在有效供给和结构优化方面的能动作用，其政策实践主要就是减税政策。

2016 年 1 月 18 日，习近平总书记在省部级主要领导干部学习贯彻党的十八届五中全会精神专题研讨班上的讲话指出，"我们讲的供给侧结构性改革，同西方经济学的供给学派不是一回事，不能把供给侧结构性改革看成是西方供给学派的翻版"。贾康和苏景春（2016）指出，我国的供给侧结构性改革绝不是萨伊定律或里根经济学的复辟或套用，我国的新供给经济学是遵循历史的长周期和发展逻辑，实质地构成了"供给侧"学派的理性回归。贾康（2015）认为，改革开放以来我国经济取得巨大成就主要是依靠供给端改革，开创性地实现了从计划经济向市场经济的转轨，极大地释放了供给潜力。推动经济增长的主要动力在于供给侧，这是供给侧改革的逻辑起点。供给侧结构性改革适应和引领经济新常态、助力需求侧结构改革，是经济增长方式转变的必然要求。

就供给侧结构性改革的着手点而言，深化供给侧结构性改革，要加快实体经济，提高供给体系质量，在宏观层面，高质量的供给体系意味着形成一套适应高质量发展要求的体制机制。贾康（2015）认为，应以中长期高质量制度供给统领全局，主张宏观经济政策要解除供给抑制，放松供给约束，激发微观主体潜力和活力，调整人口政策、增加人口供给，实施优化和提高人口素质的战略部署，实施企业减负的配套改革等。李稻葵（2015）认为，供给侧结构性改革要积极运用最新科技手段改造生产结构。贺强和王汀汀（2016）提出，实施供给侧结构性改革，要健全适应供给侧结构性改革的金融支持体系，鼓励金融机构通过金融创新，支持企业创新、产品创新和技术创新。

（2）关于农业供给侧结构性改革的研究。我国的农业已经进入高质量发展阶段，农业发展导向正从增产转变为提质，农业环境压力、人民群众不断升级的消费需求和激烈的国际竞争迫使我国加快农业转型升级、推进农业高质量发展

（韩长赋，2018）。国际竞争力、可持续发展能力、供需匹配能力和增收支撑能力的下降（叶兴国，2016），造成了农业供给侧的突出矛盾和问题，具体可归纳为农产品的供求总量结构失衡问题，农业生产成本快速上升与国内外价格倒挂问题，农业资源过度利用与环境状况恶化问题，市场调节不充分与政府调控不协调问题（农业部农村经济研究中心课题组，2017）。农业结构性失衡的主要原因在于农业生产能力增长导致了供大于求的供求失衡，农产品价格变化和农业生产技术的不等速运动造成了品种结构性失衡，组织结构和投入结构的变化导致农业生产成本抬高、收益下降，农业生产方式和技术配置的变化导致供求结构失衡（王雨濛和孔祥智，2018）。农业供给侧结构性改革要从根本上矫正供需结构错配和要素配置扭曲，要着力发展多种形式的农业适度规模经营，以绿色产能的增长接替边际产能的退出，延长和重构农业产业链、价值链，释放正确的市场和政策信号（叶兴国，2016）。提高农业供给质量要改变长期片面追求增产的发展模式，要优化区域布局结构，促进产业向优势特色产区集中，促进农业与环境资源相协调，增强农业降本、增效抗风险能力和可持续发展能力（姜长运，2017）。

1.2.2　中国枣产业的研究现状

农业产业经济研究现状。国外农业产业化是在工业化和城镇化的基础上逐渐形成的，农业产业化经营自20世纪50年代在美国兴起，极大地促进了欧美发达国家现代农业的发展进程，其农业产业化经营模式也逐渐成熟。美国农业产业化的主要经营模式包括农业公司、合同制经济联合体和合作社等，各种类型的经营模式形成了产供销一体化的农业现代生产体系。欧盟各国的农业产业化经营模式包括了农工商纵向一体化、相关企业之间的横向一体化和纵横结合的网络一体化经营模式。日本则发展出农业产业化经营模式，不仅提高了农业生产力，而且提高了农民的社会经济地位，农业产业化经营对整个国民经济起到了促进作用。

从研究角度看，国内外关于特定农产品产业经济的研究大多从农业产业链的角度入手，从农产品生产、加工、运输、销售等环节对不同产业进行研究。农业产业链是以分工理论①作为基础，交易费用理论②进一步肯定了农业产业链可以起到降低交易费用的作用，促进农业产业效率的提高。国内学者对于农业产业链的研究始于傅国华（1996）提出的以农业产业链理论为指导可以实现农业增效。农业产业链是以农产品构成产业链的要素，覆盖了农、林、牧、渔等多个部门，是各种农产品产业链的集合体（王凯和韩纪琴，2002）。农业产业链涵盖了从育种、种植、生产、加工、流通、消费等所有产前、产中、产后的环节，农业产业链根据不同的产业主体又可以分为不同的农产品产业链，如蔬菜产业链、大豆产业链、苹果产业链等（左两军，2003）。农业产业链本质上是立体网络结构，不仅纵向涵盖了农业产前、产中、产后各个环节，贯通了资源市场和消费市场，并且使农业价值链、农业信息链、农业物流链和农业组织链横向结合构成有机整体。

从研究对象看，国内学者就不同农业产业的发展进行了长期深入的研究，所涉及领域包括粮食、蔬菜、水果等众多产业。

从研究地域范围看，可分为全国性研究和地方性研究。所谓全国性研究指从全国视角研究某产业的整体发展情况，地方性研究指立足于某一省、市、区（县）研究当地某产业的发展情况。不同地域范围的研究均可大力推进农业产业经济问题的理论研究深度和层次，探求农业产业经济问题的本质。全国性研究有助于了解该产业的整体发展情况，特别是对于全国产业整体发展布局具有重要意义；地方性研究相对于全国性研究更具有针对性，切实为当地产业发展提供针对性对策建议。国内学者对小麦、玉米、香蕉、苹果、柑橘、葡萄、蓝莓、甜瓜、油料、食用豆、桑蚕、花卉、乳品、肉牛等产业进行过全国性研究。王志丹（2014）从生产与供给、消费与需求、流通与贸易等方面对中国甜瓜产业进行系统研究，以促进产业供需平衡、提高产业国际市场竞争力。杨易等（2013）对中国苹果产业的整体发展现状、发展趋势、国际地位和面临的挑战进行了研究，特

---

① 分工理论最早源于亚当·斯密在《国民财富的性质和原因的研究》中提出的分工是经济增长的主要动力；美国经济学家阿林·杨格认为个人的专业化水平随着活动范围的缩小而提高，并且分工包括上中下游部门之间的纵向分工和同一层次专业部门间的横向分工；马克思的分工理论认为分工协作的生产效率更高。

② 美国经济学家科斯最早提出交易费用的概念，指出通过企业对市场的替代，降低交易费用。

别就中国苹果加工业的发展进行了细致梳理和分析。祁春节等（2012）对中国柑橘的生产效率、产销效率、流通模式、贸易现状、信息化与标准化等问题进行了研究。过建春等（2011）研究了中国香蕉产业经济问题，侧重研究了产业链环节的成本利益分配、产业组织模式绩效、种植户和合作社行为等问题。穆维松等（2010）从产业发展状况、产业环境、产业结构、产业布局等方面对我国葡萄产业发展的经济状况进行系统化研究和分析。韩一军（2012）研究分析了中国小麦产业的发展现状及变化特点，小麦生产、消费、贸易等产业链各环节的发展趋势，重点分析小麦供给、需求以及供求平衡变化的影响因素。

迄今为止，我国甚少有学者对中国枣产业发展进行全面系统研究，本书借鉴国内外学者的前期研究，以供给侧结构性改革为切入点，对中国枣产业整个产业链环节中的生产、加工、流通、消费等方面进行系统研究，以期全面了解中国枣产业的发展情况，找出制约产业发展的关键性障碍因素，并提出系统性解决方案。最终达到全国枣产业一盘棋，在统筹规划下因地制宜、特色发展，提高中国枣产业的整体竞争实力，实现产业的可持续发展。

枣产业生产环节研究现状。中国各枣产区的发展历史、发展水平、气候条件等影响因素各有不同，在生产栽培方面不同地区面临的问题也有所不同。国内学者从不同角度研究了中国新兴枣产区新疆和传统枣产区的生产发展问题。

第一，针对新兴枣产区新疆的枣产业生产问题，姜闯（2012）指出，南疆作为我国唯一红枣生产最佳区域，虽然发展迅速但是仍存在诸多问题，包括普通干燥盲目发展导致的面积和总产量激增、效益下降、干枣果品质量标准化（水分）程度低、品种较单一且性状不够完美、国外市场尚未得到开拓。因此，需要完善干枣品质量标准体系、发展高品质大果型高档干枣品种、干鲜兼用或高品质鲜食枣产业、发展精深加工、开拓周边口岸和国际市场。玉苏甫·买买提（2015）指出，新疆红枣产业发展得益于政府对特色林果业的支持政策，气候条件和土地资源优势以及品种资源优势，但仍存在栽培技术粗糙、缺乏科学管理、加工技术水平低、不重视产品包装等问题。对于新疆主产区阿克苏地区枣产业的发展情况，刘通（2012）认为当地红枣产业经营管理粗放、经济效益低下、品种结构单一、质量参差不齐、销售渠道单一、组织和程度低、加工企业规模小、效益差。因此，需要优化产业布局、走效益型发展之路，调整品种结构，提高枣农组织化程度，开拓国内外销售市场，提高红枣产业效率和水平、延伸产业链。针对哈密地区的枣生产情况，吴婷等（2015）研究了新疆生产建设兵团第十三师红枣产业的发展现状和存在的问题，提出通过调整优化品种结构、加强技术培训力度、加大科技研发投入、扶持壮大龙头企业、加快品牌战略的建设、加强枣产业文化的宣传等措施，有效促进当地枣产业大力发展。综合各个生产建设兵团中枣树种植环节存在的问题，秦泳添等（2015）认为新疆生产建设兵团枣树种植中水肥管理难度较大、化肥农药过分投入、技术管理人才稀缺、劳动力成本攀升、增产不高效等问题。因此，应从兵团职工技术培训、政府政策支持、资金技术投入及信息服务等方面着手促进新疆生产建设兵团红枣产业发展。对于新疆枣产业未来发展预测，刘运超等（2013）通过修正的 Gompertz 模型（曲线增长模型）分别对产量和面积计算，确定新疆红枣产业处于产业生命周期的第二个阶段成长期。陈文博等（2015）通过对红枣产业周期性波动的研究，认为新疆红枣产业整体处于平稳发展，但已表现出产业发展周期下行趋势，需要提高产业的抗风险能力。

第二，针对传统枣产区的枣产业生产问题，王学军等（2007）和彭建营（2012）研究认为，河北省枣树品种结构不合理，新品种发展比例不高、生产规模小、技术普及率较低制约了产业的发展。董相友（2014）针对沧州市红枣产业发展问题，提出沧州现存的主要问题是枣树品种单一、竞争力不足、生产管理粗放，此外，灾害性天气也是制约枣生产的主要因素之一。梁晓超等（2013）采用区位熵（LQ 指数）测算出陕西省具备红枣发展集群的条件。于吉祥等（2002）、张忠仁等（2003）初步研究了山西枣产业发展中的问题，认为山西红枣品种结构不合理，单位面积产量低。刘艳亚（2011）认为，山东东营冬枣栽培不规范，导致枣产品质量下降、农药残留偏高是制约该地区冬枣产业发展的主要问题。王斌（2009）指出小农经济下的枣树生产导致生产资料质量难以得到保证、生产管理混乱、施肥比例不适当，导致品质下降、减产或绝产，损失巨大。李鸿杰（2003）研究认为，甘肃枣树栽培规模小、良种化程度低、栽培技术落后，制约枣产业的发展。李全（2011）对中国南方干热地区枣产业发展进行研究，认为元谋干热区的气候及区位优势适宜枣类果树栽培，竞争优势明显。姜闯（2008）认为，栽培管理技术落后和品种结构不合理是制约我国南方鲜食枣产业发展的因素。

第三，枣产业加工环节研究现状。加工环节是枣产区农民增收的重要手段，田刚等（2012）采用回归分析法得出新疆红枣产值对农民增收具有较强的正向促进作用，胡祥林（2005）在阐述东阳南枣加工历史和工艺的基础上，分析指出南枣今后应以加工为主，这样不仅可以解决南枣的销路问题还可以显著增加农民收入。

从全国整体情况来看，在技术方面可以实现的枣类加工品种类繁多，石启龙和赵亚（2002）概述了枣的营养价值以及国内枣加工现状，主要有提取大枣多糖、果脯、饮料、调味品、酒类等加工品种类，但是加工水平普遍不高、精深加工品较少，适应市场需求的加工品更是少之又少。针对不同地区所面临的枣产业加工问题，国内学者进行了多方面的研究。初乐等（2012）指出新疆红枣加工产业所面临的问题，主要是加工能力不足、干制标准化程度低、资源利用率低，红枣的商品化率仅有30%，资源浪费严重，应从干制红枣标准化、深加工产品多元化以及资源的高效利用等方面进行改进。毕金峰等（2010）系统研究了枣产业加工环节的现状，认为应加大对深加工产品的研发，加快建立和完善质量管理标准化体系确保产品质量。当前枣类产品加工仍以制干为主，张殿生（2008）、郭培芬（2008）和董相友（2014）研究沧州金丝小枣市场认为，加工产品研发之后，缺乏深加工产品，市场上缺少深加工龙头企业，加工产量数量少、产品附加值低，在产业和产品宣传方面力度不够。董阳（2007）研究灵武长枣产业认为，长枣加工几乎处处空白状态，全部以鲜枣销售，营销体系不健全，缺乏龙头企业带动。尹凤川（2006）认为东营冬枣深加工能力较差，而王斌（2009）研究表明东营冬枣通过引进经营和加工企业，解决了产品销售和不适销剩余产品的处理问题，增加了农民收入。谢振华（2005）认为，缺乏更好的加工技术制约了衡阳沾化冬枣产业发展。彭建营（2012）认为，河北枣果采摘商品化处理技术落后，产品附加值偏低。综上所述，加工环节仍是制约枣产业发展的重要问题，解决加工环节面临的问题对于产业经济效益提升有重要意义。

第四，枣产业流通模式研究现状。关于农业产业组织模式的研究主要集中在不同组织模式对生产效率的影响和对农民收益的影响。对于中国枣产业组织的研究，主要集中在传统枣产区不同产业组织模式对生产效率的影响研究。传统枣产区产业组织最大的特点是经营分散，缺乏统一组织和协调。张玉梅（2009）研究认为农户家庭经营是冬枣微观经营机制和组织主体，分散无组织经营导致生产能力、贸易能力、开发能力和风险承受能力较弱，需要中介组织的协调服务。谢振华（2005）和尹凤川（2006）研究认为冬枣生产仍以分散经营为主，缺乏统一的协调和组织，小农户与大市场产销脱节，抵御市场风险能力差，需要加强产业组织建设。王学军等（2007）和葛文光等（2011）对河北枣产业生产组织的研究表明，85%的枣农没有加入农民专业合作社，仍以分散经营为主，小农生产无法与大市场相匹配，单个农户信息获取能力弱，谈价议价能力差，生产规模效益较低，生产技术水平、产品质量以及市场竞争力不高，抗市场风险能力差。

在解决农户分散经营的问题时，郭宇和苏保乾（2006）研究了山东省东营市冬映红冬枣生产者协会，对生产者协会的产生、运作和组织内部利益联结关系从市场化、产业化和组织运作机制等角度进行分析，强调合作组织制度效率对推动农业综合产业化的重要作用。但是，刘艳亚（2011）认为东营冬枣合作社运行管理不协调，业务范围单一，合作社带领枣农进入市场的作用难以充分发挥。董阳（2007）研究宁夏灵武长枣的生产组织形式，其仍以农户分散经营为主，政府在引导产业发展中起到重要作用，当地政府通过将长枣列为优势特色农产品并纳入省级农业发展规划，给予财政补贴，有效促进了当地枣产业的发展。综上，与其他产业相比，中国枣产业的组织模式相对落后并且影响了枣产业的生产效率。

第五，枣产业国际贸易研究现状。就枣产业的国际贸易而言，我国出口的主要品种为金丝小枣、婆枣、赞皇大枣、鸡心枣、灰枣等，外销地区以东南亚为主，并且正在扩大在中东、欧美地区的销售范围。张莹等（2012）分析我国红枣出口贸易现状，认为限制红枣出口的主要因素包括品种结构不合理、技术体系不完善、产业链短、市场竞争无序化、国外技术壁垒、消费习惯迥异等。刘孟军（2008）认为，中国枣出口要想摆脱长期增速缓慢的困境，必须在出口产品的品种结构上做出重大调整，充分发挥枣的营养优势，开发出适合国外消费者需求的产品。余艳锋等（2008）研究了国内外枣消费市场，认为消费市场日益扩大、出口效益明显。王学军等（2007）认为，政府要重点扶持有发展前途的企业，扩大市场份额，重点发展深加工产品，加强枣产品的出口数量和创汇能力。葛文光等（2011）认为，应积极开拓枣产品的国际市场，积极扩大宣传，利用网络和电子商务开展市场营销。

1.2.3　国内外研究现状评述

回顾上述国内外学者的研究成果，专家学者对于其他农业产业的研究较为系统深入，但是对枣产业的系统研究相对较少。另外，由于中国是枣的原产国，枣产量占世界枣总产量的 90% 以上，有关枣产业的研究也处于世界领先地位，因此，针对枣产业的国外相关研究并不多见。综合国内外现有的研究成果得出以下结论：

第一，现有枣产业的研究成果具有较强的地域性特征，缺乏对中国枣产业整体情况的研究。有关枣产业的文献主要是针对不同枣产区进行单独研究，大至省域研究、小至县域研究，以市域和县域研究为主，研究成果地域性较强。但是，随着市场化和产业化进程不断加快，全国枣产业已经成为密不可分的有机整体，研究中国枣产业需要统筹考虑不同地区枣产业的发展情况及其之间的相互关系。现有文献并未全面研究中国枣产业的整体发展情况，本书尝试统筹研究中国枣产业发展整体情况，为统筹制定枣产业发展战略提供参考依据。

第二，关于枣产业的研究文献主要集中在生产技术层面，对枣产业市场和产业体系的研究成果不多。现有文献多从栽培技术改进的层面提出应如何提高产量，而枣是市场化程度极高的产品，多数现有文献并未充分考虑市场因素，忽视了单纯提高产量对市场供求关系的影响。市场是调节整个产业正常运行的关键因素，若研究中未能充分考虑市场因素，则在枣产业发展过程中遇到的系统性问题难以得到有效解决。现有文献侧重对产业链中某一环节的研究，缺乏从整个产业链视角对中国枣产业总体情况进行全面系统的深入研究。

第三，现有枣产业研究成果的定量研究不多。由于枣产业属于小品种农作物，官方数据统计资料较少，对于枣产业的研究需要耗费大量时间、人力和物力，深入产业链各环节的第一线进行实地调研、收集数据资料，因此，现有研究成果受限于数据资料不足，侧重于定性研究，定量研究内容较少。关于枣产业流通方面的文献，多数集中在现象研究层面，以定性研究为主，对产业链各主体利润分配的定量研究还比较缺乏。

当前研究主要从供给方面着手研究生产、流通、加工问题，没有充分考虑需求侧的要求，本书首次从需求侧着手，从供给侧结构性改革的视角，以中国枣产业作为研究对象，以降本提质增效、提高流通效率、促进各主体之间利益合理分配、稳定市场价格为目标，将全国枣产业作为有机整体进行系统研究，这样既充分考虑到不同产区之间的竞争和协作关系，又避免了单独进行区域研究可能造成的主观性和片面性。在大量实地调研和文献研究的基础上，本书涵盖了中国枣产业的生产、流通、市场、消费等环节的理论分析和实证分析，从供给侧结构性改革的视角，着手分析枣产业经济发展问题存在的根源，系统分析枣产业发展内在规律和影响因素，以期最终实现枣产业可持续健康发展。

1.3　研究内容和研究方法

1.3.1　研究目的和研究思路

本书立足于国内外学者的研究成果，以提高中国枣产业的有效供给、增强市场竞争力为目标，研究中国枣产业如何通过降本提质增效、提高流通效率、促进各主体之间利益合理分配、稳定市场价格促进产业可持续健康发展，以满足新形势下不断升级的消费需求，初步建立中国枣产业经济发展问题的研究框架，提出提升枣产业经济效益、保障枣农经济收入的对策建议。

（1）分析中国枣产业的发展概况，以及生产、流通、加工、出口贸易等环节的现状，为提出中国枣产业经济发展问题奠定基础。

（2）分析消费者个体特征、消费行为和消费态度等需求特征，以及影响枣产品消费的主要因素，并采用情景分析法预测不同消费结构下未来市场需求量，分析枣产品市场的有效需求。

（3）结合中国枣产业发展现状和市场有效需求，提出中国枣产业经济发展问题。

（4）通过对比不同枣产区的成本收益，以及与其他农作物相比枣产业的比较效益，分析影响枣产业成本收益的主要因素，并分析产业空间布局特征、不同产区的资源禀赋优势和比较优势，提出枣产业生产降本提质增效的途径。

（5）分析中国枣产业的主要流通模式，以及不同流通模式下产业链各环节主体的利润分配格局，并采用 Shapley 值法测算各主体利润优化分配方案。

（6）运用季节调整法和 HP 滤波法分析枣果市场价格波动趋势、规律和特点，找到影响市场价格波动的主要影响因素，提出稳定市场价格的措施。

本书以供给侧结构性改革为研究视角，对中国枣产业进行全面系统研究。首先，从中国枣产业需求侧入手，研究消费者需求现状和需求特征，影响消费需求的主要因素以及市场有效需求，剖析枣产业供求结构性失衡的主要原因。其次，为了满足有效需求，需要对中国枣产业的生产、加工、流通等多环节进行深入研究。最后，针对中国枣产业发展面临的主要问题提出了相应的对策建议。

1.3.2　研究内容

（1）中国枣产业的需求影响因素和有效需求研究。以提高有效供给、满足有效需求为目标，在实地调研基础上，分析消费者对枣产品的消费现状和需求特征，采用交叉因素分析法分析了消费者特征和偏好与枣产品消费之间的关系，进一步采用有序多分类 Logistic 模型找出影响消费者需求的主要因素。采用情景分析法预测不同消费结构下未来市场需求量，将其与供给量进行对比分析，得出中国枣产业的有效需求尚未得到满足，供给侧仍存在不足和问题。

（2）中国枣产业的生产效率和降本提质增效研究。本书全面分析了中国枣产业生产发展现状，比较分析了不同枣产区的生产发展特点。通过实地调研获取一手数据，采用比较分析法、Mann-Whitney 秩和检验法，分析不同枣产区之间以及不同农作物之间成本收益差异，找出影响生产成本收益的主要因素，并分析产业空间布局特征、不同产区的资源禀赋优势和比较优势，提出枣产业降本提质增效的有效途径。

（3）中国枣产业流通和市场价格问题研究。本书分析了中国枣产业的主要流通模式，比较分析不同流通模式下的利润分配格局以及流通模式特征，采用Shapley 值法测算出产业链各环节利益主体的合理利润分配方案。采用季节调整法和 HP 滤波法，深入分析市场价格变化趋势、价格波动规律和特点，剖析造成市场价格波动的主要影响因素，提出稳定市场价格的有效途径。

（4）中国枣产业发展对策建议。从中国枣产业供给侧结构性改革的视角，对生产、加工、流通、贸易和政策支持等环节的改革提出对策建议。

1.3.3 研究方法

在本书的研究中，主要采用文献资料法、实地调研法、实证分析法和案例分析法，对中国枣产业经济发展问题进行理论研究和实证研究。

（1）文献资料法：通过中国知网、百度学术、谷歌学术等数据库，对国内外现有文献收集整理，对中国枣产业经济发展的研究基础和研究现状进行分析，为后续研究奠定理论基础。

（2）实地调研法：深入新疆、河北、山西、陕西等主产地对枣产业经济发展问题进行实地调研，通过调查问卷法和访谈法获取第一手数据，对生产、加工、流通、销售等环节进行研究，调查对象涵盖了枣农、加工企业、合作社、龙头企业、批发市场负责人和商户、集贸市场小摊贩等，通过一对一问卷调查和深入访谈获取数据和资料，为相关研究提供数据和资料支撑。

（3）实证分析法：采用交叉因素分析法和有序多分类 Logistic 模型，剖析消费者对枣产品的需求特征及其影响因素；通过情景分析法预测未来市场需求量；采用地区集中度、资源禀赋系数、区位熵等方法分析枣产业的生产区域布局、资源禀赋情况和专业化程度；利用实地调研数据和统计数据，进行生产成本收益分析，通过比较分析法和 Mann-Whitney 秩和检验法分析各枣产区的生产成本收益情况以及不同农作物之间成本收益比较情况；采用 Shapley 值法测算枣产业链各环节主体的利润优化分配方案；采用季节调整法和 HP 滤波法分析枣产品市场价格波动趋势和规律。

（4）案例分析法：选取特色酸枣产业进行典型案例分析，总结酸枣产业实现降本提质增效的经验，为其他主产区进行供给侧结构性改革提供借鉴；通过对占全国红枣流通总量 60% 以上的规模最大的红枣专业批发市场和龙头企业进行典型案例分析，剖析不同流通主体对流通效率的影响及其各自的优势，对提升枣产业流通效率提供启示。

1.3.4　技术路线图

第一，从发展阶段、战略地位、生产、流通、加工、出口等方面分析中国枣产业发展现状。

第二，通过对中国枣产业的需求分析，分析需求特征、需求影响因素和有效需求，以及需求侧对枣产业发展提出的新要求。

第三，对比需求侧的新要求和中国枣产业发展现状，提出枣产业发展面临的主要问题。

第四，分析枣产业的生产效率问题。对比不同枣产区和不同农作物之间的生产效率，分析影响枣产业生产效率的主要因素以及不同枣产区的比较优势，提出枣产业生产节本增效的途径。

第五，分析枣产业的流通效率问题。比较中国枣产业不同流通模式的特征以及产业链利润分配格局，采用 Shapley 值法测算产业链主体联结机制优化方案，提出提高流通环节效率的途径。

第六，分析枣产业的市场价格问题。采用季节调整法和 HP 滤波法，深入分析市场价格变化趋势、价格波动规律和特点，剖析造成市场价格波动的主要影响因素，提出稳定市场价格的有效途径。

第七，提出促进中国枣产业可持续健康发展的对策建议。

本书的技术路线如图 1-1 所示。

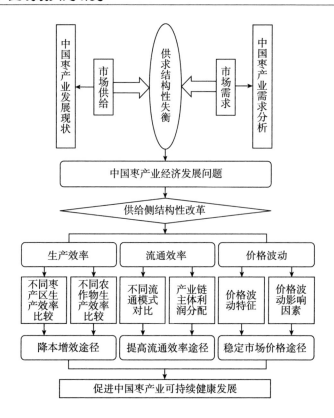

图1-1　本书的技术路线

1.4　研究特色与创新之处

（1）从需求侧着手，以供给侧结构性改革为视角，系统分析中国枣产业经济发展问题，针对枣产业供求结构失衡问题，从降本提质增效、提高流通效率、促进各主体之间利益合理分配、稳定市场价格等方面进行研究，以期达到中国枣产业可持续健康发展的目标，为其他产业发展提供借鉴。

（2）对枣产业的消费需求进行系统分析。通过构建有序多分类 Logistic 模型对枣产业的消费特征、需求影响因素和有效需求进行实证分析；采用情景分析法预测不同消费结构下的市场需求潜力，为确定中国枣产业供给侧结构性改革的方向提供依据。

（3）将传统枣产区和新兴枣产区进行对比分析，测算不同枣产区以及不同农作物之间的成本收益差异，采用地区集中度、资源禀赋系数、区位熵分析中国枣产业生产区域布局特征、资源禀赋优势和专业化程度，得出不同枣产区的发展优势和特点。

（4）对中国枣产业的主要流通模式及其特点进行分析，在实地调研的基础上，计算传统流通模式、"合作社+农户"模式、"龙头企业+基地+农户"模式下产业链各主体的利润分配现状，并采用 Shapley 值法计算产业链各主体的合理利润分配方案，通过对比分析提出产业链各主体利润优化分配的方向。

（5）采用季节调整法和 HP 滤波法对枣果的市场价格进行实证研究，首次解释了枣果市场价格变动趋势和波动规律，为产业链各相关主体呈现出客观、准确、科学的价格信息，有利于其作出正确的市场决策。

2 概念界定与理论基础

2.1 概念界定

（1）产业。产业是生产力发展的必然结果，是社会分工的产物，它随着社会分工的产生而产生，并随着社会分工的发展而发展。产业是各相关行业组成的业态总称，相关行业在经营方式、经营形态、经营模式等各环节有所不同，但是，它们利益互联、分工合作，围绕同类产品开展经营并在行业内部完成各自循环。随着社会经济的不断发展，产业的内涵不断充实、外延不断扩展。

马克思认为，资本价值在它的流通阶段所采取的两种形式，是货币资本的形式和商品资本的形式；它属于生产阶段的形式，是生产资本的形式。在总循环过程中采取而又抛弃这些形式并在每一个形式中执行相应职能的资本，就是产业资本。这里所说的产业，包括任何按资本主义方式经营的生产部门。马克思所认定的产业只限定在物质产品生产部门，属于狭义的产业概念，产业是从事物质生产的工业部门或行业，生产物质产品的集合体，包括农业、工业、交通运输业等部门，一般不包括商业。也有学者将产业定义为同类产品及其可替代产品的组合。费希尔（1935）在其《安全与进步的冲突》一书中从人类经济发展史研究产业分类，人类社会经济活动分为三个阶段：第一阶段以农牧业为主，第二阶段以工业的大规模发展为标准，第三阶段以资本和劳动大量投入到非物质生产部门为显著特征。根据三部门理论（Three-sector Theory）可以分为第一产业、第二产业和第三产业。[①] 第一产业指直接获取、使用或利用自然资源的部门，主要包括农业、林业、渔业、畜牧业等；第二产业指工业产品生产部门，主要对第一产业的产出品进行加工，制成产成品使其适用于其他商业领域的需要；第三产业指从第一产业和第二产业衍生出来的非物质资料生产部门，主要指服务业。

（2）现代农业产业。现代农业产业体系是综合性和复合性的系统，兼具产业组织的专业化、社会化，产业要素的高端化、集成化，产业体系的一体化、网络化，产业功能的多元化、复合化，产业利益分配的市场化、契约化等特征（张克俊，2011）。卢良恕和孙君茂（2004）指出，现代农业是充分汲取传统农业精华，根据国内外市场需要和规则，建立的采用现代农业科学技术、运用现代工业装备、推行现代管理理念和方法的农业综合体系。现代农业的核心是科学化，特征是商品化，方向是集约化，目标是产业化。蒋和平（2009）认为现代农业是一个动态的、历史的、相对的概念，是相对于传统农业而言的新型农业，现代农业的内涵包括创新、产业化经营、集约化经营、外向型、适度规模经营、标准化等理念。

（3）水果产业和干果产业。水果是对部分可食用的植物果实或其他器官的统称。水果产业是现代农业产业的重要组成部分，根据水果种类不同，我国水果产业可分为苹果产业、香蕉产业、葡萄产业、梨产业、西瓜产业、荔枝产业等；根据食用方式和作用不同，可分为鲜食水果产业、制干水果产业、加工水果产业等。

干果是指果实成熟时或者经人工加工后，果皮呈干燥状态的果实，通常包括水分含量较少的坚果和制干果。坚果主要指壳皮坚硬，需要剥壳食用的果实，如核桃、板栗、榛子等；制干果主要指经过晾晒或烘烤后，减少果实内含水量而制成的果干，如干枣、葡萄干、柿饼等。我国干果产业针对不同的干果品种已经形成枣产业、核桃产业、板栗产业、榛子产业等。

---

① Allan G. B. Fisher. Production, Primary, Secondary and Tertiary [J]. The Economic Record, 1939, 15 (1): 24-38.

（4）枣产业。枣原产于中国，又称中国枣，别称红枣[①]、枣子、大枣等，是鼠李科枣属植物，落叶小乔木，现在欧洲、美洲、大洋洲均有栽培。首先，本书采用的枣产业概念源自对产品的分类，根据产品种类将研究对象定义为枣，由于从品种上枣可分为鲜食品种、制干品种和干鲜两用品种，因此，枣产业既属于水果产业，又属于干果产业的研究范畴。其次，本书从内容上涵盖了制干、鲜食、干鲜两用的枣品种。最后，根据三部门理论，本书从第一产业、第二产业和第三产业的角度研究枣产业，具体涵盖了生产、加工、流通、消费、贸易等产业链各环节的内容。

（5）新兴枣产区和传统枣产区。本书将中国枣产业的主产区划分为新兴枣产区和传统枣产区。其中，新兴枣产区指新疆枣产区，发展历史不足 20 年，但是，发展速度快、势头强，在自然资源环境、栽培模式、组织管理方式、流通模式等方面与传统枣产区有较大差异，在中国枣产业中占有重要地位，需要作为独立的区域进行专门研究。传统枣产区指包括河北、山东、山西、河南和陕西在内的主产区，这 5 个主产区枣树栽培历史悠久，在生产、加工、流通等方面有诸多相似之处，产业发展问题也极为相似，本书将上述 5 个主产区作为整体进行研究。

2.2　理论基础

2.2.1　中国供给侧结构性改革

（1）供给侧结构性改革的内涵和作用机理。我国的供给侧结构性改革不同于西方供给学派的主张，更多属于增长理论范畴的改革。我国的供给侧结构性改革是要找准中国在世界供给市场的定位，解决供给结构性错配问题，实现由低水

---

① 由于在学术研究领域目前并未明确界定"枣"和"红枣"的区别，根据使用习惯通常将两者视为同一种产品，以"枣"的使用范围更广。因此，在本书中并未将"枣"和"红枣"进行明确区分。

平供需平衡向高水平供需平衡改进。我国供给侧结构性改革还强调通过需求侧管理解决总量问题，不能放弃需求侧而片面强调供给侧管理，供给侧和需求侧要相互配合、协调推进。首先要承认需求是经济发展的原动力，其次要强调供给侧对于需求侧的响应机制和特征。需求侧的理论渊源在于人类的需求是永远无法得到满足的，根据马斯洛的需求层次理论，人的需求是从低级向高级发展的过程，人的本性要求内在价值和内在潜力的实现，人的行为是有目的性和创造性的。[①] 然而，从经济学角度研究人类需求，需要在此基础上加上购买能力作为限制条件，此即为有效需求。随着生产力的发展，人类的有效需求得到满足，其有效需求的特点就会发生变化并且提出升级要求。这种具体的升级要求不是不能由消费者自己提出，消费者只是表现出其满意度在逐渐降低，急需提升消费者体验感和满意度。此时，有效需求的实现必须由供给侧引领，一旦供给侧实现成功创新，消费者的满意度便会实现大幅度提升，经济价值便会随之实现，新的有效需求便会由此实现。此为有效供给所引领形成的经济循环（见图2-1）。供给和需求之间的螺旋上升式的良性互动促进了经济繁荣，供给侧的创新改革为经济发展提供直接动力。

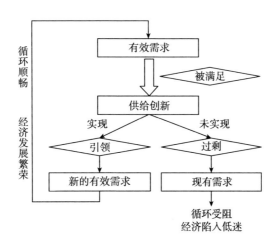

图2-1 供给侧结构性改革作用机理

① Maslow A. H. A Theory of Human Motivation [J]. Psychological Review. 1943，50（4）：370-396.

供给侧结构性改革需要从五大要素分析着手①：劳动力、自然资源、资本、科技、制度②。我国在从发展中国家向发达国家过渡的过程中，发展过程可分为以下两个阶段：

第一阶段，经济增长的动力主要依靠劳动力、自然资源、资本和技术的投入，以劳动力、资源和资本的投入为主要动力，科学技术作为辅助动力。在此阶段，劳动力和自然资源相对丰沛，通过资本的投入带动剩余劳动力和自然资源的大量投入，经济得以快速发展。具体生产方式逐渐从劳动密集型向资本密集型转变。此时，经济类型属于需求决定型，通过刺激需求可以有效促进经济发展。随着第一阶段发展末端出现的劳动力资源短缺、资源消耗殆尽、环境遭到破坏等问题，单纯的资本投入已经无法吸引更多劳动力，也无法提高其生产效率，资本的投入只能造成工资和通货膨胀率"双提升"。经济增长若要持续，只能转变增长动力，改变生产方式，经济发展需要进入第二阶段。

第二阶段，经济增长的主要动力转变为科技进步和制度创新。在此阶段，劳动力优势和资源优势已经不复存在，资本的带动作用大大减弱，科学技术和制度创新成为促进经济增长的主要动力，经济类型也由此转为供给决定性。通过科技创新和制度创新带动生产力水平提升，长期经济增长的动力即为创新。根据熊彼特（2008）的创造性破坏理论，当经济陷入低迷，企业家需要通过创新求生存，创造性地破坏市场均衡，从而实现超额利润，而健康经济的常态即为动态失衡。经济创新过程是经济结构的创造性破坏过程，有价值的竞争是新商品、新技术等创新形式的竞争。与此同时，科学技术的创新是要以制度为保障的，只有在制度创新的环境下，才能保障科学技术创新的动力和水平。

（2）农业供给侧结构性改革。研究我国农业经济问题同样要以供给侧结构性改革为总抓手。放眼世界，我国的农业发展水平与发达国家相比还存在较大差距，为了促进我国农业现代化的发展进程，农业部及相关科研机构、高校等部门

---

① 贾康. 供给侧改革及相关基本学理的认知框架 [J]. 经济与管理研究，2018（1）：13-22.

② 本书观点借鉴了龚刚 2016 年第 2 期发表在南开大学学报（哲学社会科学版）《论新常态下的供给侧改革》的"两阶段理论"，该理论提及的供给要素包括劳动力、资本和技术，本书在此基础上进行了改进，新增加了自然资源和制度要素。

投入大量人力、物力和财力，共同推动了现代农业产业体系的建立和发展，并且已经初见成效。目前，部分产业发展进程加快，已经初步建立了现代化农业产业体系，如小麦产业、玉米产业、苹果产业、柑橘产业等，但是仍有不少产业尚未建立现代化产业体系，发展较为落后，枣产业就是其中之一。枣产业拥有悠久的发展历史，可以被看作是中国传统特色农业产业的一个缩影。枣产业当前所经历的发展阶段就是产业从资本密集型向技术密集型转变的阶段，以往通过大量资本注入实现产业跨越式发展的阶段已经彻底过去。随着产业内劳动力从富裕变为短缺，当前提高资本并不能提高产业发展效率。这也是众多传统特色农业产业所面临的共同问题，即产业发展面临停滞甚至退步，有效供给不足、结构性供给过剩，只有依靠农业供给侧结构性改革才能实现产业的升级和可持续发展。

农业供给侧结构性改革的开展，依然要从动力、要素和制度三方面着手。

第一，农业供给侧结构性改革的动力依旧是创新，主要指农业科技创新。为了改造传统农业，推进农业现代化进程，我国早在 2004 年就在中央一号文件中提出农业科技创新，提出要"加快科技进步""增强我国农业科技的创新能力、储备能力和转化能力""引导和推动企业成为农业技术创新的主体"；此后分别在 2005 年、2010 年、2011 年的中央一号文件中重点提出加快农业科技创新；2012 年的中央一号文件更是把农业科技创新摆在突出的位置；2017 年的中央一号文件中提出围绕农业增效、农民增收、农村增绿，加强科技创新引领；2018 年的中央一号文件中提出加快建设国家农业科技创新体系。可见，农业科技创新对于现代化农业发展战略和乡村振兴战略起着关键性作用，科技创新是实现农业提质增效的重要动力。

第二，农业供给侧结构性改革中要素方面包括劳动力、自然资源、资本。随着我国城镇化进程的加快，农业从业人员的数量大幅减少，与此同时，农业从业人员的人力资本质量亟待提高。以科技创新为引领的供给侧结构性改革需要与之匹配的人力资本的配合，才能在推进过程中发挥最大效用。在第一阶段农业发展对自然资源的过度开发使用，造成了当前农产品质量下降、病虫害增多，这是以提质增效为主要内容的农业供给侧结构性改革必须解决的问题。资本在农业发展的第一阶段起到非常重要的促进作用；在农业发展进入第二阶段，资本的介入也必不可少，但是，需要将资本与农业科技创新相结合，以资本保障和激励农业科技创新的实施。

第三，制度创新是根本保障。制度创新是农业科技创新的重要保障，为农业科技创新营造适宜的环境。我国围绕创新发展的核心理念，在农业制度方面用于探索和尝试，包括着力构建现代农业经营体系，完善土地承包制度、创新农业经营制度、改革农业集体产权制度、构建新型主体培育制度等。科技创新是农业供给侧结构性改革内在动力，制度创新是改革的保障，通过创新产生市场"动态失衡"，打破现有产业发展的桎梏，创新经济结构和产业发展模式，从而创造超额利润实现新的动态均衡。

2.2.2 经济增长理论

（1）演化增长理论。目前，主流经济增长理论将技术进步和制度因素纳入经济增长研究的分析中，研究认为资本、劳动和技术是解释经济增长差异的重要因素，而制度差异则更为重要，是根本性因素。Nelson 和 Winter（1982）从技术变迁和产业动态视角研究经济发展，认为技术创新是经济增长的根本驱动力。随着新古典经济学的"内生增长理论"受到越来越多的质疑，当前经济学家更加强调，经济增长伴随着结构性变迁，将经济增长认为是经济演化的过程，在数量变化的过程中伴随着结构性变化，这即为"演化增长理论"。在演化增长理论中的主要研究前沿包括：将技术和制度同时纳入经济增长的分析中，研究技术和制度演变及其相互作用对经济增长的影响（Foster and Potts, 2009）；从供给视角演进到需求视角，研究需求结构变迁对技术变迁的影响，经济增长最终体现为一个经济体能够满足人们各种不断变化和增长的需求能力的提升（Metcalfe and Foster, 2010）。

（2）诱致性技术创新理论。技术变迁理论兴起于 20 世纪 80 年代，经济学家开始重视研究科学技术进步对经济增长的贡献。该理论指出企业内部学习机制是有效的，然而在高新技术前沿方面，外部学习机制则更为重要，因此，企业与科研单位的合作是非常重要的，基础科学研究工作对企业发展意义重大。创新起源于科技因素的推动还是市场因素的拉动，是经济学家在 20 世纪中期到 80 年代争论不休的问题，诱致性技术创新理论应运而生。

诱致性技术创新理论的分支之一是建立在"施莫克勒—格里利切斯"假说（Schmookler-Griliches Hypothesis）基础上的市场需求诱致的技术创新理论。施莫克勒（1966）指出引致技术创新的因素在于市场需求，而不是基础科学知识。Myer 和 Marquis（1969）通过调研 500 种创新，认为创新是由"需求拉动"的。因此，如果要获得创新成功，就要切实了解消费者需求，建立良好的信息沟通和合作机制。诱致性技术创新理论的另一分支是基于"希克斯—速水—拉坦—宾斯旺格"假说（Hicks-Hayami-Ruttan-Binswager Hypothesis）的要素稀缺性诱致的技术创新理论，即要素的相对价格变化决定了技术变迁方向，诱致性技术创新是动态发展过程，而不均衡现象是诱致性技术变迁的关键因素。

从"科技推动观""需求拉动观""要素价格决定观"来看，科技因素和市场因素既相互独立，又相辅相成，在企业和产业发展的不同阶段，两者所起的作用是不同的。通常，在产业发展的早期阶段，科技对技术创新的推动作用相对重要；在产业发展成熟阶段，市场因素对技术创新的刺激作用相对重要。

（3）制度变迁理论。制度变迁理论旨在将制度因素纳入经济增长中的解释中，道格拉斯·C. 诺斯（Douglass C. North）是该理论的创始人和主要代表人物。诺斯（1990）将制度定义为社会的游戏规则，制度是人为设计的用以规范人们交流合作方式的限制和约束。[①] 制度变迁理论认为制度是为使其成员合作获得结构外不可获得的追加收入，或影响法律或产权变迁的一种机制，以改变人们合法竞争的方式。制度作为一种稀缺资源，当制度实现供求均衡时，制度保持基本稳定；当现有制度安排不能满足人们的需求时，就会发生制度变迁，即制度安排的变革和创新。按照制度变迁的路径不同，制度变迁可以分为诱致性制度变迁和强制性制度变迁。诱致性制度变迁是指个人和企业受到新制度获利机会的吸引，自发组织并实现的制度变迁，是一种"自下而上"的制度变迁；强制性制度变迁是政府在制度变迁中其主要作用，是一种"自上而下"的制度变迁。制度变迁中的路径依赖问题，即历史因素对人们当前的选择和决策起到重大影响作用。

① North, D. Institutions, Institutional Change and Economic Performance ［M］. Cambridge：Cambridge University Press，1990.

制度变迁存在报酬递增和自我强化机制，如果既有经济制度进入良性循环轨道，则会得到优化；如果既有经济制度进入恶性循环轨道，则会导致低效率，甚至进入锁定状态。这在很大程度上制约了制度变迁，影响了经济增长。因此，在制度变迁的过程中，选择正确的路径至关重要，可以推动制度变迁和经济增长相互促进、良性循环。

在中国枣产业从传统模式向现代模式发展的过程中，技术创新的带动作用至关重要，在短期内产业规模得以迅速扩大，现代栽培技术已经成为众多枣产区发展和转型的根本驱动力。但是，随着市场规模不断扩张，市场需求的多样化又成为引导技术创新的新驱动力，不能适应市场需求的技术和产品无法从市场经营中获得经济效益。在此过程中，制度变迁对产业发展起到一定的推动作用，但是该制度需要不断调整并适应当前产业发展现状，制度的不完善会制约产业未来的发展。尤其是当枣产业如今进入发展瓶颈期，适时适度的制度改革会起到一定的积极作用，枣产业制度变迁将是个人、企业和政府共同推动作用的结果。当枣产业生产、加工、流通等问题接踵而至，农民对现代栽培技术、产业组织模式的需求与日俱增，合作社和龙头企业带动下的产业组织模式的发展，新型农业经营主体的出现和发展，都需要制度的规范和政策引导。

2.2.3 一般均衡理论

一般均衡理论（General Equilibrium Theory）寻求解释在整个经济中供给需求行为和价格的波动，证明通过供求相互作用可以达到市场的一般均衡。与一般均衡理论对应的是局部均衡理论，其主要分析单个市场的均衡情况。一般均衡理论首先由法国经济学家瓦尔拉斯（Léon Walras）于 1874 年在《纯粹经济学要义》（*Elements of Pure Economics*）中提出，他指出在经济处于均衡状态时，所有价格将有确定的均衡值，所有的产出和供给将有确定的均衡量。[1] 具体而言，一般均衡理论认为经济中的价格系统可以使消费者在给定价格下提供生产要素，并通过购买产品和服务达到效用最大化，同时，可以使企业在给定价格下确定产

---

[1]　Walras Léon. Elements of Pure Economics.

量，并通过销售产品和服务达到利润最大化。在此基础上，整个市场会在价格体系的作用下达到供求均衡。只有当所有市场均处于均衡状态，单个市场才能处于均衡状态。但是，瓦尔拉斯的一般均衡模型仍存在不足之处，该模型必须包括所有物品，他认为各种产品和服务在价格和数量上是相互联系的，一种产品价格和数量的变化会引致其他产品的变化，因此，研究市场均衡必须研究全部商品和市场。

此后，其他经济学家逐渐对一般均衡理论加以改进。希克斯（Hicks）将均衡定义为，当经济中所有个体从多种方案中选出他们偏好的生产数量和消费数量时，静态经济就处于一种均衡状态。一方面，静态均衡存在向均衡方向变化的趋势；另一方面，收敛于均衡的速度是极快的。阿罗（Kenneth Arrow）和德布鲁（Gerard Debreu）用数学模型证明了一般均衡的存在性①，一般均衡理论模型得到了进一步完善。但是，新古典一般均衡模型是只能分析实体经济的静态模型，无法用来分析动态的货币经济。巴廷金（Patinkin）在凯恩斯收支理论的基础上，对货币在静态一般均衡和动态一般均衡中的作用进行了系统分析。一般均衡理论和市场失灵理论催生了政府对经济活动的调控。一旦现实经济出现市场失灵，就需要政府积极介入并干预经济运行，以解决市场运行低效率的问题。

所谓市场失灵，即市场无法实现资源的最优配置。市场失灵的主要原因包括外部性、垄断、不完全信息、公共物品、价格粘性等因素，各个原因之间会存在相互关联的现象。其中，不完全信息是市场失灵的主要原因之一，这会使生产者得到错误的信号，从而生产过多或过少的产品，最终导致市场无效率。市场一般均衡理论需要在不完全信息条件下进行修正。新凯恩斯学派认为，现实经济社会中，信息的传递和接受都存在成本，此外，市场通信系统的局限性和参与者释放的市场噪声等因素都会影响信息的有效传递。最终，市场价格信息不能及时传递给市场参与者，而市场参与者的行为也不能及时反映到市场价格信息中，由于农业生产存在周期长的特点，价格信息无法得到有效传递的问题在农产品市场中体现得尤为明显。因此，市场价格无法灵敏反映市场供求状况，而市场供求行为也

---

① Arrow K. J. , Debreu G. Existence of an Equilibrium for a Competitive Economy ［J］. Econometrica. 1954，22（3）：265-290.

无法对市场价格的变化做出灵敏反应，通常会出现市场滞后性的现象。为了解决不完全信息条件下的市场均衡问题，信息经济学将假设信息完全的一般均衡模型修正为不完全信息下的均衡模型。

中国枣产品市场在发展过程中从供不应求逐渐发展到供过于求，产业发展在经历了过热阶段后逐渐趋于冷静，在市场价格信息滞后和巨幅波动的作用下，部分地区的生产已经出现萧条的状况。枣产品的消费市场是否真的已经饱和？市场如何能够解决市场供求失衡的问题，在长期实现供求均衡？为了解决这些问题，本书采用市场均衡原理，分析了当前枣产品市场的供求关系，找出市场供求失衡理论根源，并从理论层面提出实现市场供求均衡的解决方案。

（1）市场供求关系变化分析。本书以历年枣产业市场需求量和供给量为基础，构建了枣产业市场供求关系理论分析框架。通过枣市场供求变化（见图2-2）可以看出，最初供给曲线和需求曲线交叉于 A 点，均衡点 A 的价格相对较高，数量较少；随着种植面积的扩大、产量的增加，供给曲线和需求曲线右移，形成新均衡点 B，B 点较 A 点的价格有所上升、数量有所增加；盛果期的逐渐到来会促使产量继续以较快速度增加，供给曲线大幅右移，而需求增长有限，只能小幅右移，最终供求曲线在 C 点形成新均衡，C 点比 B 点价格大幅下降，但是均衡数量大幅增加；当需求趋于饱和，需求曲线不再发生右移，而盛果期仍然会使得供给继续增加，导致新均衡点 D 的价格继续下跌、均衡数量小幅增加。

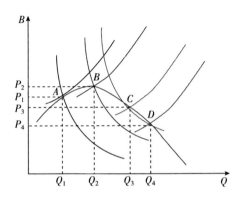

图2-2 枣市场供需关系变化

依据枣产业市场供给量、需求量和价格之间的关系及其变化规律，当前中国枣市场所处的阶段已经过 B 点，正在向 C 点转移，部分需求逐渐趋于饱和，但是供给仍会保持增加的态势。如果不采取措施调整供给或者需求，未来枣产业发展会更加困难，产业转型迫在眉睫。基于供求形势的变化，供给增长速度远远高于需求增长速度而导致的供大于求，解决方法为供给侧结构性改革，即从供给侧的角度进行改革，以满足消费者日益变化并提高的需求，从而刺激需求的增长，逐渐实现供求平衡。同时，在生产方面，目标需要发生变化，从"增量"变为"提质"，不能再单纯追求产出数量，而要转为提高产品质量、突出不同品种间不同的特点。实现供求平衡是未来几年重点实现的目标。

　　（2）供给侧结构性改革后的市场供求关系分析。经上文分析由于枣产量的迅速增长，枣的供给量迅速增加，然而，相对于供给量而言，需求总量增加非常有限。若需求总量得不到增加，价格将继续下跌，影响枣产业持续健康发展。解决当前枣产品消费市场供需失衡问题的关键是通过供给侧结构性改革增加有效需求。目前枣市场上，无效和低端供给过多，部分枣果品质不好、销量不高，售价低、利润少，传统枣产业中出现产品结构性过剩问题，能够满足消费者需求的中高端产品仍然供给不足，有效需求尚未被充分挖掘。

　　通过分析枣产品消费市场供需关系（见图 2-3），我们可以看出供给侧结构性改革后，枣市场供给和需求的变化情况。目前市场的供求状况由需求线 D_0 和供给线 S_0 表示，供求均衡点为 A，均衡价格为 P_0，均衡数量为 Q_0。市场出现供给相对过剩的情况，一方面，供给总量出现过剩，导致产品价格不高、利润率低；另一方面，中高端产品供给不足，消费者需求难以得到充分满足。显然，供给的相对过剩是产品内部供给结构不合理造成的，只有通过供给侧结构性改革，减少低端无效供给、增加中高端有效供给，才能解决枣市场供求问题。我们假设其他市场条件不发生变化，只有产品内部供给结构发生变化，在原有的供给结构中增加精深加工品的比重，增强产品的多样性、差异性和功能性。中高端产品与低端产品相比，产品替代的可能性更小，因此供给弹性更小，这会使原供给线的斜率变大，原供给线 S_0 在供给侧结构性改革的推动下变为 S_1。供给侧结构性改革也驱使需求发生改变，有效需求得到激发，使需求线 D_0 右移。同时，中高端消费者更加重视产品质量和功效，对于价格的敏感度不高，中高端产品的需求弹性相对于低端产品的需求弹性会更低，这会增加原需求线的斜率。最终，原需求线 D_0 增加斜率右移后变为 D_1。新供求线的均衡点为 B，均衡价格为 P_1，均衡数量为 Q_1。

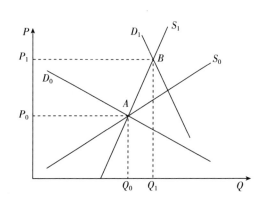

图 2-3　供给侧结构性改革下枣产品消费市场供需关系变化

对比供给侧结构性改革前后的两个供求均衡点 A 和 B 不难发现，新供求均衡下数量有所增加，可以解决当前枣产品供给数量激增的问题。更加重要的变化在于产品价格明显上涨，产品的经济效益大幅增加。由此得出，供给侧结构性改革能够增加有效需求，解决供给相对过剩的问题，供给和需求会在更高的价格和数量水平达成新的均衡，从而促进产业发展。

2.2.4　产业竞争理论

（1）比较优势理论。英国经济学家大卫·李嘉图（David Ricardo）于 1817 年出版的《政治经济学及赋税原理》（*On the Principles of Political Economy and Taxation*）一书中提出比较优势理论。该理论认为贸易的基础是生产技术和生产成本的相对差异，各国应该集中优势资源生产和出口具有比较优势的产品，进口具有比较劣势的产品，通过两国的专业化生产和贸易达到两国利益共同增加的目的。比较优势理论为自由贸易政策提供了理论支持。比较优势理论不仅能够分析国际贸易问题，还能够分析一般贸易问题，此外还可用于贸易以外问题的分析，具有一般适用性。但是，比较优势理论也存在理论缺陷。其一，该理论解释了各国间劳动生产率差异是国际贸易产生的原因，但是，没有解释劳动生产率差异产生的原因；其二，现实中各国会通过生产进口产品的替代品来避免完全的专业化生产，这与该理论中论述的完全专业化生产相悖。

（2）要素禀赋理论。瑞典经济学家赫克歇尔（Eli F Heckscher）和俄林（Bertil Ohlin）提出 H-O 理论，该理论通过生产要素的丰缺程度来解释国际贸易产生的原因和各国的贸易类型。1919 年，赫克歇尔首先在《对外贸易对收入分配的影响》一文中提出要素禀赋论的基本观点；俄林继承了赫克歇尔的学术观点，于 1933 年在《区际贸易和国际贸易》（Interregional and International Trade）一书中深入阐释了国际贸易产生的原因，系统创立了要素禀赋理论。该理论认为，要素禀赋差异是国际贸易产生的根本原因，一国应该集中生产和出口利用该国相对充裕且便宜的生产要素进行生产的产品，而进口该国利用相对稀缺且昂贵的生产要素生产的产品。李嘉图比较优势理论和要素禀赋理论都属于外生比较优势理论，将资本、土地、劳动力和其他先天赋予的生产要素配置差异作为贸易的基础。随着经济全球化的发展，外生比较优势理论无法解释多元贸易形势，由此催生了内生比较优势理论。内生比较优势理论体系从规模经济、技术差异、专业化、分工、博弈、演化等不同的角度完善了外生比较优势理论。

中国枣产业的生产环节呈现出区域性的特点，各地区之间比较优势明显且不同地区所具有的要素禀赋各有不同，在产业未来发展规划中必须考虑和充分利用各地区自身优势，通过地区之间的贸易往来提高产业整体效益。另外，中国枣产品在国际贸易中具有明显的比较优势，生产技术达到国际领先水平，这为发展枣产业国际贸易奠定了基础。

2.2.5 可持续发展理论

可持续发展理论（Sustainable Development Theory）起源于 20 世纪五六十年代，1962 年，美国女海洋生物学家瑞秋·卡逊（Rachel Louise Carson）的著作《寂静的春天》引发了人们对"增长＝发展"模式的怀疑与争论。1972 年，经济学家巴巴拉·沃德（Barbara Ward）和微生物学家勒内·杜博斯（Rene Dubos）在著作《只有一个地球》中讨论了全球环境问题，把对人类生存和环境的认识推向可持续发展的境界。同年，罗马俱乐部发表的研究报告《增长的极限》，明确提出合理持久均衡发展的概念以及人口问题、粮食问题、资源问题、环境问题等诸多全球性重大问题，引起了全球专家学者的热议。基于传统工业化道路的经济增长模式已经使人类与自然处于尖锐矛盾之中，若不改变增长模式必然导致人类社会的不可持续发展。1987 年联合国世界环境发展委员会发表的报告《我们共同的未来》明确提出，地球的资源和能源远不能满足人类发展的需要；环境危机、能源危机和发展危机是不能分割的关联性课题：为了当代人和下代人的利益，必须改变当前的经济发展模式。在此基础上，正式提出了可持续发展的概念，并指出生态环境压力对经济发展的影响日益加重。随着人类对可持续发展概念认识的不断加深，该概念逐渐从生态学领域广泛应用于经济学、社会学等其他领域的研究。

全球专家学者从不同角度定义可持续发展的概念和属性，大致可以归纳为以下几个主要方面：第一，自然属性定义，强调了保护和加强环境系统的生产和更新能力，通过寻求最佳生态系统实现人类生存环境的可持续性。第二，社会属性定义，强调了地球生态系统承载力对人类生产生活方式的限制，倡导改善生活质量、优化生活环境。第三，经济属性定义，认为可持续发展的核心是经济发展，所谓经济发展不能以牺牲资源和环境为代价，不能破坏自然资源基础、不能降低环境质量，只能在保证自然资源和环境质量的前提下，使经济发展实现净利润最大化。[①] 第四，科技属性定义，新技术的开发和选择应以清洁、有效为实现目标，通过技术进步减少自然资源的消耗，污染是技术差、效益低的表现，而并非不可避免。可持续发展要求实现经济、生态、社会三方面的协调发展，经济发展要追求发展质量，转变传统高污染、高投入、高消耗的生产模式，将社会发展和经济建设与自然环境承载能力相协调，改善人民生活质量和健康水平，实现资源的永续利用、营造良好的生态环境。

---

① Barbier E. B. Economics, Natural Resource Scarcity and Development: Conventional and Alternative Views [J]. American Journal of Agricultural Economics, 1990, 72 (2): 504-505.

无化肥农药、无毒无害的生态产品逐渐受到更多人的青睐。在枣树栽培过程中，农药化肥的不合理施用在部分地区较为严重，对当地的土壤环境、水质环境都造成负面影响，枣果的品质也因此下降。在产业转型升级的关键时期需要将生态环境问题纳入产业发展规划中，在发展枣产业的过程中要重视产业发展和环境的相互影响、相互作用。可持续发展已经成为培育枣产业新增长点的有利因素。

3 中国枣产业发展现状分析

本章首先对中国枣产业的发展现状进行概述，从整体上了解产业发展历史、产量和面积、品种结构、区域布局、市场流通、产品加工和国际贸易等方面发展现状。在此基础上，根据不同枣产区的生产特征，将中国六大主要枣产区分为新兴枣产区和传统枣产区，对两类枣产区的生产发展水平、发展特点和发展优势分别进行研究。通过对比分析不同枣产区的生产情况，归纳造成不同枣产区发展差异的原因。本章对中国枣产区发展现状的分析为提出枣产业发展问题奠定基础。

3.1 中国枣产业发展概况

本书对中国枣产业发展情况进行概括性描述，枣产业发展概况包括产业发展历史，全国总产量和总面积、各主产区生产分布情况，现有枣树品种结构、市场流通情况、枣产品加工发展现状以及国际贸易发展现状，从而简要概括了解中国产业发展现状。

3.1.1 枣产业发展阶段

中国是枣树的原产地，枣树是具有悠久历史和中国特色的古老果树，目前已经成为最具发展潜力的民族果品之一。早在 7000 多年前的新石器时代，我国就已经开始了枣果的采摘和利用;[①] 3000 多年前的西周时期，我国就已经有了枣树

---

① 刘孟军. 中国枣产业发展报告（1949—2007）［M］. 北京：中国林业出版社，2008.

栽培的文字记载；2500 多年前的战国时期，我国已经普及枣树栽培；1500 多年前的后魏时期，我国已经建立起传统枣树栽培技术体系；中华人民共和国成立至今，现代枣产业逐渐发展壮大。枣树栽培历史可以大致分为三个阶段：第一阶段为引种驯化栽培阶段，大致从新石器时代晚期持续到汉朝，从野生酸枣中引种驯化优良类型并加以栽培，至汉朝时期，野生酸枣和栽培枣已经分化完成，由此形成了我国传统枣树栽培核心区域河北、陕西、山西、河南、山东。第二阶段为传统生产技术形成阶段，大致从汉朝时期持续到中华人民共和国成立，前 500 多年，枣树栽培经验不断积累，传统生产技术体系基本形成；后 1500 多年，枣树种植规模不断扩大、品种增加，逐渐形成了传统的宽行密株的枣粮间作的栽培模式，传统生产技术日趋成熟，这一时期出现了包括蜜枣、枣干、枣酒、枣醋、酒枣等枣类加工产品。第三阶段为现代生产技术形成阶段，从中华人民共和国成立至今，主要是现代科学技术促进生产技术迅速发展。特别是 1978 年以来，现代生产技术更是得到了全面发展，大规模推广了以酸枣树为砧木的嫁接育苗技术，实现现代化土肥水管理技术，枣树品种进一步增多，在加工方面还出现了枣汁、色素、枣膳食纤维、环核苷酸糖浆等新型产品，市场规模不断扩大，产品开始出口到国际市场。

3.1.2 枣产业战略地位

为了维护国家粮油安全，大力发展木本粮油战略是缓解粮油供需矛盾的必然选择。发展木本粮油要积极推进农业供给侧结构性改革，通过多途径开发食物品种资源、优化食物结构，实现各类食物供求平衡，以满足消费者日益多元的需求。根据我国木本粮油的发展战略，枣产业作为五大木本粮油产业的代表产业之一，被视为传统的木本粮食产业，具有保障国家粮油安全的战略作用。枣树还具有耐干旱瘠薄的特性，属于生态型经济林树种，是退耕还林和荒山绿化的优良树种，具有良好的生态价值。

目前，中国枣产业的发展已经初具规模。枣树是我国的第六大果树，截至 2020 年底，全国枣产量为 773.1 万吨①，仅次于柑橘、苹果、梨、桃和葡萄的产

---

① 资料来源：《中国农村统计年鉴 2021》。

量，枣产量更是远超核桃、柿子、板栗等其他干果品种（见表3-1）。

表3-1　2020年中国主要园林水果产量　　　　　　单位：万吨

排名	品种	产量
1	柑橘	5121.9
2	苹果	4406.6
3	梨	1781.5
4	桃	1663.4
5	葡萄	1431.4
6	红枣	773.1
7	柿子	347.1
8	菠萝	184.8

资料来源：《中国农村统计年鉴2021》。

综观1973年以来全国枣产量的变化情况，1973~1990年，全国枣产量出现较大幅度的涨跌，期间经历过20%以上的增长和10%以上的下跌，但总体上产量并未出现明显上涨，平均产量仅为411878吨。这种年产量极其不稳定状况与经济环境和生产技术有一定的关系。1990年以后枣产量呈现增长趋势，除1996年、1999年和2007年出现不足1%的跌幅外，其余年份均呈大幅增长态势，1991~2016年的平均涨幅约为11.74%（见图3-1和表3-2）。随着新疆地区枣树面积

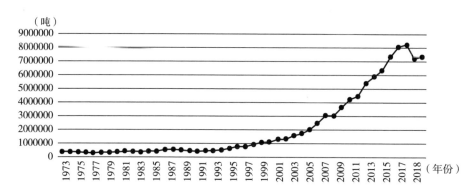

图3-1　1973~2018年全国枣产量变化情况

资料来源：《中国农业年鉴1974~2019》。

表 3-2　1973~2018 年全国枣产量及变化情况

年份	全国枣产量（吨）	年增长率（%）	年份	全国枣产量（吨）	年增长率（%）
1973	395765	—	1996	778534	-0.45
1974	388350	-1.87	1997	936058	20.23
1975	372050	-4.20	1998	1103613	17.90
1976	316700	-14.88	1999	1103373	-0.02
1977	284600	-10.14	2000	1306036	18.37
1978	348900	22.59	2001	1308633	0.20
1979	338900	-2.87	2002	1573698	20.26
1980	371600	9.65	2003	1718689	9.21
1981	397800	7.05	2004	2011217	17.02
1982	426100	7.11	2005	2488506	23.73
1983	387300	-9.11	2006	3052860	22.68
1984	439150	13.39	2007	3030623	-0.73
1985	432037	-1.62	2008	3634071	19.91
1986	545298	26.22	2009	4247773	16.89
1987	571508	4.81	2010	4468335	5.19
1988	520072	-9.00	2011	5426762	21.45
1989	454446	-12.62	2012	5887121	8.48
1990	423222	-6.87	2013	6339973	7.69
1991	449392	6.18	2014	7345266	15.86
1992	488183	8.63	2015	8075784	9.95
1993	522878	7.11	2016	8240508	2.04
1994	650196	24.35	2017	7212569	-12.47
1995	782069	20.28	2018	7357600	2.01

资料来源：《中国统计年鉴 2001~2019》。

的不断扩大，2000~2018 年全国枣产量快速增长，再加上品种结构和栽培技术的改进以及病虫害防控措施的合理到位，枣产量呈现高速增长趋势，平均增长速度达到 10.93%（见图 3-2）。

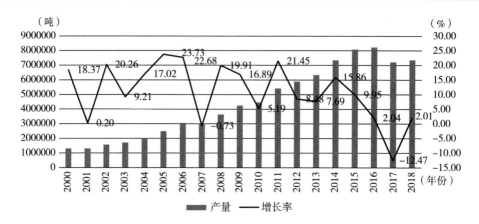

图 3-2　2000~2018 年全国枣产量增长率变化情况

资料来源：《中国农业年鉴 2001~2019》。

3.2　中国枣产业生产现状

3.2.1　栽培区域高度集中

中国枣树生产范围广，除吉林、黑龙江、浙江、江西、广东、海南、西藏、青海外，全国 22 个省、市、自治区均有种植。根据各栽培区域的产量情况，本书将全国枣树栽培区域进行如下划分：

第一层次（年产量百万吨以上）：新疆、河北、山东。

第二层次（年产量占全国产量 3% 以上 11% 以下）：陕西、山西、河南。

第三层次（年产量占全国产量 1% 以上 3% 以下）：甘肃、辽宁、宁夏。

第四层次（年产量不足全国产量 1%）：湖北、天津、湖南、广西、云南、四川、安徽、重庆、北京、江苏、贵州、内蒙古、上海。

从全国枣产区的产量分布来看，主要枣产区集中在华北地区和西北地区，形成横贯东西的一条"枣树种植带"。2016 年，新疆的枣产量占全国枣产量的39.61%；新疆、河北、山东三省的产量占全国总产量的 69.33%；新疆、河北、山东、陕西、山西、河南的产量占全国总产量的92.4%，其余省份产量总和不足全国的10%。在6个主产区中，新疆发展时间最短，大规模发展枣产业仅10余年的时间，属于新兴枣产区；其余5个产区发展历史悠久，属于传统枣产区（见表3-3）。

表3-3　2016年全国枣产量分布

排名	地区	产量（吨）	产量占全国比例（%）	分类
1	新疆	3264167	39.61	第一层次
2	河北	1388360	16.85	
3	山东	1060158	12.87	
4	陕西	831005	10.08	第二层次
5	山西	742398	9.01	
6	河南	327563	3.98	
7	甘肃	167384	2.03	第三层次
8	辽宁	145305	1.76	
9	宁夏	83244	1.01	
10	湖北	36258	0.44	第四层次
11	天津	36235	0.44	
12	湖南	34211	0.42	
13	广西	28464	0.35	
14	云南	27499	0.33	
15	四川	17099	0.21	
16	安徽	15852	0.19	
17	重庆	12192	0.15	
18	北京	9095	0.11	
19	江苏	9029	0.11	
20	贵州	2799	0.03	
21	内蒙古	1781	0.02	
22	上海	392	0.00	

资料来源：《中国农业年鉴2017》。

在非主产区中，发展较为迅速的地区主要集中在华北、西北和西南地区，即天津、辽宁、广西、四川、云南、重庆、贵州、甘肃、宁夏（见表3-4）。2016年，重庆的枣产量达到12192吨，2010~2016年的平均产量增长速度高达21.71%；2010~2016年云南的平均增长速度也较高，达到了19.16%；此外，贵州和宁夏的平均增长速度在10%以上；其余地区的平均增长速度也都达到了5%以上。虽然上述产区的总产量不算很高，但是增长速度却很快。其中，重庆、贵州、云南、四川、广西是南方产区，以鲜食品种为主，未来发展潜力巨大；辽宁、宁夏、甘肃、天津是北方产区，仍以制干品种为主，兼有鲜食品种。

表3-4　2010~2016年9个省、市、自治区枣产量增长率　　　单位:%

产区	2010年	2011年	2012年	2013年	2014年	2015年	2016年	平均增速
天津	6.11	2.99	2.14	−34.32	67.14	−8.76	4.09	5.63
辽宁	29.48	−26.48	48.18	28.87	1.70	1.84	−33.39	7.17
广西	0.83	5.59	5.38	7.75	5.76	4.72	6.40	5.21
四川	7.99	8.84	5.66	7.26	2.76	4.51	1.57	5.51
云南	−6.45	49.62	17.56	31.66	20.80	3.10	17.81	19.16
重庆	−10.78	55.67	9.17	9.99	7.55	65.94	14.43	21.71
贵州	0.07	6.56	26.21	10.41	22.30	14.74	−2.03	11.18
甘肃	24.76	1.66	9.85	12.14	−1.60	16.23	−0.44	8.94
宁夏	38.02	14.57	8.82	8.05	2.52	8.47	−2.78	11.10

资料来源：《中国农业年鉴2011~2017》。

为了进一步研究中国枣产业生产区域布局特征，本书采用地区集中度的方法对枣产业的地区集中度进行测算。具体而言，地区集中度反映了主产区在市场中的地位及其对市场支配能力的强弱，是衡量地区间产业竞争性和垄断性的指标。产业的地区集中度是选取该产业中排名前几位的地区，计算这些地区产出占全国总产出的累积份额，反映产业的集中水平。本书选取全国六大主产区的集中度指数（CR_6），即处于第一层次和第二层次的六大主产区的枣产量占全国枣产业的市场份额。计算公式为：

$$CR_6 = \sum_i^6 S_i \times 100\%$$

其中，S_i 是全国排名第 i 位的省份的枣产量占全国总产量的比重。

标准差系数是用于衡量产业在主产区间分布的不均等性，计算公式为：

$$V_\sigma = \frac{6 \times \sigma}{\sum_i^6 S_i} \times 100\%$$

其中，σ 为 6 大主产区枣产量所占比重的标准差。

研究选取了 2000~2016 年全国六大主产区的产量数据，测算枣产业的地区集中度及其变化趋势，结果如表 3-5 所示。

中国枣产业呈现出高度区域化、集中化的特征，且主产区分布不均等、发展差异显著。全国六大主产区的地区集中度一直保持在 86% 以上，2011 年后更是一直维持在 90% 以上，地区集中度指数表明中国枣产业高度集中在六大主产区。从地区集中度指数变化情况看，近 17 年来，地区集中度指数 2000~2007 年出现过缓慢下降趋势，2007 年后开始出现缓慢回升，截至 2016 年，地区集中度指数高达 92.39%。枣产业地区集中度指数的变化特点表明：第一，枣树种植受自然条件的约束，区域分布特征明显，枣树分布的重点区域集中在六大主产区，地区集中度非常高；第二，新疆枣产区从无到有，从市场地位弱小到市场地位迅速壮大，新疆枣产区的枣产量从远远低于传统枣产区发展到与传统枣产区产量水平基本持平，最后到远远高于传统枣产区，这种变化使枣产业的地区集中度经历了缓慢下降而后缓慢回升的过程。随着新疆枣产区的发展壮大，当前枣产业的地区集中度处于历史最高水平，预计未来地区集中度指数仍有上升空间。

从六大主产区的标准差系数看（见表 3-5），六大主产区的标准差系数从 2000 年开始缓慢下降，2008 年后快速下降，2011 年达到了最低值，而后快速上升。标准差系数变化的趋势表明，2000 年后，新疆枣产区发展刚刚起步，与传统枣产区差距较大，六大枣产区之间的产业发展差异显著。随着新疆产区的发展壮大，各产区之间的发展差距逐渐缩小。然而标准差系数的回升表明，随着新疆枣产区迅速发展，新疆的生产发展水平已经超过了其他产区，并继续拉大与其他产区的差距。

表3-5 六大主产区集中度和标准差系数 单位:%

年份	集中度	标准差系数
2000	89.80	86.11
2001	87.71	92.27
2002	86.46	81.60
2003	87.86	95.97
2004	86.85	87.21
2005	87.47	85.57
2006	88.59	77.15
2007	86.18	88.06
2008	89.31	64.44
2009	90.00	55.74
2010	88.77	43.07
2011	91.11	40.27
2012	90.51	46.63
2013	90.15	60.44
2014	91.10	71.98
2015	91.36	78.20
2016	92.39	81.85

资料来源:《中国农业年鉴2001~2017》。

3.2.2 生产规模大幅提升

基于上文分析,中国枣产业的主产区分为新兴枣产区新疆和传统枣产区,两类主产区在资源禀赋、栽培技术、专业化程度、组织管理方式、市场流通模式等方面的特点均存在较大差异,产业发展存在的问题也各不相同,本书从新疆枣产区和传统枣产区分别进行研究。

3.2.2.1 新疆枣产区种植面积和产量大幅提升

(1)种植面积大幅提升,位居新疆各类水果种植面积之首。新疆具有得天独厚的水土光热资源,干旱少雨,年均自然降水量170.6毫米;新疆光热资源极其丰富，年均日照时间可达 2300~3200 小时；① 昼夜温差大，非常利于枣果可溶固形物和糖分的积累，以新疆生产建设兵团为例，其位于东经 73°30′~96°30′，北纬 34°10′~49°30′，极端低温可达 -25℃~35℃，极端高温可达 40℃~45℃，历年平均无霜期 200~220 天，年均气温在 10℃以上，② 各类农作物生长繁育禀赋条件优越。此外，新疆发展枣产业、提高植被覆盖率，有利于削弱风沙危害，可以起到降沙、降尘、改善区域气候的作用，对防风治沙、遏止沙进人退、改善生态环境有重要意义。

自 2000 年以来，新疆大力发展特色林果产业，2003 年确立林果产业为促进当地农业农村经济发展的重要支柱产业，在当地政府的大力推动下，新疆环塔里木盆地成为重要的林果发展区域，具有极大林果发展潜力。新疆枣树种植的主要区域正是分布在环塔里木盆地的喀什地区、阿克苏地区、和田地区、巴音郭楞蒙古自治州（以下简称巴州）、哈密地区等。其中，种植面积达到 10 万公顷以上的地区有喀什地区和阿克苏地区；种植面积在 1 万~10 万公顷以下的地区有和田地区、巴州、哈密地区；此外，吐鲁番地区的种植面积也达到了 9250 公顷，克孜勒苏柯尔克孜自治州的种植面积达到了 2054 公顷；其余地区种植面积不足千公顷。新疆种植的主要水果品种包括苹果、梨、葡萄、桃、杏、枣等，1999~2015 年新疆种植水果面积呈现逐年增长趋势，截至 2016 年，各类水果的种植总面积达到了 993758 公顷。其中，枣树种植面积为 504511 公顷，远远高于当地其他水果的种植面积，占新疆各类水果种植总面积的 50.77%（见表 3-6），新疆的枣树种植面积已经跃居全国首位。

表 3-6　1999~2016 年新疆枣树种植面积

年份	各类水果种植面积合计（公顷）	枣树种植面积（公顷）	枣树占水果种植总面积比例（%）	枣树种植面积增长率（%）
1999	162388	4258	2.62	23.53

① 资料来源：新疆维吾尔自治区人民政府官网/走进新疆/气候特征［EB/OL］. https：//www. xinjiang. gov. cn/xinjiang/dmxj. shtml.

② 刘孟军. 中国枣产业发展报告（1949—2007）［M］. 北京：中国林业出版社，2008.

续表

年份	各类水果种植面积合计（公顷）	枣树种植面积（公顷）	枣树占水果种植总面积比例（%）	枣树种植面积增长率（%）
2000	193075	5171	2.68	21.44
2001	225506	6757	3.00	30.67
2002	292117	18836	6.45	178.76
2003	344179	29695	8.63	57.65
2004	396207	41497	10.47	39.74
2005	476975	54864	11.50	32.21
2006	502788	80140	15.94	46.07
2007	610683	137849	22.57	72.01
2008	716019	225378	31.48	63.50
2009	839291	286569	34.14	27.15
2010	991719	397491	40.08	38.71
2011	990313	456074	46.05	14.74
2012	1015152	473672	46.66	3.86
2013	933976	486141	52.05	2.63
2014	950619	483628	50.88	-0.52
2015	971783	495548	50.99	2.46
2016	993758	504511	50.77	1.81

资料来源：《新疆统计年鉴2000~2017》。

就枣树种植面积而言，2002年以后开始呈显著增长趋势，仅2002年当年，种植面积就从6757公顷增长到18836公顷，涨幅高达178.76%；2003~2012年，种植面积仍以较快速度增长；直至2012年，种植面积增速放缓，增长率仅为3.86%，2014年种植面积少量减少（见图3-3），此后虽然面积有所增加，但是增长幅度很小。整体来看，种植面积经历了短期内大幅上升后，逐渐呈现平稳趋势，目前种植规模日渐稳定成熟。

统计数据显示，与其他主要水果的种植面积增长率变化相比枣树的种植面积的增长率要普遍高于其他水果种植面积的增长率（见表3-7）；枣树较其他水果种植面积的变化幅度更大，曾出现增长率巨幅涨跌，其他水果种植面积增长率虽然也曾出现涨跌，但是幅度相对来说比较平稳。从整体趋势上看，各类水果都曾经历种植面积增长率迅速上涨后迅速下降，如苹果、杏、桃等已经出现种植面积大幅减少的情况。2012 年后，新疆地区主要水果的种植面积几乎不再增长，苹果、桃、杏的种植面积甚至出现大幅减少的情况。水果种植面积增长率的下降，一方面说明当地水果产业经过 10 余年的发展，种植规模趋于稳定；另一方面说明随着种植面积的扩张，水果产量不断增长，而标准化生产、加工产业、市场开拓尚未完全跟进，消费者需求趋于饱和，导致供给增长的动力不足。

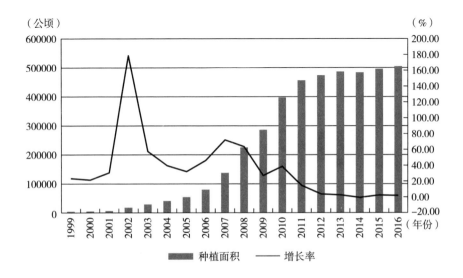

图 3-3　1999~2016 年新疆枣树种植面积变化情况

资料来源：《新疆统计年鉴 2000~2017》。

表 3-7　1999~2016 年新疆各类水果种植面积及其增长率

年份	苹果（公顷）	增长率（%）	梨（公顷）	增长率（%）	葡萄（公顷）	增长率（%）	桃（公顷）	增长率（%）	杏（公顷）	增长率（%）	枣（公顷）	增长率（%）
1999	36173	-11.80	28569	10.88	41340	29.19	6785	-17.76	40042	9.66	4258	23.53
2000	34561	-4.46	33898	18.65	59054	42.85	6575	-3.10	46065	15.04	5171	21.44
2001	31169	-9.81	42671	25.88	70548	19.46	6357	-3.32	52874	14.78	6757	30.67
2002	30375	-2.55	45803	7.34	87936	24.65	8408	32.26	74469	40.84	18836	178.76
2003	27786	-8.52	47743	4.24	91708	4.29	8944	6.37	103442	38.91	29695	57.65
2004	28942	4.16	53273	11.58	92178	0.51	10821	20.99	134857	30.37	41497	39.74

年份	苹果（公顷）	增长率（%）	梨（公顷）	增长率（%）	葡萄（公顷）	增长率（%）	桃（公顷）	增长率（%）	杏（公顷）	增长率（%）	枣（公顷）	增长率（%）
2005	28576	-1.26	66760	25.32	96236	4.40	10614	-1.91	180446	33.81	54864	32.21
2006	31067	8.72	69180	3.62	103875	7.94	10140	-4.47	157848	-12.52	80140	46.07
2007	32482	4.55	70542	1.97	109857	5.76	10626	4.79	199486	26.38	137849	72.01
2008	38458	18.40	73132	3.67	108763	-1.00	11703	10.14	209644	5.09	225378	63.50
2009	55294	43.78	69459	-5.02	114677	5.44	12752	8.96	209557	-0.04	286569	27.15
2010	73346	32.65	68806	-0.94	125272	9.24	14568	14.24	211947	1.14	397491	38.71
2011	83326	13.61	69923	1.62	135509	8.17	12893	-11.50	193591	-8.66	456074	14.74
2012	83917	0.71	70234	0.44	143318	5.76	12652	-1.87	189928	-1.89	473672	3.86
2013	54966	-34.50	69907	-0.47	144754	1.00	10404	-17.77	135861	-28.47	486141	2.63
2014	58266	6.00	65913	-5.71	149142	3.03	11044	6.15	132435	-2.52	483628	-0.52
2015	63572	9.11	70265	6.60	150249	0.74	12687	14.88	125033	-5.59	495548	2.46
2016	68763	8.17	73889	5.16	148984	-0.84	12885	1.56	124872	-0.13	504511	1.81

资料来源：《新疆统计年鉴2000~2017》。

（2）产量迅速增加，跃居新疆各类水果产量之首。随着种植面积的迅速增加，新疆枣产量也在迅速增长，1999~2016年的产量平均增长率达到了47.36%，2009年和2010年的产量增长率更是突破性地达到了120.64%和116.35%。从枣占新疆水果总产量的比重来看，1999年仅占到水果总产量的0.45%，从2005年起枣产量比重开始增加，截至2016年，枣产量所占比重已经达到32.29%，几乎占到新疆全部水果总产量的1/3。从新疆占全国总产量比重看，1999年新疆仅占全国总产量的0.56%，从2005年起新疆枣产量比重开始显著增加，从2012年开始新疆产量超过全国其他省份产量，成为全国第一产枣大省，截至2016年，新疆已经占到全国总产量的39.61%，超过全国总产量的1/3（见表3-8）。

表3-8　1998~2016年新疆枣产量及其所占比重

年份	水果产量合计（吨）	枣产量（吨）	占新疆水果总产量比重（%）	占全国枣产量比重（%）	枣产量增长率（%）
1998	1214789	4707	0.39	0.43	—

年份	水果产量合计（吨）	枣产量（吨）	占新疆水果总产量比重（%）	占全国枣产量比重（%）	枣产量增长率（%）
1999	1364194	6158	0.45	0.56	30.83
2000	1518732	7131	0.47	0.55	15.80
2001	1542457	9026	0.59	0.69	26.57
2002	1982042	12132	0.61	0.77	34.41
2003	2183393	14027	0.64	0.82	15.62
2004	2642218	15840	0.60	0.79	12.93
2005	2912627	28620	0.98	1.15	80.68
2006	3431435	46470	1.35	1.52	62.37
2007	4119760	87206	2.12	2.88	87.66
2008	4508652	131413	2.91	3.62	50.69
2009	5651495	289950	5.13	6.83	120.64
2010	5938497	627319	10.56	14.04	116.35
2011	6016470	1057983	17.58	19.50	68.65
2012	7367446	1453977	19.74	24.70	37.43
2013	7826942	1993660	25.47	31.45	37.12
2014	8586057	2574616	29.99	35.05	29.14
2015	9614479	3054270	31.77	37.82	18.63
2016	10110206	3264167	32.29	39.61	6.87

资料来源：《新疆统计年鉴 1999~2017》。

就新疆枣产量增长趋势来看（见图 3-4），1999~2016 年新疆产量整体上呈现快速增长趋势，产量增长率变化幅度较大，呈现急增骤降的趋势，2005 年和 2009 年出现过 2 次大幅度的增长，2011 年出现增长率快速下降，此后，产量增速逐年下降。整体产量在增长的过程中出现阶段性快速增长的趋势，每一次快速增长后，产量就上升到一个新的高度平台。随着 2000 年后种植的枣树逐渐进入盛果期，预计枣产量仍将继续保持较快的增长速度。

对比 1999~2016 年新疆各类水果的产量变化趋势，除桃的产量增长相对较为缓慢外，其他水果产量均有较大幅度增长。对比产量增长幅度较大的水果，包

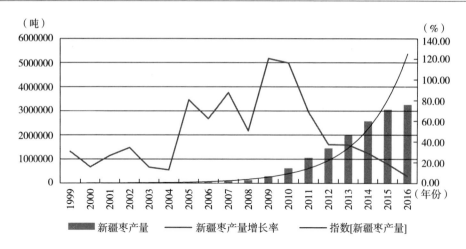

图 3-4　1999~2016 年新疆枣产量变化情况

资料来源：《新疆统计年鉴 2000~2017》。

括枣、苹果、梨、葡萄、杏，其中，葡萄、杏、梨均在 2010~2011 年出现过产量的大幅下跌，而后产量有所回升；苹果产量的增长速度较为平稳，1999~2016 年的年平均增长率达到 10.56%；枣是唯一产量以较高速度持续增长的水果，随着盛果期的到来，产量从 2009 年开始就达到较高水平，并持续保持较高增长速度（见表 3-9）。从整体发展趋势看，枣产业发展点低、发展快、前景广。枣开始是新疆各类水果中产量水平最低的，但作为后起之秀，其发展迅速，于 2007 年首次超过桃的产量，2011 年产量超过苹果和梨的产量，2013 年产量超过杏的产量，2014 年产量超过葡萄的产量，成为名副其实的新疆产量第一的水果，也造就了新疆红枣的整体市场品牌。新疆林果产业的迅速发展得益于近 20 年来国家大力开发西部和发展特色农业、林业的政策，在政策、资金、技术、人力资源等多方面因素的综合作用下，新疆枣产业几乎从零开始逐渐走向巅峰。

表 3-9　1999~2016 年新疆各类水果产量及其增长率

年份	苹果（吨）	增长率（%）	梨（吨）	增长率（%）	葡萄（吨）	增长率（%）	桃（吨）	增长率（%）	杏（吨）	增长率（%）	枣（吨）	增长率（%）
1999	246838	2.81	198148	82.15	610415	9.90	46474	-10.84	238047	1.06	6158	30.83

续表

年份	苹果（吨）	增长率（%）	梨（吨）	增长率（%）	葡萄（吨）	增长率（%）	桃（吨）	增长率（%）	杏（吨）	增长率（%）	枣（吨）	增长率（%）
2000	299673	21.40	194879	-1.65	683645	12.00	42968	-7.54	265090	11.36	7131	15.80
2001	270983	-9.57	226967	16.47	661524	-3.24	34816	-18.97	312152	17.75	9026	26.57
2002	250396	-7.60	308989	36.14	908069	37.27	27945	-19.74	440320	41.06	12132	34.41
2003	263418	5.20	249537	-19.24	1066331	17.43	31939	14.29	484050	9.93	14027	15.62
2004	293850	11.55	285703	14.49	1241450	16.42	49390	54.64	681883	40.87	15840	12.93
2005	330206	12.37	367808	28.74	1287642	3.72	56877	15.16	768812	12.75	28620	80.68
2006	327886	-0.70	435203	18.32	1502035	16.65	72038	26.66	959783	24.84	46470	62.37
2007	388881	18.60	541451	24.41	1654581	10.16	86137	19.57	1252036	30.45	87206	87.66
2008	435392	11.96	692831	27.96	1648718	-0.35	61447	-28.66	1382949	10.46	131413	50.69
2009	535058	22.89	874988	26.29	1932157	17.19	96306	56.73	1744762	26.16	289950	120.64
2010	658728	23.11	1052854	20.33	1965695	1.74	104713	8.73	1323425	-24.15	627319	116.35
2011	715136	8.56	605731	-42.47	1754725	-10.73	109212	4.30	1607632	21.48	1057983	68.65
2012	820982	14.80	950197	56.87	2090508	19.14	125073	14.52	1733624	7.84	1453977	37.43
2013	980834	19.47	913058	-3.91	2239257	7.12	150320	20.19	1406930	-18.84	1993660	37.12
2014	1062647	8.34	1044868	14.44	2316114	3.43	166015	10.44	1281640	-8.91	2574616	29.14
2015	1151301	8.34	1139823	9.09	2755981	18.99	175789	5.89	1197823	-6.54	3054270	18.63
2016	1365832	18.63	1280387	12.33	2675828	-2.91	191633	9.01	1154203	-3.64	3264167	6.87

资料来源：《新疆统计年鉴1999~2017》。

3.2.2.2 传统枣产区产量稳定增长

我国五大传统枣产区包括河北、山东、山西、河南和陕西，五个省份均有悠久的栽培历史，在自然环境、栽培模式、生产问题等方面有诸多相似之处。因此，本书将传统枣产区作为整体共同研究。

从产量上看，五大传统枣产区的增长速度较为平缓，特别是在新疆枣产区兴起后，增长速度更是呈现出缓慢下降的趋势，甚至所有传统枣产区的产量都出现过不同程度的下降。从产量对比情况看，河北与山东的产量相当且河北略高于山东；山西、河南和陕西的产量处于同一水平；陕西省有后来居上之势，产量已然超过山西和河南。整体来看，五大传统枣产区的产量呈波动中缓慢上升趋势（见图3-5）。

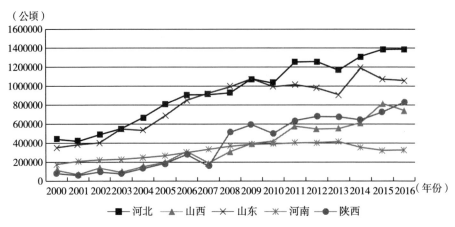

（公顷）

图 3-5 2000~2016 年五大传统枣产区产量对比

资料来源：《中国农村统计年鉴 2001~2017》。

就增长速度而言，河北产量变化速度较为平缓，与全国产量变化趋势趋同；陕西和山东产量变化较为剧烈，波动趋势大致相同；河南产量变化虽然也较为平缓，但是，产量变化趋势与河北大致呈相反关系；山西的产量变化明显，产量大涨大跌，波动剧烈（见图 3-6）。整体来看，2012 年以后各省的产量增长速度的波动幅度大幅减弱，整体趋势较为平稳，产量未再出现大幅增减变化。

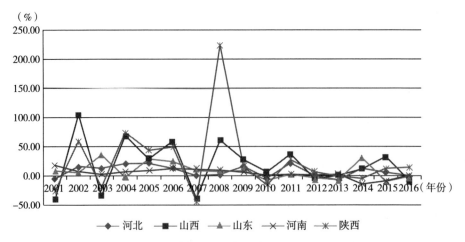

（%）

图 3-6 2001~2016 年五大传统枣产区产量增长率变化

资料来源：《中国农村统计年鉴 2001~2017》。

就产量所占全国总产量比重而言，除山西所占比重基本不变、陕西所占比重略有上升外，河北、山东、河南所占全国产量比重均呈现下降趋势，河北和山东的下降趋势更为明显。其中，河北从2000年最高值33.82%下降至2016年最低值16.85%（见图3-7），预计河北所占全国比重的下降趋势仍会在未来几年内延续。传统枣产区产量比重下降的主要原因在于，在新疆枣产区的强力带动下全国总产量的集聚攀升和传统枣产区产量增速减缓甚至减产。

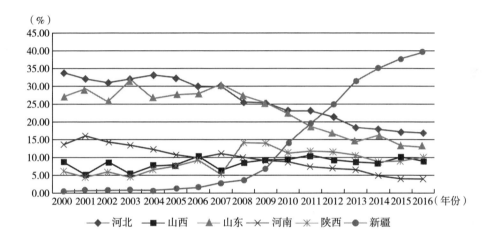

图3-7　2000~2016年五大传统枣产区产量占全国总产量比重对比

资料来源：《中国农村统计年鉴2001~2017》。

从产量变化情况来看，传统枣产区的产量相对较为稳定，除2007年产量增减幅度不大外，并呈现逐渐减产的态势。传统枣产区面对的市场竞争，一方面来自新疆枣产区的竞争压力，另一方面来自其他传统枣产区的竞争压力。由于枣果品质特色鲜明、地域特征明显，新疆枣产区的竞争压力大但是不同于其他传统枣产区的竞争压力。传统枣产区之间的竞争激烈程度不亚于传统枣产区与新兴产区新疆的竞争，主要原因在于传统枣产区具有相似的产业发展特点，从发展历史、栽培模式、市场渠道等方面均具有相似之处，因此，传统枣产区之间的竞争是正面竞争，特别是传统枣产区整体市场份额被新疆枣产区大量挤占的背景下，传统枣产区之间的竞争也变得较之以往更加激烈。

3.2.3 品种结构单一且亟须换代

目前，经过自然演化和人工选育，枣树已经形成 750 多个品种，主栽品种 30 多个，其中规模较大的主栽品种 10 余个。[①] 按照果实用途枣可以分为 5 个种类，制干品种、鲜食品种、加工品种、干鲜兼用品种、观赏品种。我国枣树的品种结构仍以制干为主，同时，鲜食品种由于其丰富的营养成分正在得到市场越来越多的认可，栽种规模也在迅速扩张。除黑龙江、吉林、内蒙古、西藏、青海等少数几个地区外，枣树在全国得到广泛种植，品种结构及其分布如表 3-10 所示。从规模较大的主栽品种分布情况看，规模最大的制干品种骏枣和灰枣主要分布在新疆枣产区；规模最大的鲜食品种冬枣主要分布在山东、河北和陕西；规模最大的加工品种金丝小枣主要分布在河北和山东；规模最大的干鲜兼用品种赞皇大枣主要分布在河北。

表 3-10 我国枣树品种结构和分布

种类	制干品种	鲜食品种	加工品种	干鲜兼用品种	观赏品种
主要特点	果皮厚，含糖量高，含水量低，制干率高	果皮薄，含糖量高，含水量高，口感清脆多汁，鲜食可口	果皮薄、果型大、果肉厚、果核小，含糖量低，果肉疏松少汁	果肉厚，含糖量高，含水量较高，适口性好	枣形特异美观，枝条弯曲，可盆栽，观树、观枝、观花、观果
品种数量（个）	224	261	56	159	10
主导品种	灰枣、骏枣、婆枣、扁核酸、长红枣、圆铃枣、木枣等	冬枣、临沂梨枣、孔府酥脆枣、月光、六月鲜、济南脆酸枣、枣脆王等	无核金丝小枣、义乌大枣、宣城圆枣、临汾团枣、灵宝圆枣等	赞皇大枣、骏枣、金昌、金丝小枣、长鸡心枣、长红枣、大白铃枣等	龙枣、茶壶枣、磨盘枣、柿蒂枣、寿星枣、葫芦枣、大柿饼枣、胎里红等
分布地区	北方地区，包括西北、华北等地区	全国各地，包括华北、华南、西南等地区	南方地区，包括华南、西南等地	全国各地，包括华北、西北等地	全国零散分布

---

① 刘孟军. 中国枣产业发展报告 1949—2007 ［M］. 北京：中国林业出版社，2008.

（1）新兴枣产区品种结构单一。新疆枣树种植品种结构单一，以骏枣、灰枣为主。据不完全统计，这两个品种占新疆总产量的90%以上。鉴于新疆自然条件的变化、品种自身特性、市场需求的变化，单一品种结构的缺陷正在逐步显现。

例如，骏枣的市场地位已经大不如前，市场价格也在暴跌，5年内从最高价每千克30多元下跌至6~7元。在新疆发展枣产业之初，新疆枣以其个头大、甜度高、数量少，迅速占领市场。然而，随着新疆枣产量的迅速增加，消费者对枣果的品质要求也在提高，质量成为衡量红枣价格的唯一标准，单一的品种结构已经逐渐不能满足消费者的需求，新疆枣的价格在迅速下降，利润空间也大大降低。新疆枣也已经走入了发展的瓶颈期，需要通过栽培品种的多样化解决市场有效需求不足的问题。只有补齐了品种结构单一化的短板，新疆枣才能顺利度过发展瓶颈，进入下一发展阶段。

以骏枣为例，骏枣原产于山西，但是由于新疆的土壤条件和日照条件更加优越，新疆骏枣的品质要优于山西骏枣。新疆地区土壤以无污染的沙化土壤为主，且矿物质含量丰富，每天日照时长约15小时，昼夜温差可达20多度，非常适宜枣树生长。在此优越的自然条件下，新疆骏枣以其大如核桃的个头、宛若玛瑙的颜色，在短时间内迅速赢得了消费者的喜爱，占领了大量的市场份额。但是，骏枣自身存在性状缺陷：第一，虽然个头大，但是在甜度、口感和营养价值方面都逊于灰枣，骏枣还有后味泛酸、干枣皮厚、果皮粘连上颚的缺陷；第二，骏枣抗裂性差，成熟期降雨会造成严重裂果。以阿克苏地区为例，以往秋季基本无雨，骏枣在成熟阶段不会因为降雨导致裂果，非常适宜骏枣生长。但近年来随着全球气候变暖、新疆植被增多，新疆地区蒸腾作用增强、空气湿度增加，阿克苏地区在秋季开始出现降雨，降雨引发骏枣出现大量裂果，直接影响枣果品质。此外，灰枣虽然抗裂性比骏枣强，但是也存在品质缺陷，主要问题是果实个头小，外观的缺陷直接影响了其市场商业价值，也不利于深加工的开展。新疆单一的枣树品种结构不利于消费市场的进一步开拓，抵御市场风险的能力较弱。

（2）传统枣产区品种亟须更新换代。传统枣产区品种结构方面的问题主要体现在两个方面：第一，自然生品种所占比例大。不少传统枣产区栽培历史悠久，枣树以传统自然生品种为主，多为本地红枣的根蘖苗，品种退化问题严重，甚至有些枣树的树龄已有几十年，生长在山区坡地，树形高大，生产管理和果实采摘难度大。第二，部分枣树品种退化，抗病虫害能力、抗裂性差，导致枣果品质难以得到保障，需要更新换代。以金丝小枣为例，大约 30 年以前的金丝小枣比当前的金丝小枣品质优越，主要体现在甜度高、抗病虫害性强。由于近 20 年来对土壤肥力的过度使用，化肥农药使用不当，导致枣果品质下降，市场份额逐渐减少，种植面积大幅减少，正在面临被市场淘汰的威胁。因此，一方面，要对落后品种进行改造，提高优质品种所占比重，逐步淘汰落后品种；另一方面，为了保证枣果品质，不仅要科学使用土肥水、管理病虫害、恢复土壤肥力，还要尽可能恢复优良品种的优质性状，帮助优良品种重新以品质优势赢得消费者和果农的认可，这是产业得以发展的根基。

以河北主产区之一阜平县为例，以传统栽培模式为主，由于山地地形的条件限制和小农经济下的农业科技推广难度，产业转型面临重重困难。河北省另一主要枣产区行唐县，全县枣树种植面积 4 万公顷，常年产量 1.2 亿千克以上，产值 3.6 亿元，但是作为传统枣产区也面临大枣裂果、缩果病等问题。从 2011 年开始，行唐县通过高接换优"曙光一号"品种，将不便管理的自然生枣树改接为便于管理的标准化矮化树，达到了更换品种、恢复树势、提高经济效益的目的。为了确保新品种的推广，组建并培训了专业嫁接队伍，嫁接对每嫁接一个成活的穗条，验收后政府补贴 0.5 元，提高了嫁接人员的积极性、确保了成活率、保证了嫁接效果。新品种缩果、裂果率不到 5%，经济效益显著提高。[①] 以山东省为例，山东省栽培面积最多品种为冬枣，其次为金丝小枣，两个品种合计占山东枣产量的 80% 以上；此外，还有圆铃枣和长红枣，两者也是山东省的主要枣品种，其中，圆铃枣是优良制干品种，对土壤和气候的适应性强，产量较高且稳定，抗裂性好。但是，上述主栽品种的成熟期过于集中，缺少早熟的鲜食品种和专用品种，病虫害问题严重，影响当地枣产业的可持续健康发展。

① 岳金宏，等. 打出品种改良牌，奔向脱贫致富路［N］. 石家庄日报，2016-05-04.

3.3 中国枣产业市场流通现状

3.3.1 流通体制有待健全

中国枣产业市场流通受到国家流通政策的影响，自 1984 年国家开始大力发展农产品批发市场，实现多渠道经营，在此政策的引导下，各大中城市逐步建立了综合性和专业性的果品批发市场。全国农产品批发市场的数量呈现迅速增长，1983 年为 200 个，1984 年为 1000 个，1994 年已经发展到 2100 个，2008 年更是发展到 4500 多个，批发市场承担着 70% 以上农产品的流通。1993 年全国加强了农产品流通体制改革力度，基本形成了多元化市场格局，公司+农户/农协的多种经营模式开始形成。统计数据显示，1993 年以后，全国枣产量开始进入快速增长时期，1993~2016 年，枣产量的年平均增速达到了 12.82%。[①] 在这一时期，各地区的果品经营部门实行纵向联合经营，提高综合服务能力，促进产供销一体化服务。合作社也为农民提供了产前、产中和产后服务，与农民建立起了较为稳定的产销合作关系。悄然兴起的超市作为新兴的销售终端也为枣产业的流通环节注入了新的活力。随着市场自由化的实现，枣产品的市场价格逐步放开，消费者对不同的枣产品的选择余地增加；物流产业和冷链物流的快速发展缩短了产地和销售地的距离，地域限制被打破，为生产区域的合理布局奠定了基础；贮藏技术和加工技术的发展，逐步打破了产品供应的季节限制，枣产品正在向周年供应发展。在枣果交易市场出现了无公害绿色专区，为健康无公害枣产品开辟了专门的销售空间。

当前枣产业的市场流通模式仍以基于经纪人和批发市场的传统流通模式为主，枣果流通高度集中。传统流通模式中，主要产品是初级加工制干枣果，其市场占有率约为 70%；主要流通主体包括农资供应商、枣农、红枣经纪人、各级批

---

① 资料来源：《中国农业年鉴 1993~2017》。

发商和零售商等；主要流通渠道包括各级批发市场、各零售终端、农贸市场等。枣产业市场流通环节流程复杂，产品流通高度集中。具体而言，以最大枣产区新疆为例，80%的枣果由红枣经纪人收购，再将枣果运至全国主要批发市场销售，其他枣产区情况大致相同；全国最大的红枣批发市场是沧州红枣交易市场，其枣果交易量占全国枣果流通总量的60%以上，2016年的交易额高达380亿元，枣果流通高度集中在大型批发市场。大型批发市场在枣产业流通环节中起到关键性作用。此外，中国枣产业在2000年后逐渐走上产业化经营的道路。2000年以后出现了一批具有独立品牌的枣产品加工企业，以中小型企业为主，其中部分企业在农业产业化政策的推动下，已经逐渐发展成为具有市场影响力的龙头企业。当时，在新疆地区出现了规模生产、规模经营；2010年前后大批红枣专业合作社在各地兴起，主要从事生产、加工和销售。在此过程中，中国枣农开始逐步了解市场、进入市场，进一步推进产业化进程。2015年后，适度规模经营的政策导向加快了龙头企业和规模化经营的发展，这已经成为当时引领中国枣产业化发展的主要动力。目前，虽然由专业合作社和龙头企业主导的流通模式具有较好的生产效率和经济效益，但是所占比例仍然较低，枣产业的流通模式亟待转型升级和创新发展。

3.3.2 各利益主体间利润分配不合理

由于市场结构性失衡问题严重，造成初级加工品的价格逐年走低，流通环节不顺畅造成产品利润在各环节分配不均。

第一，市场上产品供大于求是造成产品价格下跌的直接原因，无论产品的品质如何优质，只要供给量大于需求量就会造成价格下跌。根据基本的市场供求平衡原理，当市场价格跌至合理价格范围时，就需要通过调整供给或者需求使价格恢复到合理区间。而直接改变消费者需求在短时间内难以实现并且不切实际，唯有针对消费者的需求现状改善产品供给以适应需求并创造新需求，从而解决供求失衡问题。

第二，从2012年枣果的市场价格开始下跌，枣农出售枣果的价格逐渐逼近成本价，收购价下降幅度逐年增加，枣农的经济利润逐年减少。消费者在市场所购买的枣果价格虽然有所下跌，但是下跌幅度远远小于枣果在产地的收购价，消费者在零售端依然要以较高的价格购买枣果。中国枣产业仍采用以批发市场为主的流通渠道，具备现代基础设施、检查设备、仓储设备，具有现代化交易功能的批发市场并不多见。与其他农业产业相比，我国枣产业的流通体制发展相对滞后，流通体制尚未与"互联网+"的大时代背景相融合，未能通过网上交易、电子结算提高流通效率。

枣农经济收益低，消费者购买价格高，其中的差价出现在产品流通环节。绝大部分枣果仍需经过红枣经纪人、各级批发市场和零售终端最终到达消费者手中，中间经过流通环节过多，流通主体过多、流通渠道有限、市场流通效率大大降低。经过市场流通环节的层层加价，消费者到手价远远高于生产成本价，而枣农并未从中获取更多利润。以新疆枣果为例，从新疆枣产区运到其他省份果品批发市场，枣果的价格增长幅度为80%～100%，赚取中间利润的主体主要是批发商和物流人员。从批发市场到零售市场，根据产品的加工程度不同，枣果的价格增长幅度最低约为50%，中高档加工产品的价格增长幅度会达到百分之几百甚至更高。由此可见，加工企业赚取了枣果流通过程中的最大利润份额。调查数据显示，通常枣农所获利润分配比例不足8%，利润分配不均严重打击了农民种枣的积极性，影响产业发展的基础，未能给消费者带来真正的实惠，消费者对枣果的消费量难以在高价水平下得到大幅提高。

3.4 中国枣产业的加工现状

根据加工程度可将枣产品简单分为：原枣、初级加工品和精深加工品。原枣主要指采摘后经过简单分拣、清洗、烘干、分级的散装枣果，主要在各级批发市场和零售市场销售，可用于加工企业的初级加工、精深加工或者消费者直接购买食用。枣类初级加工品主要指以合作社和小型企业为主的加工企业，对原枣进行进一步分拣、清洗、脱核、切片、高温油炸、取汁制泥、包装等初级加工处理，初级加工品多以即食为目的，以快消品的形式直接出售给消费者，部分初级加工品也会以原材料的形式出售给精深加工企业。精深加工品主要指通过对枣果内在营养物质提取加工制成的快消品、营养品、生物制药、添加剂等产品，例如膳食纤维、食用色素、环核苷酸糖浆、环磷苷酸腺苷、功能性饮品等产品。

3.4.1 加工水平有待提高

枣产业的加工水平较为落后。从市场销售情况看，原枣市场占有率最大，约占整个市场销量的75%以上（见图3-8），其次是初级加工品，而精深加工品所占比例最小。每年原枣的销售额大约为400亿元，初级加工品的销售额大约为50亿元，精深加工品的销售额为40亿~50亿元。比较各类加工品所占比例，原枣的比例远远高于初级加工品和精深加工品，绝大部分枣果以原枣的形态销售；初级加工品和精深加工品所占比例各约10%。从各类加工品所占比例变化情况看，原枣所占比例在逐渐下降，而加工品比例在稳步上升，其中精深加工品的增长速度较快，从2009年约5%的比例增加到2015年约12%的比例，虽然绝对占比不高，但是增长幅度翻倍。枣产量迅速增加、市场价格下降是枣类加工品增加的主要原因。在枣产量较低、市场价格较高的市场背景下，较高的原材料成本直接影响了加工业的发展。当市场价格逐渐降低时，加工成本随之下降，为加工业的发展提供了可能性。

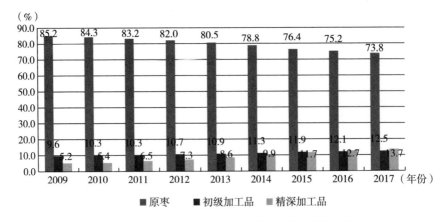

图3-8 2009~2017年中国枣产业加工品市场占有率

资料来源：智研咨询。

枣类加工品的标准化程度低，低端同质化现象严重。原枣和初级加工品多由枣农、合作社或小型企业完成，加工技术水平不一、卫生安全没有统一标准。在部分生产较为落后地区仍采用人工晾晒的方法进行初级加工，而在大型批发市场周围则以机械加工为主。由此造成了枣类加工品的品质参差不齐，这也是影响市场价格的主要原因之一。由于缺少规范的产品质量标准，枣类初级加工品仅凭单颗枣果重量和大小确定产品分级，而完全没有考虑枣果的内在品质规格。该枣果分级标准造成了生产以单颗枣果重量和大小为导向，而忽视了枣果自身品质，尤其是食用安全性问题。只要是同一品种同等大小的枣果，市场价格即相同，没有考虑枣果的农药残留、维生素含量、含糖量等指标的大小。原枣和初级加工品的差异化程度不高，产品的差异性主要体现在品种差异上，加工产品的附加值不高。鉴于枣类加工品低端同质化现象严重，难以实现品牌效益并创造品牌价值，枣类加工品市场的竞争仍以低端价格竞争为主。

随着人们生活方式和生活态度的转变，使消费者对食品安全问题愈加重视，越来越多的消费者在产品选择上会倾向于绿色产品。然而，从市场销售情况看，采用有机方式种植出来的枣果并不具有价格优势和产量优势，消费者选择的倾向性也不明显。因此，在生产过程中，单个枣农和生产企业都不会以枣果内在品质为导向生产。

3.4.2 精深加工品市场有待开发

精深加工枣制品的市场份额不足 10%，消费市场尚未得到有效开发。从加工技术上而言，精深加工技术已经能够提供上百种枣类加工品，但是目前仍存在以下问题：第一，在市场上适销的精深加工品不多，在市场销量较好的精深加工品并不多见，以快消品和酒类产品居多；第二，有效成分提取的加工技术尚未推广，该项技术的推广应用不仅能够延伸加工产业链，而且能够大幅提高产品的附加值，充分体现枣制品的营养价值和经济价值。

从生产主体而言，从事精深加工的企业多数具有较为雄厚的技术、设备和人员支持，但是由于产品不能成功推向市场，导致最终无法获得利润。以沧州恩际生物制品有限公司为例，公司于 2003 年成立，主营以环磷酸腺苷为主要成分的红枣提取液，该产品概念新颖、极具市场发展潜力。然而该产品推出市场伊始并未获得市场的认同，2年企业亏损高达上千万元，前期失败的根本原因在于企业没有健全的营销机制和营销团队，该企业如大多数枣制品加工企业一样，重生产轻营销，这种经营方式导致生产的产品没有市场销路。扭转企业亏损的局面只有补齐企业发展短板，设计完善的产品营销方案、建立一支高素质的营销团队，短短1年，企业扭亏为盈，年利润高达上亿元。沧州恩际生物制品有限公司的问题是许多枣制品加工企业存在的普遍问题，企业从生产起步，从初加工逐渐过渡到精深加工，但是在市场营销环节没有专业团队运作，导致产品的市场销路无法打开。对于这部分加工企业而言，只有自身配备专业营销团队，或者将产品交由市场专业营销团队分销才能真正实现产品的市场价值，在当前的市场环境下，"小生产、大市场"的特点变得愈加明显。只有打通市场销售渠道的各个环节，才能保证精深加工枣制品供应链的畅通。

总体来看，虽然技术上能够实现的枣类加工品种类繁多，但是适销产品、精深加工品所占比例不高，市场上的枣类产品仍以原枣为主，枣类加工品附加值较低、加工业发展仍处于较低水平。

3.5　中国枣产业出口贸易现状

3.5.1　出口比重较低

中国枣的出口量占到了国际枣市场的99%以上，几乎全部的枣都由中国出口。由于中国是枣的原产国兼主产国，枣进口的比例一直很小，2018年的进口额仅为47076美元。[①] 我国枣的出口品种主要有金丝小枣、鸡心枣、灰枣、婆枣、稷山板枣、蜜枣、乌枣、贡枣等。枣产业开拓国际市场的步伐正在加快，出口地区和国家首先是中国台湾、中国香港、新加坡、越南、马来西亚等，占出口总量的80%以上；其次是英国、法国、意大利、荷兰、美国、加拿大、澳大利亚、芬

---

① 资料来源：海关统计数据。

兰等国家。其中，中国香港和中国台湾的出口量最大。①

虽然每年枣总产量很大，但是出口量②所占比重非常小。综观 2000 年以来（见表 3-9），中国枣的出口量占总产量的比重整体呈现下降趋势，仅在 2003 年达到最高值 1.02%，此后该比重持续下滑，2014 年达到最低值 0.11%；2015 年后，该比重稍微有所上升；2018 年全国枣出口数量为 1.12 万吨，仅占当年全国枣总产量的 0.15%，出口形势不容乐观。

表 3-11　2000~2018 年中国枣总产量和出口量

年份	出口数量（万吨）	总产量（万吨）	出口量占总产量比重（%）
2000	1.12	130.60	0.86
2001	0.90	130.86	0.69
2002	1.23	157.37	0.78
2003	1.75	171.87	1.02
2004	1.58	201.12	0.79
2005	1.30	248.85	0.52
2006	0.95	305.29	0.31
2007	0.95	303.06	0.31
2008	0.79	363.41	0.22
2009	0.87	424.78	0.20
2010	0.77	446.83	0.17
2011	0.69	542.68	0.13
2012	0.85	588.71	0.14
2013	0.78	634.00	0.12
2014	0.78	734.53	0.11
2015	0.96	807.58	0.12
2016	1.11	824.05	0.13
2017	0.99	721.26	0.14
2018	1.12	735.76	0.15

资料来源：《中国农业年鉴 2001~2019》，智研咨询。

① 刘孟军.中国枣产业发展报告 1949—2007［M］.北京：中国林业出版社，2008.
② 由于《中国农业年鉴 2016》对栏目内容进行了调整，删掉了有关枣的出口部分数据，因此，相关数据更新到《中国农业年鉴 2015》中的数据（2014 年数据）；2015~2017 年的出口数量数据来源于智研咨询。

3.5.2　出口贸易长期停滞

改革开放以来，我国枣的国际贸易并无太大发展，长期处于停滞和下滑状况，出口贸易增长乏力。从1999~2018年中国枣的出口量来看，1999年出口量是10369万吨，2018年的出口量是11172万吨，出口总量并没有显著增加。从出口量变化趋势看，1999~2006年，中国枣的出口量经历了较大幅度波动，从1999~2001年经过小幅的下跌之后，迅速增长至2003年的17483万吨，而后又极速回落至2006年的9539万吨，仅2006年的下跌幅度就达到27.07%；2006~2018年，中国枣的出口增长乏力，保持小幅波动，整体呈现出先下跌再上涨的趋势。从出口量统计数据看，中国枣产业在国内如火如荼发展的过程中，出口并没有得到相应发展，出口量尚未增长至2002~2005年的峰值阶段。

从出口贸易额来看，截至2018年全国枣的出口金额约为35872千美元，比上一年增长7.52%。从整体趋势上看，中国枣的出口金额呈现上涨趋势，特别是2008年以后，增长速度迅速提高（见图3-9）。在出口贸易额下降的前提下，出口金额迅速增加，说明单位出口量的平均价格提高，每千克枣的平均价格从1999年的0.66美元增加到2018年的3.21美元，其中，2015年的出口单价更是达到了3.69美元/千克的历史最高值，这说明枣出口的经济效益正在增加。枣的国际市场价格一直也在上涨，国际市场上的售价约为鲜苹果售价的3.2倍，板栗售价的1.3倍。因此，枣产品具有不可估量的国际市场价值，未来枣出口产业很具有发展潜力。

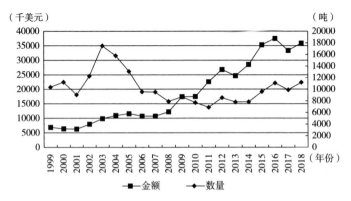

图3-9　1999~2018年中国枣出口金额和数量

资料来源：海关统计数据。

枣的出口量在 2003～2006 年经历快速下降后，继续呈现缓慢下降趋势，这与当时枣受气候变化影响，导致品质不高有直接关系。枣的出口从 2003 年开始就陷入低迷状态，虽然之后经历了全国枣产业蓬勃发展的阶段，但是出口仍然没有丝毫改善，说明我国枣的出口贸易在过去的十几年里几乎处于停滞状态。随着中国枣产量的持续增加，在国家"一带一路"倡议的带动下，中国枣产品的出口贸易正逢快速发展契机，中国枣产业需要抓住机遇，大力拓展海外市场（见表 3-12）。

表 3-12　1999～2018 年中国枣总产量和出口量

年份	出口数量 （万吨）	出口金额 （千美元）	单位价值 （美元/千克）	出口数量 增长率（%）	出口金额 增长率（%）
1999	10369	6860	0.66	—	—
2000	11241	6360	0.57	8.41	−7.29
2001	9024	6280	0.70	−19.72	−1.26
2002	12277	7940	0.65	36.05	26.43
2003	17483	9840	0.56	42.40	23.93
2004	15796	10942	0.69	−9.65	11.20
2005	13080	11561	0.88	−17.19	5.66
2006	9539	10717	1.12	−27.07	−7.30
2007	9496	10709	1.13	−0.45	−0.07
2008	7884	12187	1.55	−16.98	13.80
2009	8668	17399	2.01	9.94	42.77
2010	7686	17447	2.27	−11.33	0.28
2011	6873	22611	3.29	−10.58	29.60
2012	8522	26808	3.15	23.99	18.56
2013	7784	24637	3.17	−8.66	−8.10
2014	7822	28534	3.65	0.49	15.82
2015	9571	35296	3.69	22.35	23.70
2016	11064	37496	3.39	15.60	6.23
2017	9886	33361	3.37	−10.63	−11.02
2018	11172	35872	3.21	12.99	7.52

资料来源：《中国统计年鉴 2000～2019》。

4 中国枣产业需求影响因素和有效需求分析

2000 年以后中国枣产业进入快速发展时期，供给量连年增长，而消费需求增长有限，枣产业经历了发展巅峰时期后，进入了瓶颈期。此时，中国产业生产优势减弱、加工水平偏低、产品创新能力不足，低端供给过剩、中高端需求难以得到满足，传统产业发展模式难以适应新的市场环境。枣产业发展已经从卖方市场转变为买方市场，从生产者到各级供应商的销售压力逐渐显现，增产不增收的现象更是频频出现。如何能够保持产业的高收益、保护产业可持续健康发展，供给侧结构性改革是最为有效的解决措施。中国枣产业的供给侧结构性改革要以需求为导向，只有充分了解消费者的需求特征和影响消费决策行为的主要因素，才能有针对性地提出供给侧结构性改革的对策建议，以促进需求水平提高。

为了实施枣产业供给侧结构性改革，首先，需要深入了解消费市场的需求情况，这是实施供给侧结构性改革的根基，只有明确消费者对枣产品的具体需求，才能有针对性地提供有效供给。其次，枣产品的需求弹性较大，枣产品的品质、价格、品种、包装等各方面的特性都会对消费产生影响，如果不了解消费需求特点，难以提高需求量。本章通过对消费者需求进行实地调研，分析消费者行为和消费者态度特征，采用交叉因素分析消费者特征、行为和偏好与枣产品消费之间的关系，初步了解影响枣产品消费的主要因素，之后采用有序多分类 Logistic 回归模型分析了影响消费的主要因素。随后用情景分析法，对消费市场潜力进行预测，判断枣产业的市场潜力，从而为枣产业供给侧结构性改革提供了数据支持和事实依据。

4.1 调研设计与数据说明

在日益激烈的市场竞争中，消费者的需求和偏好直接影响了市场的走势，只有准确把握消费者心理和消费行为，才能提供满足消费者需求的产品和服务，增加有效需求。在此背景下，研究枣产品的消费需求特征和消费意愿就显得尤为重要，只有找出影响消费者需求的主要因素，有针对性地对其施加影响，才能找准市场定位、开发出适销产品，增加产品的市场竞争力，维持产业可持续发展。

4.1.1 调研方法

本书选择的调研方法是随机抽样，通过对消费者进行问卷调查，获得不同消费者的消费偏好和消费意愿。对消费市场的调研需要足够的样本量才能保证样本具有代表性，对受访者的要求是能够独立思考并准确描述自身的消费行为。

问卷调查的常用方法包括入户访问、电话访问、邮寄、街访、在线调查等。考虑到中国的实际情况，入户访问的调查成本和拒访率较高；电话访问沟通难度较大，访问时长受限，拒访率高；邮寄调查问卷的回收率较低、耗时较长。街访的优点是易于操作和控制，适用于较为复杂的调查；能够获取较客观真实的资料，调研成本低、效率高，在调研过程中通过访谈可以获取更多信息。在采用街访的过程中需要注意访问时长，随机应变地调整访问技巧。在线调查的优点是调查用时短，受访者更容易表达真实想法，调查成本低。但是，网络调查受限于网络环境，回答问卷的群体一般较为年轻。因此，本次通过调查问卷获取数据选择的最终途径是在调研地点的直接街访和在线网络调查相结合。两种方法结合使用最大限度地弥补了调研方法各自的缺陷，例如针对网络调查受访群体年纪较小的问题，可以通过在批发市场和超市的街访来弥补。

4.1.2 数据来源说明

就枣产业的消费市场而言，主要集中在我国各省份，全国80%以上的枣果批发销售在京津冀各批发市场完成。因此，本书选取京津冀地区的果品批发市场、大中小型超市、农贸市场等地作为调研地点，于 2016 年 7 月针对消费者对枣产品的消费需求进行实地调研，以期对枣产业的供给侧结构性改革提供数据支撑和对策建议。

具体而言，调研地点选择京津冀地区的果品批发市场、大中小型超市和农贸市场的原因在于，京津冀地区是全国红枣交易量最大的区域和红枣交易的中枢区域，也是红枣消费的重点区域，通过对京津冀地区的调研可以较为充分地了解消费市场的情况。调研选择的果品批发市场主要包括北京新发地果品批发市场、河北沧州红枣交易市场、保定果品批发市场。北京新发地果品批发市场是亚洲交易规模最大的专业农产品批发市场，新发地市场的农产品价格指数是全国农产品价格的风向标。该批发市场内设有专门的枣销售区域，经营全国各地不同品种的枣果。河北沧州红枣交易市场是全国最大的红枣专业批发市场，市场辐射区域包括华北、华南、东北、西北等全国绝大部分省份，并将产品出口到东南亚及欧美10 多个国家和地区。保定果品批发市场是保定市最大的果品批发市场，是华北地区大型果品集散中心，作为枣主产区的批发市场，具有一定的典型性。大中小型超市主要包括大型连锁超市沃尔玛、家乐福、物美、华联以及社区便利店等。上述地点都是消费者购买枣产品经常光顾的地点。

4.1.3 调研问卷设计

本书调查问卷涉及了消费者心理、产品认知、消费偏好和消费意愿等方面的内容，可以较全面地了解消费需求方面的情况。调查问卷主要包括以下部分：

第一，消费者个体特征。包括消费者性别、年龄、职业、受教育程度、收入、地域特征等。

第二，消费者对产品的消费态度。包括对绿色产品和不同采购途径的消费态度。

第三，消费偏好。包括品牌选择、购买目的、选购种类、口感要求、包装要求等。

第四，消费意愿。主要指消费者的购买支付意愿。

4.2 消费特征分析

4.2.1 人口统计变量分析

本书共发放调查问卷 265 份,回收问卷 238 份,剔除非有效问卷,最终得到有效问卷 217 份,有效问卷率 82%。调查样本的特征分布如表 4-1 所示。

表 4-1 调查样本的特征分布

变量	人数	所占比例（%）	变量	人数	所占比例（%）
性别			受教育程度		
男	63	29.03	初中及以下	40	18.43
女	154	70.97	高中及以下	50	23.04
年龄			专科或本科	125	57.60
25 岁及以下	93	42.86	研究生及以上	2	0.92
26~35 岁	45	20.74	收入水平		
36~45 岁	55	25.35	2000 元以下	105	48.39
46~55 岁	19	8.76	2000~3999 元	61	28.11
56 岁及以上	5	2.30	4000~5999 元	22	10.14
职业			6000~7999 元	11	5.07
学生	78	35.94	7999 元以上	18	8.29
自由职业者	80	36.87	地域		
事业单位从业人员	19	8.76	南方	11	5.07
企业单位从业人员	20	9.22	北方	206	94.93
个体工商户	20	9.22			

（1）性别。在受访者中,女性受访者比例为 70.97%,高于男性所占比例 29.03%。在中国家庭中,女性负责采购食品的多一些,并且由于枣自身的营养特性,女性对于枣产品的消费偏好要高于男性。受访者的男女比例与实际情况相符,便于提高问卷的准确性。

（2）年龄。受访者涉及了各个年龄段的消费者，其中，25岁及以下的青年人居多，占被调查总人数的42.86%，这部分人群中学生群体和未婚者占多数。其次是26~35岁和36~45岁的人群，各占比例为20.74%和25.35%。26~35岁的人群多为已婚未育或者子女尚小的群体，36~45岁的人群多为已婚且对家庭饮食结构和注重养生的群体。56岁及以上的人群占2.30%，多为老年群体，偏爱传统饮食、注重养生保健。本调研涉及不同年龄段的受访者，具有较好的代表性。

（3）职业。在样本人群中，自由职业者所占比例最大，占比为36.87%，这部分人群不隶属于任何组织，多为小本生意人、各个行业推销员、各领域的专业人士等，这部分人群已经成为社会中非常重要的群体。其次是学生群体，所占比例为35.94%，学生群体所占比例较高主要受调研员也是学生的职业限制，但不影响整个调研的准确性。事业单位、企业单位从业人员和个体工商户所占比例分别为8.76%、9.22%和9.22%。受访者涉及了各行各业的人群，代表性较好。

（4）受教育程度。受访者中，学历层次为专科或者本科的人群所占比例最大，占受访者总数的57.60%。高中学历的占23.04%，初中及以下学历的占18.43%，另有0.92%的受访者为研究生及以上学历。受访者中包括了各学历层次的人群。

（5）收入水平。受访者中收入为2000元以下的群体人数最多，所占比例为48.39%，这一比例偏高与受访者中学生的占比高有关。

（6）地域。受访者中94.93%是北方人，只有5.07%是南方人。南、北方人比例悬殊的原因主要在于调查地点在北方地区。另外，南北方人的饮食习惯不同，在北方人的日常餐饮中，枣的消费量更大，南方人枣的日常消费量少于北方人。

4.2.2 消费行为变量分析

（1）选购品牌。目前大多数中小型企业和红枣专业合作社都有自己的品牌，但是市场影响力不大，只有少数龙头企业树立的品牌具有市场号召力。消费者在选购产品时是否会在意品牌呢？品牌效应对消费者选择的影响有多大呢？本书调查了消费者在购买枣产品时是否会在意产品品牌，以及最终会选择的品牌有哪些。

调查结果显示，有48.85%的消费者在选购产品时会在意产品的品牌（见表4-2），就枣产品而言这个比例相对较高。主要原因在于现代化枣产业发展历史较短，市场上具有影响力的品牌并不多，大多数枣产品没有品牌或为不知名品牌。在此产品市场背景下，仍有近半数人会在意品牌，说明现有些品牌具有一定的市场影响力，还说明消费者对品牌有一定的信任度，并对不知名品牌的枣产品持有不同程度的怀疑态度。

表4-2 品牌对消费者选购行为的影响程度

您购买枣产品时是否在意品牌？	
在意	48.85%
不在意	51.15%

在经常选购的品牌中，98.16%的受访者会选择"一品玉"，该品牌占比最高；选择"禾煜枣"和"五星枣"比例为97.70%；选择"楼兰红枣"和"西域美农"的比例为95.85%；选择"大唐西域"和"兵团红"的比例为95.39%；选择"好想你"的比例为68.66%；选择"和田玉枣"的比例为49.31%。另外，还有67.28%的受访者还会考虑选择其他品牌（见图4-1）。上述品牌是市场上常见的枣制品品牌，根据消费者的选择结果，本书发现品牌对于消费者购买量还是有一定的影响力的，几乎一半的购买人群在购买时会在意产品品牌。但是，品牌影响力大不一定能够吸引更多的消费者购买。在被调查的品牌中，企业实力最强、影响力最大的品牌是"好想你"和"和田玉枣"，然而调研结果显示这两个品牌对受访者的吸引力恰恰是最弱的。这一结果产生的主要原因在于，知名品牌的价格偏高，受收入水平的限制，许多消费者对大品牌望而却步，而且知名品牌拥有自己的专卖店和直营店，许多忠实顾客会直接前往专卖店和直营店选购产品，这也分流了一部分在批发市场和超市选购产品的顾客。

（2）选购种类。随着消费者对枣认知程度的加深，在选购枣产品的过程中，对不同种类的枣产品有不同的偏好。根据消费者日常食用的品种，本书将枣产品的品种分为干枣、鲜枣、休闲小零食、枣酱、枣酒、枣糕、枣类奶制品、枣类果脯、枣夹核桃等。

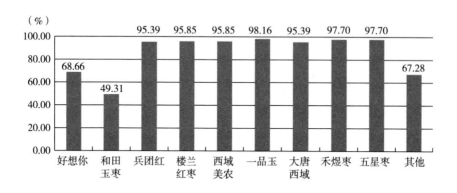

图 4-1 消费者对各种品牌的认知和偏好

注：百分比是经常选购该品牌的消费者占受访者总数的百分比。

调研数据表明，在对不同种类的枣产品选购的过程中，干枣所占比例仍然很大，所占比例为 79.49%，这一比例与干枣的市场占有率大致相当。鲜枣所占比例为 58.53%，说明半数以上消费者将鲜枣作为水果食用。在枣类加工品种中，购买枣加核桃的消费者所占比例最大，达到了 92.17%，这主要是由于枣加核桃是近 2 年新推出的加工品，营养和创意兼具，受到广大消费者的青睐。91.77% 的人会选择枣酒，这说明酒文化是中国传统文化和饮食文化的重要组成部分，枣酒自身独特的口感和营养价值吸引了消费者的目光。枣酒内含 17 种氨基酸和多种微量元素，具有滋补的功效，枣酒味道醇厚、酸甜适口，具有大枣的浓香气。正是这种独特的品质和功效增加了枣酒的市场占有率。89.54% 的人选择枣酱，枣酱可以作为制作多种食品的原料。选购枣类奶制品的人群占 86.18%，这主要是家庭日常餐饮消费选购。随着消费者对红枣营养价值认知的加深，奶类加工企业抓住这一市场机遇，创新产品品种，并于 2010 年前后向市场推出红枣类奶制品，这类奶制品一经上市便获得了消费者的喜爱，时至今日仍是消费者主要消费的产品。枣类果脯所占比例为 79.72%，这类食品可以作为制作其他食品的原料，也可以直接食用，消费者购买比例较高。枣类休闲小零食所占比例为 78.34%，这一比例还是很高的，这主要由于各种枣类的休闲食品逐渐增多，给了人们更多的选择机会。枣糕所占比例为 69.12%，相比其他糕点而言，枣糕中增加了红枣成分，增添了枣香和枣的营养，近年来在糕点市场颇为走俏（见图 4-2）。

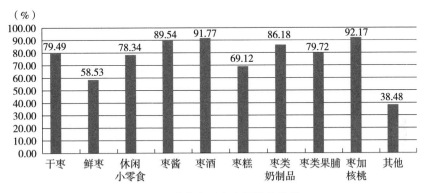

图 4-2 消费者对枣产品选购种类

由此可见，干枣所占销售比例仍然很大，鲜枣所占比例也在增加。特别要引起注意的是，各种枣类的精深加工品正处于刚刚起步阶段，具有非常大的市场发展潜力，但是研发加工品的过程中不仅要考虑营养搭配和口感，还要具有创造性，满足消费者不断变化的消费需求。我国消费者对于枣产品的消费传统根深蒂固，同时消费观念正在发生悄然变化，更加易于接受新鲜和有创意的加工产品。

（3）选购有机产品。随着食品安全问题日益严峻，消费者对有机产品的需求逐渐增加，有机枣产品正处于起步阶段。以 2017 年 11 月新疆光明农副产品批发市场的价格为例，有机枣的市场价格为 40 元/千克，普通枣的价格为 25 元/千克，有机枣具有一定的市场价格优势。所谓有机枣是按照有机产品生产标准，从生长环境、种子选取、施用肥料、病虫害防治、储藏等整个生长过程加以严格管控监督。在品质上有机枣比普通枣更加安全，但是生产成本要高于普通枣，产量要低于普通枣。

消费者对于有机枣的态度是，在不考虑价格的前提下，偏好购买有机枣的消费者占 82.03%，另有 17.97% 的消费者倾向于购买有机枣（见表 4-3）。从本书的实地调研情况看，在大型的批发市场（如沧州红枣交易市场）设有专门的有机枣销售区域，但是由于有机枣产量不高，销售摊位有限，实际销售量远远低于普通枣。通过调研可知，消费者对有机枣还是有消费需求的，但是考虑到价格、口感、食品安全等方面的因素，还不足以构成优势动机。随着有机枣生产技术的成熟，生产效率的提高，未来有机枣会成为枣产业的发展方向之一，满足消费者不断提高的对食品质量安全的要求。

表 4-3　消费者对有机枣的偏好

您是否偏好有机枣产品？	
是	82.03%
否	17.97%

（4）选购食用便捷性。消费者在选择食品时会考虑到食用便捷性，比如是否需要清洗、是否有核、是否即食等。本书结果表明，有 73.73% 的消费者会选择无核型枣产品，这表明消费者对于食用的方便性还是有一定要求的，特别是作为上班族的休闲零食，无核枣产品更受欢迎。41.01% 的消费者会选择开袋即食的枣产品，这主要是用于办公室、宿舍和出游零食，便于携带、食用方便。仍有79.72% 的消费者选择散装的产品，散装产品通常需要自己清洗，不能即食（见表 4-4）。对散装且需要清洗的枣产品的高需求，主要是针对购买干枣进行再加工和购买鲜枣作为水果食用的人群，出于上述目的，还是会有大量消费者购买散装干枣的。总之，对于枣类加工品，消费者更加追求食用的便捷性；对于干枣和鲜食枣，消费者对食用便捷性的要求会大大降低。

表 4-4　消费者对食用方便性的偏好

您对枣产品食用的方便性有何要求？	
无核型	73.73%
开袋即食	41.01%
散装，需清洗	79.72%

（5）选购地点。当前枣产品的流通渠道大致包括实体销售场所和网络销售商店。实体销售场所包括农贸市场、果品批发市场、超市、社区便利店等。近年来，电商在枣产品销售中的地位越来越重要。本书的调查结果显示，消费者购买枣产品最主要的地点仍然是超市，所占比例为83.57%，在超市中消费者可以选择散装枣和包装枣、精装枣和简装枣、干枣和鲜食枣等各个品种的枣产品，选择余地更大，也是消费者选择超市购买枣产品的最主要原因。消费者在农贸市场购买枣产品的比例是68.11%，在农贸市场选购的主要是散装制干枣和鲜食枣，农贸市场相对于超市而言价格更低，更加便捷，年纪偏大的消费者更倾向于在农贸市场选购。消费者在果品批发市场购买枣产品的比例是43.07%，比例也较高，但是低于农贸市场。消费者在果品批发市场购买的多为散装制干枣、鲜食枣和简装枣产品，在批发市场选购的优点在于价格低廉、品种丰富，这吸引了需要批量购买产品的消费者。但是，批发市场一般位置较为偏僻，购买的便捷性较差。在社区便利店购买的比例为23.18%，这一比例不高的主要原因在于社区便利店销售的品种较少，且没有明显价格优势。消费者在网络商店购买枣产品的比例为11.52%，这是新兴的销售模式，发展速度快。如今网络销售方式颇受年轻人的喜爱，随着"互联网+"模式的发展，网络商店销售方式仍有很大发展空间。在网络商店选购商品最大的优势在于可选择的品种多且方便快捷，具有一定的价格优势；劣势在于消费者对产品的真实品质把控困难。另有5.3%的消费者选择了其他销售地点，例如路边摊位、果园采摘等，这部分人群所占比例非常小（见表4-5）。

表4-5 消费者购买地点的偏好

您购买枣产品的地点是哪里？	
农贸市场	68.11%
果品批发市场	43.07%
超市	83.57%
社区便利店	23.18%
网络商店	11.52%
其他	5.3%

（6）枣产品年消费量。枣产品不属于生活必需品，人均年消费量不高。本书根据消费者的日常消费量，将消费者的年消费量分为4个档次：2.5千克以下、2.5~5千克、5~10千克和10千克以上。调查结果显示，42.86%的消费者年消费量在2.5千克以下，近半数的消费者的年消费量较小，平时不在意消费枣产品。28.57%的消费者年消费量是2.5~5千克，这部分消费群体日常比较注重食用枣产品。13.36%的消费者年消费量为5~10千克，这部分消费群体的消费量较大，有日常食用枣产品的消费习惯。15.21%的消费者年消费量可以达到10千克以上，这部分消费者偏爱枣产品，平时十分注重枣产品的消费（见表4-6）。

表4-6 枣产品的年消费量

您每年的枣产品消费量为多少？	
2.5千克以下	42.86%
2.5~5千克	28.57%
5~10千克	13.36%
10千克以上	15.21%

大多数消费者对于枣产品的消费量不是很大，这与消费者对枣产品的认知程度有限有关，不少消费者并没有真正了解枣的营养价值和功效。另外，当前枣产品加工行业发展尚未成熟，在加工品种类、品质、创新性等方面仍有巨大发展潜力。加工业的发展对于增加枣产品的销量具有重要意义，枣产品市场仍有很大提升空间。

4.2.3 消费态度变量分析

（1）消费者对枣产品的消费动机。消费动机是消费者购买或消费某种产品或服务的原因和动力，是为了满足某种需求的内部驱动力。动机来源于需求，需求的多样性决定了动机的多样性。消费动机是否能引起消费行为，取决于消费动机的强烈程度，只有最强烈而稳定的"优势动机"才能引致消费行为的发生。消费动机可以分为生理性动机、社会性动机和心理性动机。本书根据消费动机的分类，将枣产品的消费动机分为养生、传统膳食制作（如元宵、粽子、月饼、腊八粥、年糕等）、休闲零食、赠送礼品等。

本书调查结果显示，首先，消费者购买枣产品最主要的动机是赠送礼品，89.86%的受访者会选择枣产品作为馈赠亲朋好友的礼品，这部分人群主要是将枣作为当地特产，看中了枣产品具有营养价值且包装精美。其次，消费者的购买动机是制作中国传统膳食的需要，这部分人群占84.33%。中国传统节日中膳食的制作是必不可少的部分，而红枣是许多传统膳食的必备食材。例如：元宵节的枣泥馅元宵、端午节的红枣粽子、中秋节的枣泥馅月饼、腊八节的腊八粥、年糕等。再次，购买枣产品的消费动机是作为休闲零食，这部分人群占49.77%。该消费动机是随着食品加工行业的发展和枣制品精深加工的出现而产生的，可满足人们日常休闲饮食需求。最后，有48.85%的消费者的消费动机是养生，这主要是由于枣自身的营养功效被人们逐渐认知而产生的消费动机（见图4-3）。其他消费动机比如从众心理、享受、追随潮流、价格便宜等动机比较分散，难以作为引致消费的优势动机。

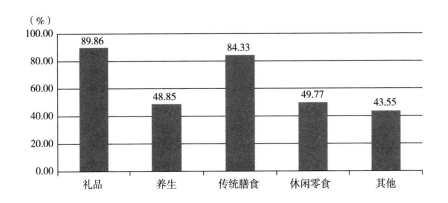

图4-3 枣产品的消费动机

（2）消费者对包装的偏好。针对枣产品不同的包装程度，本书将枣产品的包装分为三类：散装、简装和精装。散装枣产品一般按斤销售，多在批发市场和农贸市场销售，以鲜枣和干枣为主；简装枣产品一般以家庭自我消费为目的，包装简易，多在超市和便利店销售，以干枣和各类加工品为主；精装枣产品一般以馈赠亲友为目的，包装精美，品质上乘，多在大型超市和专卖店销售，以干枣和各类加工品为主，外加少量鲜枣。

消费者对各种包装的偏好情况，首先是最青睐简装产品，选择这类包装的消费者占 49.77%。这类产品的性价比高，非常适于家庭日常消费。其次是精装产品，所占比例是 26.27%，可见消费者有时对包装和品质还是有较高的要求的。最后是散装产品，所占比例是 23.96%，这部分产品主要是鲜食和采购后用于再加工的（见表4-7）。一般中小型加工企业和红枣专业合作社对包装不够重视，也没有足够的资金和实力设计出高档的包装，一般精装产品都由大型加工企业提供。消费者对枣产品包装的偏好情况说明，绝大多数消费者还是要购买包装产品，加工企业重点还应该是在保证产品品质的前提下，尽量设计出简单低成本的包装，有实力的企业可以设计一部分精装产品满足消费者的个性化需求。

表4-7　消费者对包装的偏好

您对购买的枣产品的包装有何要求？	
精装	26.27%
简装	49.77%
散装	23.96%

（3）消费者对枣产品价格的接受度。本书根据枣产品的实际市场价格，将单位价格设置了 4 个档次：20 元/千克以下，20~60 元/千克，60~120 元/千克，120 元/千克以上。一般来说，原枣的价格较低，枣加工品的价格较高。20 元/千克以下属于偏低的价位，20~60 元/千克属于正常的价位，也是最常见的价位，60~120 元/千克属于偏高的价位，120 元/千克以上属于高价位。

本次调研中 57.60%的消费者接受的价位是 20~60 元/千克，33.64%的消费者愿意接受 20 元/千克以下的价位，另有 6.91%的消费者愿意接受更高的价位 60~120 元/千克，只有 1.84%的消费者愿意接受 120 元/千克以上的价位。可见多数消费者还是愿意消费中低档产品，只有少部分消费者愿意高价购买高品质和深加工的精品枣产品（见表4-8）。枣产品虽然营养价值丰富，但是不属于必需消费品，需求的价格弹性也高于其他果品，如苹果、梨、西瓜、葡萄等果品。消费者对价格的敏感度很高，一旦枣产品的价格超过了消费者的心理预期，消费量必然减少。这就决定了受收入水平和购买习惯的限制，大部分消费群体还是会购买价格不高的中低档枣产品。同时，有足够购买力的消费群体对于高端枣产品还是有需求的，并且高端枣产品的需求价格弹性很小，实力雄厚的加工企业可以适当发展高品质、高售价、高利润的高端精品。

表 4-8 消费者对枣产品价格的接受度

您能接受的枣产品心理价格为多少？	
20 元/千克以下	33.64%
20~60 元/千克	57.60%
60~120 元/千克	6.91%
120 元/千克以上	1.84%

4.3 消费影响因素分析

目前，中国枣产业面临的最主要问题就是日趋严重的供需结构性失衡问题。在产量快速增长的情况下，如何能够增加枣产品的消费量、提高利润是当前亟待解决的问题。本书通过上文的分析得出了中国枣产品市场的消费现状，并深入剖析了枣产品的一般消费特征和消费偏好，为找出影响枣产品消费的主要因素奠定了基础，本书中的消费主要是指消费量和价格两个因素。

本书利用实地调研数据，通过采用有序多分类 Logistic 模型，找出影响消费者需求量和心理接受价位的主要因素。通过对主要因素施加影响或予以改进，以期能够有效提高枣产品的需求量和利润率，最终实现市场的供求均衡、提高产业效益。

4.3.1 实证模型构建

为了提高居民对枣产品的年消费量和支付意愿，本书采用实地调研数据，通过构建有序多分类 Logistic 回归模型，找出影响居民支付意愿和年消费量的主要因素。通过对主要因素施加影响或予以改进，以期能够有效提高枣产品的需求量和利润率，最终实现市场的供求均衡、提高产业效益。

将居民对枣产品的年消费量和支付意愿设为因变量，因变量为有序的分类变量，本书采用有序多分类 Logistic 回归模型，研究居民对枣产品的年消费量和支付意愿的影响因素。

因变量 y 是可直接观测到的有序多分类变量，将其用 y^* 表示，y^* 是不直接测量的连续潜变量，因变量 y 的值由 y^* 的值决定。连续潜变量 y^* 有不同的阈值，因变量 y 的值取决于 y^* 是否超过了某一特定阈值。当因变量 y 的种类有 J 种，相应地，y 的取值为 $y_i=1$，$y_i=2$，$\cdots$，$y_i=$J，会存在 J-1 个分界点将相邻的种类分开。即：

当 $y_i^* \leqslant \kappa_1$ 时，$y_i=1$

当 $\kappa_1 \leqslant y_i^* \leqslant \kappa_2$ 时，$y_i=2$

$\cdots$

当 $\kappa_{J-2} \leqslant y_i^* \leqslant \kappa_{J-1}$ 时，$y_i=$J-1

当 $y_i^* \geqslant \kappa_{J-1}$ 时，$y_i=$J

y^* 可定义为隐性回归模型：

$$y_i^* = \sum_{\kappa=1}^{K} \beta_\kappa X_{\kappa i} + \varepsilon_i = Z_i + \varepsilon_i$$

其中，ε_i 表示随机扰动项（Random Disturbance Term）；$Z_i = \sum_{\kappa=1}^{K} \beta_\kappa X_{\kappa i} = E$ (y_i^*)，由于随机扰动项的存在，潜变量 y^* 可能大于或者小于 Z，但是因为得知误差项的分布，我们可以估计误差的概率。之后，我们可以估计因变量 y 取某一特定值的概率，公式如下所示：

$$P(y_i > j) = \frac{\exp(X_i \beta - \kappa_j)}{1 + [\exp(X_i \beta - \kappa_j)]}, \ j=1, \ 2, \ \cdots, \ J-1$$

上述公式表明：

$$P(y_i = 1) = 1 - \frac{\exp(X_i \beta - \kappa_1)}{1 + [\exp(X_i \beta - \kappa_1)]}$$

$$P(y_i=j)=\frac{\exp(X_i\beta-\kappa_{j-1})}{1+[\exp(X_i\beta-\kappa_{j-1})]}-\frac{\exp(X_i\beta-\kappa_j)}{1+[\exp(X_i\beta-\kappa_j)]},\quad j=1,2,\cdots,J-1$$

$$P(y_i=J)=\frac{\exp(X_i\beta-\kappa_{J-1})}{1+[\exp(X_i\beta-\kappa_{J-1})]}$$

有序多分类 Logistic 回归模型定义为：

$$\ln\left(\frac{P(y_i\leqslant j)}{1-P(y_i\leqslant j)}\right)=\kappa_j-\sum_{\kappa=1}^{K}\beta_\kappa X_{\kappa i}$$

本书引入有序分类变量 y（$y=1$，2，3，4）和 z（$z=1$，2，3，4）作为因变量，分别表示居民对枣产品的年消费量（1＝2.5千克以下，2＝2.5~5千克，3＝5~10千克，4＝10千克以上）和居民可接受的心理价位（1＝10元及以下，2＝11~30元，3＝31~60元，4＝60元及以上）。P（$y_i=j$）和 P（$z_i=j$）分别代表居民年消费量和居民可接受的心理价位在分类 j 中的概率。

4.3.2　交叉因素分析

为了进一步研究消费者特征和消费偏好与枣产品消费之间的关系，本书对调研数据进行交叉列联分析，初步了解影响枣产品消费的主要因素。需要特殊说明，由于问卷调查中的部分问题设置为多选题，使在交叉因素分析中的行和列百分比加总之和不为100%。

4.3.2.1　消费者性别与枣产品消费

（1）消费者性别与选购品牌。本书将消费者性别与枣产品的品牌信息进行交叉分析，统计结果如表4-9所示。在消费者主要选购的品牌中，其中3个品牌与消费者性别的关系显著。在3个品牌中，男性和女性都更加偏好购买"好想你"，39.7%的男性和27.9%的女性会选择"好想你"，7.9%的男性和2.6%的女性会选择"楼兰红枣"，6.3%的男性和0.6%的女性会选择"五星枣"。可见，消费者性别对枣产品品牌的选择有一定的影响，男性比女性更加容易选购"好想你"、"楼兰红枣"和"五星枣"三个品牌。男性在选购食品时更加注重产品品牌，而女性在选购时更多依赖生活经验，对枣产品的品牌依赖度低于男性。

表 4-9　消费者性别与选购品牌　　　　　　　　单位:%

性别	产品品牌	好想你*	和田玉枣	兵团红	楼兰红枣*	西域美农	一品玉	大唐西域	禾煜枣	五星枣*
男性	行百分比	39.7	50.8	4.8	7.9	1.6	1.6	4.8	0.0	6.3
	列百分比	36.8	29.1	30.0	55.6	11.1	25.0	30.0	0.0	80.0
女性	行百分比	27.9	50.6	4.5	2.6	5.2	1.9	4.5	3.2	0.6
	列百分比	63.2	70.9	70.0	44.4	88.9	75.0	70.0	100.0	20.0

注：选择各种品牌的消费者占该性别消费者的百分比。以下同理。不同性别消费者占选择某种购买目的人数的百分比。以下同理。*代表 P 值在 0.05 水平上显著。

（2）消费者性别与购买目的。本书将消费者性别和购买目的进行交叉分析，性别与不同购买目的关系显著，统计结果如表 4-10 所示。男性和女性都更倾向于出于养生的目的购买枣产品，其中 65.1% 的男性和 45.5% 的女性选购枣产品的目的都是养生。相比较而言，在选购枣产品时，男性比女性更倾向于是出于礼品赠送和养生的目的，而女性则更倾向于将枣产品作为膳食制作的原料。男性中有 65.1% 的人会出于养生的目的选择购买枣产品，有 19.0% 的人出于赠送礼品的目的选购枣产品，只有 9.5% 的人出于制作膳食的目的。这主要是由在中国男性的社会角色所决定的，通常男性以工作为主，社会交际需要更多，因此会出于礼品赠送的目的购买枣产品。此外，男性的工作压力越来越大，越来越注重养生保健，与女性相比男性思考问题更加理性，会更加看重枣产品自身所具有的营养功效，因此，半数以上男性会出于养生的目的购买枣产品。因为，在中国家庭中负责膳食制作的多为女性，所以，在出于制作膳食目的购买枣产品的消费者中有 82.4% 是女性。

表 4-10　消费者性别与选购目的　　　　　　　　单位:%

性别	购买目的	礼品**	养生**	膳食制作*	休闲食品
男性	行百分比	19.0	65.1	9.5	46.0
	列百分比	54.5	36.9	17.6	26.6
女性	行百分比	6.5	45.5	18.2	51.9
	列百分比	45.5	63.1	82.4	73.4

注：*代表 P 值在 0.05 水平上显著；**代表 P 值在 0.01 水平上显著。

（3）消费者性别与选购种类。将消费者性别和其购买枣产品的种类进行交叉分析，统计结果显示（见表4-11）性别和选购种类之间存在显著关系。男性和女性都更偏好购买干枣，其中77.8%的男性和67.5%的女性都会选择购买干枣。相比较而言，男性比女性更加偏好购买干枣，女性比男性更加偏好购买枣类加工品，主要原因在于女性比男性更加偏爱零食，枣类加工品正好满足了女性的这一需求，而男性对枣类加工产品的需求并不高，选购的种类主要是干枣作为家庭膳食制作的原料。

表4-11　消费者性别与选购种类　　　　　　　　单位：%

性别	选购种类	干枣*	鲜枣	枣类加工品*
男性	行百分比	77.8	34.9	12.7
男性	列百分比	32.0	24.4	17.0
女性	行百分比	67.5	44.2	25.3
女性	列百分比	68.0	75.6	83.0

注：＊代表P值在0.05水平上显著。

4.3.2.2　消费者年龄与枣产品消费

（1）消费者年龄与选购品牌。经过交叉分析显示消费者年龄和枣产品品牌的关系显著，统计结果如表4-12所示。从整体上看，各年龄段的消费者都更加倾向选择"好想你"与"和田玉枣"，但是，年龄与"和田玉枣"之间的关系不是很显著。由分析结果可知，55岁以上的消费者更加倾向于选择"好想你"，占60.0%；26岁以下的年轻群体中39.8%会选择"好想你"；46~55岁的消费者有36.8%的人会选择"好想你"；36~45岁的消费者中有21.8%的人会选择"好想你"；26~35岁的消费者中有20.0%会选择"好想你"。可见，年龄偏小和偏大的消费群体更加中意"好想你"品牌，其中1/3以上都会选择这一品牌。从"兵团红"的分析数据看，虽然各个年龄段中选择"兵团红"的人数不多，但是，综观选择"兵团红"的消费群体，年龄整体偏年轻化。30%选择购买"兵团红"的消费者年龄是26岁以下；60%的消费者是26~35岁。上述分析结果说明，

"好想你"品牌年轻化和产品多样化的营销策略吸引更多年轻人购买该品牌产品，其强大的品牌市场影响力对于年轻人和老年人影响较大，这两个年龄段的人群更倾向于通过品牌实力和品牌信任度选购产品。"兵团红"作为实力逊于"好想你"的品牌更加吸引年纪较轻的消费群体，"兵团红"主要通过产品品质和价格赢得青年群体的青睐，青年群体的消费价格需求弹性更大，性价比较高的产品更容易占领青年消费群体市场。随着消费群体年龄的增加，对于"一品玉"、"禾煜枣"和"五星枣"的消费量在逐渐减少，主要原因仍是成熟且具有一定购买力的消费群体更加注重品牌的市场影响力和产品的品质，因此，该年龄段消费群体对于发展时间较短、市场占有率小的品牌的认可度较低。

表4-12　消费者年龄与产品品牌　　　　　　单位:%

年龄 \ 产品品牌		好想你*	和田玉枣	兵团红*	楼兰红枣	西域美农	一品玉	大唐西域	禾煜枣	五星枣
26岁以下	行百分比	39.8	58.1	3.2	4.3	2.2	2.2	3.2	1.1	1.1
	列百分比	54.4	49.1	30.0	44.4	22.2	50.0	30.0	20.0	20.0
26~35岁	行百分比	20.0	51.1	13.3	4.4	11.1	4.4	8.9	4.4	2.2
	列百分比	13.2	20.9	60.0	22.2	55.6	50.0	40.0	40.0	20.0
36~45岁	行百分比	21.8	40.0	0.0	3.6	1.8	0.0	3.6	3.6	5.5
	列百分比	17.6	20.0	0.0	22.2	11.1	0.0	20.0	40.0	60.0
46~55岁	行百分比	36.8	47.4	5.3	5.3	5.3	0.0	5.3	0.0	0.0
	列百分比	10.3	8.2	10.0	11.1	11.1	0.0	10.0	0.0	0.0
55岁以上	行百分比	60.0	40.0	0.0	0.0	0.0	0.0	0.0	0.0	0.0
	列百分比	4.4	1.8	0.0	0.0	0.0	0.0	0.0	0.0	0.0

注：*代表P值在0.05水平上显著。

（2）消费者年龄与年消费量。消费者年龄与年消费量的关系显著，交叉分析结果如表4-13所示。除55岁以上年龄段的消费者，其余所有年龄段消费者的年消费量大多集中在2.5千克以下和2.5~5千克。其中，26岁以下和26~35岁的消费者消费量区间在2.5千克以下的比例最高；36~45岁和55岁以上的消费者消费区间在2.5~5千克的比例最高；46~55岁的消费者消费量在2.5千克以下和 2.5~5 千克的区间比例相等。年消费量在 2.5 千克以下的消费者中，首先是 26 岁以下的消费者所占比例最大，占比为 59.1%；其次是 26~35 岁的消费者，所占比例为 19.4%；再次是 36~45 岁的消费者，所占比例为 15.1%；最后是 46~55 岁的消费者，所占比例是 6.5%。年消费量在 2.5~5 千克的消费者中，所占比例最大的仍然是 26 岁以下的群体，占比为 33.9%；其次是 36~45 岁的群体，所占比例为 30.6%；再次是 26~35 岁的群体，所占比例是 22.6%；最后是 46~55 岁和 55 岁以上，占比分别为 9.7% 和 3.2%。由此可见，45 岁以下的消费者占了年消费量 2.5~5 千克的绝大多数。年消费量在 5~10 千克的消费者中，所占比例最高的是 36~45 岁的消费者，占比达到 37.9%；其次是 26 岁以下的群体，所占比例达到了 34.5%；再次是 46~55 岁和 26~35 岁的群体，占比分别是 17.2% 和 10.3%；最后是 55 岁以上的消费群体。年消费量在 10 千克以上的消费者中，所占比例最大的首先是 36~45 岁的群体，占比为 33.3%；其次为 26~35 岁的群体，所占比例为 30.3%；再次为 26 岁以下的群体，所占比例为 21.2%；最后是 55 岁以上的群体和 46~55 岁的群体。总体来看，18.3% 的 26 岁以下的群体、28.9% 的 26~35 岁的群体、40% 的 36~45 岁的群体、36.8% 的 46~55 岁的群体和 60% 的 55 岁以上的群体年消费量较大，可以达到 5 千克以上。由此可见，年龄较大的消费群体出于家庭饮食、营养价值、身体健康等原因，更加倾向于购买更多数量的枣产品；年龄较小的消费群体一般较少负责家庭饮食，购买枣产品多作为自身日常零食或保健之用，消费量不高，因此，年龄较大的消费群体对枣产品年消费量明显大于年龄较小的消费者。

表 4-13　消费者年龄与年消费量　　　　　　　　单位:%

年龄	年消费量***	2.5 千克以下	2.5~5 千克	5~10 千克	10 千克以上
26 岁以下	行百分比	59.1	22.6	10.8	7.5
	列百分比	59.1	33.9	34.5	21.2
26~35 岁	行百分比	40.0	31.1	6.7	22.2
	列百分比	19.4	22.6	10.3	30.3

续表

年龄 \ 年消费量***		2.5 千克以下	2.5~5 千克	5~10 千克	10 千克以上
36~45 岁	行百分比	25.5	34.5	20.0	20.0
	列百分比	15.1	30.6	37.9	33.3
46~55 岁	行百分比	31.6	31.6	26.3	10.5
	列百分比	6.5	9.7	17.2	6.1
55 岁以上	行百分比	0.0	40.0	0.0	60.0
	列百分比	0.0	3.2	0.0	9.1

注：***代表 P 值在 0.001 水平上显著。

4.3.2.3 消费者职业与枣产品消费

（1）消费者职业与选购品牌。将消费者职业与枣产品的品牌交叉分析的结果显示，两者之间存在一定的关系。所有行业的消费者都更青睐"好想你"和"和田玉枣"，对这两个品牌的消费量占绝大多数。在所有被调查品牌中，只有两个品牌"好想你"和"大唐西域"与消费者职业的关系是显著的。选择"好想你"品牌的消费者中，学生所占比例最大，占 51.5%。这与调研样本学生比例偏多有一定的关系；自由职业者所占比例为 22.1%；个体工商户所占比例为 13.2%；事业单位工作人员和企业单位工作人员占比分别为 8.8% 和 4.4%。总体来看，所有职业的消费者选择"大唐西域"品牌的比例不高。在已经选择了"大唐西域"品牌的消费者中，学生、事业单位工作人员和个体工商户所占比例各为 30.0%，另外，自由职业者占比为 10.0%（见表 4-14）。

表 4-14　消费者职业与产品品牌　　　　单位:%

职业 \ 产品品牌		好想你**	和田玉枣	兵团红	楼兰红枣	西域美农	一品玉	大唐西域**	禾煜枣	五星枣
学生	行百分比	44.9	60.3	3.8	2.6	2.6	2.6	3.8	1.3	1.3
	列百分比	51.5	42.7	30.0	22.2	22.2	50.0	30.0	20.0	20.0
自由职业者	行百分比	18.8	48.8	5.0	5.0	5.0	0.0	1.3	2.5	2.5
	列百分比	22.1	35.5	40.0	44.4	44.4	0.0	10.0	40.0	40.0

续表

职业	产品品牌	好想你**	和田玉枣	兵团红	楼兰红枣	西域美农	一品玉	大唐西域**	禾煜枣	五星枣
事业单位	行百分比	31.6	36.8	0.0	5.3	5.3	0.0	15.8	5.3	5.3
	列百分比	8.8	6.4	0.0	11.1	11.1	0.0	30.0	20.0	20.0
企业单位	行百分比	15.0	40.0	0.0	0.0	0.0	5.0	0.0	5.0	0.0
	列百分比	4.4	7.3	0.0	0.0	0.0	25.0	0.0	20.0	0.0
个体工商户	行百分比	45.0	45.0	15.0	10.0	10.0	5.0	15.0	0.0	5.0
	列百分比	13.2	8.2	30.0	22.2	22.2	25.0	30.0	0.0	20.0

注：**代表 P 值在 0.01 水平上显著。

（2）消费者职业与选购种类。经过交叉分析，消费者职业与其所购买枣产品种类的关系较为显著。表 4-15 显示，总体来看，事业单位工作人员更加偏好购买鲜枣，其他各个消费群体都更加偏好购买干枣。学生和企业工作人员对干枣和鲜枣的偏好悬殊，都是更加偏好干枣；而自由职业者和个体工商户虽然也是购买干枣的比例较高，但是两者的悬殊程度次于学生和企业工作人员。购买鲜枣的人群中，自由职业者占 37.8%，所占比例最大；学生所占比例次之，占 27.8%；事业单位工作人员所占比例为 15.6%；个体工商户占比例为 11.1%；所占比例最少的群体是企业工作人员，占 7.8%。在购买枣类加工品的人群中，首先占比最高的是事业单位工作人员；其次是自由职业者、个体工商户和学生；最后是企业工作人员。枣类加工品多作为零食之用，上述统计数据说明，自由职业者、企业员工更加偏好鲜枣，这与鲜枣食用便捷性稍差、营养物质含量丰富有直接关系，自由职业者和企业员工更加注重营养健康和口感，对食用的便捷性要求不高，事业单位工作人员对作为零食的枣类加工品需求最多，而其他群体出于工作或其他原因限制，需求较小。

表 4-15 消费者职业与选购种类 单位：%

职业	选购种类	干枣	鲜枣*	枣类加工品**
学生	行百分比	75.6	32.1	19.2
	列百分比	38.6	27.8	31.9

续表

职业	选购种类	干枣	鲜枣*	枣类加工品**
自由职业者	行百分比	68.8	42.5	23.8
	列百分比	35.9	37.8	40.4
事业单位	行百分比	63.2	73.7	47.4
	列百分比	7.8	15.6	19.1
企业单位	行百分比	70.0	35.0	0.0
	列百分比	9.2	7.8	0.0
个体工商户	行百分比	65.0	50.0	20.0
	列百分比	8.5	11.1	8.5

注：*代表 P 值在 0.05 水平上显著；**代表 P 值在 0.01 水平上显著。

（3）消费者职业与年消费量。交叉分析结果表明，消费者职业与其对枣产品的年消费量呈现显著相关的关系。表 4-16 表明，总体来看，各个职业群体对枣产品的消费量都集中在 2.5 千克以下和 2.5~5 千克。具体而言，学生群体的消费量较小，其中只有约 14% 的年消费量可以达到 5 千克以上。自由职业者的年消费量最大，年消费量在 5 千克以上的比例可以达到 40%。事业单位工作人员、企业工作人员和个体工商户中，年消费量在 5 千克以上的比例为 30%~37%。消费量在 2.5 千克以下的群体中，首先是学生所占比例最大，占比为 54.8%；其次是自由职业者，所占比例为 25.8%；再次是事业单位工作人员和个体工商户，所占比例均为 7.5%；最后是企业工作人员，所占比例为 4.3%。消费量较小的消费群体以学生为主，这主要是由于学生以个体消费为主，消费量较小。在消费量为 2.5~5 千克的消费者中，所占比例最大的是自由职业者，占比为 38.7%；学生群体所占比例是 25.8%；企业单位工作人员所占比例为 16.1%；个体工商户所占比例为 11.3%；所占比例最少的是事业单位工作人员，占比为 8.1%。在消费量为 5~10 千克的消费者中，首先是自由职业者，占比高达 41.4%；其次为学生，所占比例是 24.1%；最后分别是事业单位工作人员、个体工商户和企业单位工作人员，占比分别为 17.2%、10.3% 和 6.9%。整体来看，自由职业者对枣产品的消费量较高。

表4-16 消费者职业与年消费量　　　　　　　　　　单位:%

职业	年消费量***	2.5千克以下	2.5~5千克	5~10千克	10千克以上
学生	行百分比	65.4	20.5	9.0	5.1
	列百分比	54.8	25.8	24.1	12.1
自由职业者	行百分比	30.0	30.0	15.0	25.0
	列百分比	25.8	38.7	41.4	60.6
事业单位	行百分比	36.8	26.3	26.3	10.5
	列百分比	7.5	8.1	17.2	6.1
企业单位	行百分比	20.0	50.0	10.0	20.0
	列百分比	4.3	16.1	6.9	12.1
个体工商户	行百分比	35.0	35.0	15.0	15.0
	列百分比	7.5	11.3	10.3	9.1

注:***代表P值在0.001水平上显著。

4.3.2.4 消费者受教育程度与枣产品消费

（1）消费者受教育程度与心理价格。消费者受教育程度与其能够接受的心理价位之间的交叉分析结果如表4-17所示，两者之间的关系较为显著。10~30元是最容易被各种受教育程度的消费者所接受的；随着受教育程度的下降，选择10元以下区间的消费者比例在增加。随着受教育程度的上升，选择30~60元及以上价格的消费者比例在增加。总体来看，受教育程度越高，能够接受的心理价位越高。这种现象可以理解为受教育程度越高的消费者，在消费过程中越理性，能够客观判断枣产品的合理价位；受教育程度越高的消费者对食品的营养价值越加重视，越能够接受更有营养且价格更高的产品；一般来讲，受教育程度越高的消费者的经济水平越高，越能够接受更高价位的产品。

表4-17 消费者受教育程度与心理价格　　　　　　　　单位:%

受教育程度	心理价格*	20元/千克以下	20~60元/千克	60~120元/千克	120元/千克以上
初中及以下	行百分比	47.5	47.5	5.0	0.0
	列百分比	26.0	15.2	13.3	0.0

续表

受教育程度	心理价格*	20元/千克以下	20~60元/千克	60~120元/千克	120元/千克以上
高中或中专	行百分比	42.0	50.0	8.0	0.0
	列百分比	28.8	20.0	26.7	0.0
大专或本科	行百分比	26.4	64.0	6.4	3.2
	列百分比	45.2	64.0	53.3	100.0
研究生及以上	行百分比	0.0	50.0	50.0	0.0
	列百分比	0.0	0.8	6.7	0.0

注：*代表 P 值在 0.05 水平上显著。

（2）消费者受教育程度与年消费量。消费者受教育程度与枣产品的年消费量的交叉分析结果如表 4-18 所示。大专或本科的消费者整体年消费量最高，该群体偏好 2.5 千克以下的消费量，占比高达 52.0%；初中及以下和高中或中专的消费群体的年消费量次之，消费量在 2.5 千克以下的比例分别是 37.5% 和 26.0%。研究生及以上的消费者最偏好 2.5~5 千克的年消费量。年消费量较高的消费群体是初中及以下和高中或中专的消费者，其中有 20.0% 以上的消费者年消费量能够达到 10 千克以上。

表 4-18　消费者受教育程度与年消费量　　　　单位:%

受教育程度	年消费量*	2.5 千克以下	2.5~5 千克	5~10 千克	10 千克以上
初中及以下	行百分比	37.5	25.0	12.5	25.0
	列百分比	16.1	16.1	17.2	30.3
高中或中专	行百分比	26.0	32.0	22.0	20.0
	列百分比	14.0	25.8	37.9	30.3
大专或本科	行百分比	52.0	28.0	9.6	10.4
	列百分比	69.9	56.5	41.4	39.4
研究生及以上	行百分比	0.0	50.0	50.0	0.0
	列百分比	0.0	1.6	3.4	0.0

注：*代表 P 值在 0.05 水平上显著。

4.3.2.5 消费者收入水平与枣产品消费

（1）消费者收入水平与品牌在意度。消费者收入水平与品牌在意度的交叉分析结果如表 4-19 所示，两者之间的关系较为显著。收入从 2000 元以下到 4000~5999 元，随着收入的增加，在意所购买产品品牌的消费者的比例增加。当收入为 6000~7999 元时，在意品牌的消费者所占比例最低，占比只有 36.4%。当收入增加到 7999 元以上时，50.0% 的消费者会在意品牌。总体来说，消费者比较在意所购买产品的品牌，处于中等收入水平的消费者最在意品牌。收入水平较低的消费者受限于收入，需求价格弹性更大，因此在选购产品时，消费者受品牌的影响有限。而收入水平较高的消费者，经济条件较好，需求价格弹性更小，因此在选购产品时，消费者受品牌的影响较大。收入水平更高的人群没有更多的时间和精力关注不同产品的品牌，所以品牌在意程度稍有下降。

表 4-19　消费者收入水平与品牌在意度　　　　　　单位:%

收入水平	品牌在意度 *	在意	不在意
2000 元以下	行百分比	40.0	60.0
	列百分比	39.6	56.8
2000~3999 元	行百分比	60.7	39.3
	列百分比	34.9	21.6
4000~5999 元	行百分比	63.6	36.4
	列百分比	13.2	7.2
6000~7999 元	行百分比	36.4	63.6
	列百分比	3.8	6.3
7999 元以上	行百分比	50.0	50.0
	列百分比	8.5	8.1

注：* 代表 P 值在 0.05 水平上显著。

（2）消费者收入水平与选购品牌。消费者的收入水平与产品品牌的交叉分析结果如表 4-20 所示。在各个收入水平，消费者都更加偏好"和田玉枣"和"好想你"。收入水平与品牌"和田玉枣"之间的关系显著。收入水平为 4000~5999 元的消费群体最偏好"和田玉枣"，其次是收入在 2000 元以下的消费者。收入处于 2000~3999 元和 6000~7999 元水平的消费者对"和田玉枣"的偏好降低。收入为 7999 元以上的消费者对"和田玉枣"的偏好程度最低。在已经选择"和田玉枣"的消费者中，随着收入水平的增加，人数逐渐减少。中等收入阶层的消费者对和田玉枣的偏好程度较高，和田玉枣是全国知名品牌，品牌效应在中等收入阶层效果最为明显。

表 4-20   消费者收入水平与产品品牌   单位：%

消费者收入	产品品牌	好想你	和田玉枣**	兵团红	楼兰红枣	西域美农	一品玉	大唐西域	禾煜枣	五星枣
2000 元以下	行百分比	38.1	60.0	4.8	1.9	3.8	1.9	3.8	1.0	1.9
	列百分比	58.8	57.3	50.0	22.2	44.4	50.0	40.0	20.0	40.0
2000~3999 元	行百分比	23.0	37.7	4.9	6.6	6.6	1.6	6.6	6.6	1.6
	列百分比	20.6	20.9	30.0	44.4	44.4	25.0	40.0	80.0	20.0
4000~5999 元	行百分比	36.4	68.2	4.5	9.1	0.0	0.0	0.0	0.0	9.1
	列百分比	11.8	13.6	10.0	22.2	0.0	0.0	0.0	0.0	40.0
6000~7999 元	行百分比	18.2	36.4	9.1	9.1	9.1	0.0	9.1	0.0	0.0
	列百分比	2.9	3.6	10.0	11.1	11.1	0.0	10.0	0.0	0.0
7999 元以上	行百分比	22.2	27.8	0.0	0.0	0.0	5.6	5.6	0.0	0.0
	列百分比	5.9	4.5	0.0	0.0	0.0	25.0	10.0	0.0	0.0

注：**代表 P 值在 0.01 水平上显著。

（3）消费者收入水平与年消费量。消费者收入水平与年消费量之间的交叉分析结果如表 4-21 所示，两者之间的关系显著。当年收入处于 2000 元以下、2000~3999 元、4000~5999 元区间时，随着收入的增加，消费者的年消费量有所增加；当收入继续上升至 6000~7999 元和 7999 元以上时，随着收入的增加，消费者的年消费量有所减少。总体来看，年消费量最高的收入群体是年收入在 4000~5999 元的群体，其中有 54.5%的消费者的年消费量能够达到 5 千克以上，占该消费群体的半数以上。此外，年收入 7999 元以上的消费者中，有 27.8%的人年消费量能够达到 10 千克以上；年收入 6000~7999 元的消费者中，有 27.3%的人年消费量能够达到 10 千克以上。相反，年收入较低的消费者中，年消费量达到 10 千克以上的人数所占比例较低。由此可见，枣产品的消费量与消费者的收入水平相关，收入中等的消费者年消费量普遍较高。但是，相比较而言，收入水平较高的消费者偏好更高的年消费量。

<table>
<tr><td colspan="2" rowspan="2"></td><td colspan="4">表 4-21　消费者收入水平与年消费量　　　　单位:%</td></tr>
</table>

表 4-21　消费者收入水平与年消费量　　　　单位:%

消费者收入	年消费量**	2.5 千克以下	2.5~5 千克	5~10 千克	10 千克以上
2000 元以下	行百分比	57.1	25.7	9.5	7.6
	列百分比	64.5	43.5	34.5	24.2
2000~3999 元	行百分比	26.2	37.7	16.4	19.7
	列百分比	17.2	37.1	34.5	36.4
4000~5999 元	行百分比	31.8	13.6	31.8	22.7
	列百分比	7.5	4.8	24.1	15.2
6000~7999 元	行百分比	27.3	36.4	9.1	27.3
	列百分比	3.2	6.5	3.4	9.1
7999 元以上	行百分比	38.9	27.8	5.6	27.8
	列百分比	7.5	8.1	3.4	15.2

注：**代表 P 值在 0.01 水平上显著。

4.3.3　变量选择说明

基于上文分析的结果，本书分别选取消费者的年消费量和心理接受价位作为因变量；选取消费者个体特征、消费态度和消费偏好等因素作为自变量，并对其进行赋值（见表 4-22）。

表 4-22　自变量赋值说明

自变量名称		自变量赋值
年龄		1 = 25 岁及以下
		2 = 26~35 岁
		3 = 36~45 岁
		4 = 46~55 岁
		5 = 56 岁及以上

续表

自变量名称		自变量赋值
职业	1＝学生	0＝否，1＝是
	2＝自由职业者	0＝否，1＝是
	3＝事业单位从业人员	0＝否，1＝是
	4＝企业单位从业人员	0＝否，1＝是
	5＝个体工商户	0＝否，1＝是
受教育程度	1＝初中及以下	0＝否，1＝是
	2＝高中或中专	0＝否，1＝是
	3＝专科或本科	0＝否，1＝是
	4＝研究生及以上	0＝否，1＝是
收入水平		1＝2000元以下
		2＝2000～3999元
		3＝4000～5999元
		4＝6000～7999元
		5＝7999元及以上
所购买枣产品种类	干枣	0＝否，1＝是
	鲜枣	0＝否，1＝是
	加工品	0＝否，1＝是
是否偏好绿色产品		0＝否
		1＝是
是否在意品牌		0＝否
		1＝是
包装程度		1＝精包装
		2＝简包装
		3＝散装
加工品种类	即食枣产品	0＝否，1＝是
	枣酱	0＝否，1＝是
	枣酒	0＝否，1＝是
	枣果	0＝否，1＝是
	枣类奶制品	0＝否，1＝是
	枣类果脯	0＝否，1＝是
	枣加核桃	0＝否，1＝是

针对影响消费者的年消费量的因素，本书基于交叉分析结果中呈现出显著关系的因素，同时根据实际情况考虑，选取了年龄、职业、受教育程度、收入水平、所购买枣产品的种类、是否偏好绿色产品等因素作为自变量。

针对影响消费者心理价位的因素，本书选取了年龄、职业、受教育程度、收入水平、是否在意品牌、包装要求、枣类加工品的种类等因素作为自变量。

4.3.4 模型结果分析

（1）年消费量。本书用 SPSS 22.0 进行数据分析，模型分析结果如下：

由表 4-23 的似然比检验结果可以看到，似然比卡方检验的值小于 0.01（$P = 0.000$），说明本模型的拟合优度好于仅仅包含常数项的模型。

表 4-23 似然比检验结果

模型（Model）	对数似然（-2 Log Likelihood）	卡方（Chi-Square）	自由度（df）	显著性（Sig.）
仅截距（Intercept Only）	449.673			
最终（Final）	412.857	36.816	8	0.000

表 4-24 为模型的参数估计结果，分别给出了估计值 Estimate、标准误差 Std. Error、Wald 统计量、自由度 df 以及显著水平 Sig.。模型回归结果显示，部分因素与枣产品的年消费量呈显著相关关系，具体分析结果如下：

表 4-24 参数估计

Variables	估计值 Estimate	标准误差 Std. Error	Wald 统计量	自由度 Sig.	显著性 df
年龄	0.401	0.149	7.271	0.007**	1
职业：学生	0.047	0.117	0.164	0.686	1
自由职业者					
事业单位					
企业单位					
个体工商户					
受教育程度	-0.104	0.186	0.316	0.574	1

续表

Variables	估计值 Estimate	标准误差 Std. Error	Wald 统计量	自由度 Sig.	显著性 df
收入水平	0.215	0.114	3.536	0.050*	1
购买品种：干枣	-0.740	0.321	5.336	0.021*	1
鲜枣	-0.122	0.283	0.185	0.667	1
休闲小零食	-0.232	0.337	0.472	0.492	1
您是否偏好绿色枣产品	0.928	0.358	6.730	0.009**	1

注：＊表示 P≤0.05；＊＊表示 P≤0.01；＊＊＊表示 P≤0.001。

第一，模型回归结果显示，枣类产品的年消费量与年龄呈显著相关关系（Sig. = 0.007）。年龄对应的偏回归系数 $\beta_1 > 0$（$\beta_1 = 0.401$），从 β_1 的正负方向可以得出，年龄大的消费者与年龄小的消费者相比，枣产品的年消费量要更大。由 Wald 值（Wald = 7.271）可以得出，年龄因素对年消费量的影响最大。这是因为枣类产品主要用于食品制作的原料，受中国传统家庭观念和家庭分工影响，一般负责家庭饮食的是家里长辈，他们主要负责整个家庭各种食品的采购。此外，年龄较大的人群更加注重养生保健，也就更加看重枣类产品的营养功能和价值，所以年龄较大的消费群体对枣类产品的年消费量更大。

第二，模型回归结果显示，枣类产品的年消费量与消费者是否偏好绿色枣类产品呈现显著相关关系（Sig. = 0.009）。是否偏好绿色产品对应的偏回归系数 $\beta_1 > 0$（$\beta_1 = 0.928$），从 β_1 的正负方向可以得出，偏好绿色产品的消费者比不偏好绿色产品的消费者的年消费量要更高。Wald 值为 6.730 仅次于年龄，说明绿色产品偏好因素对年消费量的影响仅次于年龄。这说明偏好绿色产品的消费者更加注重食品质量安全，也更加注重养生保健，枣类产品自身的营养价值刚好可以满足消费者追求养生的意愿。因此，这类消费者更加倾向购买枣类产品，年消费量也就要高于不偏好绿色产品的消费者。

第三，模型回归结果显示，枣类产品的年消费量与消费者是否购买干枣呈现显著相关关系（Sig. = 0.021）。购买时是否选择干枣对应的偏回归系数 $\beta_1 < 0$（$\beta_1 = -0.740$），从 β_1 的正负结果可以得出，购买时选择干枣的消费者的年消费

量较低，这主要是由于干枣的食用方式有限，不便于日常食用。相反，鲜枣和枣类加工品可作为水果和零食日常食用，无形中会增加消费量。

第四，模型回归结果显示，枣类产品的年消费量与消费者的收入水平呈现显著相关关系（Sig. = 0.050）。收入水平对应的偏回归系数 $\beta_1 > 0$（$\beta_1 = 0.215$），从 β_1 的正负结果可以得出，收入水平高的消费者比收入水平低的消费者的年消费量更大。这主要是因为枣类产品的价格普遍偏高，以枣类加工品为例，枣类零食的价格要普遍高于其他零食产品。价格偏高造成了收入高的群体的消费量高于收入低的消费群体。另外，收入较高的消费群体不仅有购买实力，还有购买意愿，更希望能够通过科学饮食达到营养保健的功效。

（2）心理接受价位。由表 4-25 的似然比检验结果可以看到，似然比卡方检验的值小于 0.01（P = 0.000），说明本模型的拟合优度好于仅仅包含常数项的模型。

表 4-25　似然比检验结果

模型（Model）	对数似然（-2 Log Likelihood）	卡方（Chi-Square）	自由度（df）	显著性（Sig.）
仅截距（Intercept Only）	373.125			
最终（Final）	333.945	39.179	16	0.001

表 4-26 为模型的参数估计结果，分别给出了估计值 Estimate、标准误差 Std. Error、Wald 统计量、自由度 df 以及显著水平 Sig.。模型回归结果显示，其中部分因素与消费者心理接受价位呈显著相关关系，具体分析结果如下：

表 4-26　参数估计

Variables	估计值 Estimate	标准误差 Std. Error	Wald 统计量	自由度 df	显著水平 Sig.
年龄	-0.161	0.200	0.643	1	0.423
职业：学生	-1.297	0.650	3.987	1	0.046*
自由职业者	-0.943	0.540	3.054	1	0.081
事业单位	-1.031	0.717	2.068	1	0.150
企业单位	-1.168	0.703	2.758	1	0.097
个体工商户	0a	0.000	0.000	0	0.000

Variables	估计值 Estimate	标准误差 Std. Error	Wald 统计量	自由度 df	显著水平 Sig.
受教育程度	0.449	0.242	3.450	1	0.049*
收入水平	−0.080	0.134	0.358	1	0.549
是否在意品牌	0.967	0.315	9.430	1	0.002**
包装要求	−0.313	0.217	2.076	1	0.150
加工品种类：即食枣	−0.344	0.323	1.133	1	0.287
枣酱	−21.214	0.000	0.000	1	0.000
枣酒	−2.468	0.963	6.566	1	0.010**
枣糕	−0.140	0.336	0.174	1	0.676
枣奶	0.793	0.441	3.232	1	0.072
枣果脯	0.030	0.362	0.007	1	0.935
枣加核桃	−0.410	0.550	0.558	1	0.455

注：*表示 $P \leqslant 0.05$；**表示 $P \leqslant 0.01$；***表示 $P \leqslant 0.001$。

第一，模型回归结果显示，消费者心理接受价位和消费者对品牌的在意度呈现显著相关关系（Sig. = 0.002）。是否在意枣产品的品牌对应的偏回归系数 $\beta_1 > 0$（$\beta_1 = 0.967$），从 β_1 的正负结果可以得出，在意所购买枣产品品牌的消费者比不在意品牌的消费者能够接受的心理价位更高。这说明品牌效应能给消费者带来更大的信赖度，如果消费者热衷于某品牌的购买，通常对该品牌产品的信赖度是很高的，这种品牌忠诚度会使消费者愿意为该产品买单，与没有品牌或者不中意的品牌相比，消费者对自己中意的品牌愿意支付更高的价格。

第二，模型回归结果显示，消费者心理接受价位和是否购买枣类加工品枣酒呈现显著相关关系（Sig. = 0.010）。是否购买枣酒对应的偏回归系数 $\beta_1 < 0$（$\beta_1 = -2.468$），从 β_1 的正负结果可以得出，不选购枣酒的消费者比选购枣酒的消费者能够承受的心理价位更高。本书分析认为，购买枣酒的消费群体多为中老年男性，这部分消费群体对枣类其他产品的需求意愿不大，相应的支付意愿也不高。回归模型中，其他枣类加工品的偏回归系数 $\beta_1 > 0$ 的有枣奶和枣果脯，说明购买这两种产品的消费者的消费支付意愿更高。

第三，模型回归结果显示，消费者心理接受价位和消费者是否是学生呈现显著相关关系（Sig. = 0.046）。消费者是否是学生对应的偏回归系数 $\beta_1 < 0$（$\beta_1 = -1.297$），从 β_1 的正负结果可以得出，学生群体比其他群体的心理接受价位低。这主要是因为学生收入来源有限，属于对产品价格较为敏感的群体，学生普遍能够接受的价位较低。

第四，模型回归结果显示，消费者心理接受价位和受教育程度呈现显著相关关系（Sig. = 0.049）。受教育程度对应的偏回归系数 $\beta_1 > 0$（$\beta_1 = 0.449$），从 β_1 的正负结果可以得出，受教育程度高的消费者比受教育程度低的消费者承受的心理价位更高。这主要是因为受教育程度较高的消费者对于自身健康管理更加重视，对枣产品的营养价值和成分也更加清楚，这部分消费群体愿意为自身健康支付更高的价格购买枣产品。

综上所述，消费者对枣产品的年消费量和心理接受价位受多重因素共同影响。第一，年龄、绿色产品偏好、是否购买干枣和收入水平对枣产品的年消费量具有显著影响。第二，消费者的品牌在意程度、是否购买枣类加工品枣酒、是否是学生、受教育程度对消费者心理接受价位具有显著影响。因此，通过改变上述影响因素或者针对上述影响因素改善供给产品，能有效提高枣产品的年需求量和市场价格。

与消费直接挂钩的是产品加工环节，加工产品将直接面对消费者的检验，加工环节改革是供给侧结构性改革的重点，应该如何生产出满足消费者需求的产品是加工企业首要解决的问题。只有生产出适应市场的产品，才能扩大销量、提高经济效益。本书通过有序多分类 Logistic 模型找出影响年消费量和消费者心理价格的主要因素，在此基础上对加工企业改革提出了相应的对策建议。

加工企业提高产品年消费量的建议如下：第一，年龄较大的消费群体是主要目标群体，加工企业应着重研究这部分消费群体的消费偏好，进一步增加这部分群体的消费量。至于年龄较小的消费群体，虽然年消费量小，但是消费群体人数较多，针对这部分群体，加工企业可以通过研发满足年轻人需求的新产品，大力开发青年群体的消费潜力，逐渐培养更多的消费人群。

第二，以绿色产品开发为抓手，提高产品品质。倾向于购买绿色产品的消费者的年销量更大，但是目前枣产品市场上绿色产品数量不多、品种有限。但是随着人们生活品质的不断提升，绿色产品是未来必然的发展趋势。具有一定实力的企业可以抢占市场先机，开发系列绿色产品吸引消费者，继续扩大消费者市场。

第三，目前销售市场上仍以干枣为主，但是，未来市场的销售将逐渐向鲜食品种和精深加工品倾斜。鲜食枣以其丰富的维生素C含量和甜脆爽口的口感赢得了消费者的喜爱，但是与其他水果相比，人们对鲜食枣的认知相对浅显，从另外一个角度考虑，鲜食枣市场仍有巨大的发展潜力。鲜食枣市场的开发离不开合理的市场宣传，特别是增加消费者对鲜食枣营养价值的认识。鲜食枣还是枣产业进军国际市场的产品，鲜食枣更加符合国外消费者的消费习惯。另外，当前加工品市场虽然品种繁多，但是，精品不多、满足消费者需求的品种有限，因此，加工枣制品未来的市场前景广阔。满足消费者需求的加工品开发是产业未来发展的重点。

第四，根据不同的收入水平，开发不同价位的产品以满足不同消费者的需求。目前枣类产品的市场细分工作尚未完成，产品同质化现象严重。不同收入水平的消费者对枣类产品的需求不同，应针对不同消费者的消费需求开发不同的产品，满足各个层次的消费需求，才能充分开拓市场。

加工企业增加产品附加值、提高利率润的建议如下：第一，为了提高产品利润率，增加产品效益，企业应该着力打造消费者信赖的品牌，培养客户的忠诚度。企业发展到高级阶段就要开始打造知名品牌，品牌能够增强企业的市场竞争力。如何才能打造知名品牌是各大企业亟待解决的问题。在中国枣类产品市场上，被消费者熟知的知名品牌屈指可数，品牌的辨识度不高；各个品牌在产品设计、服务和品牌形象上大同小异，大部分品牌仍处于低端同质化竞争状态。在当前枣产品市场竞争的背景下，差异化战略是企业突破竞争困境的有效手段。通过创新产品设计，不断推出满足消费者需求的新产品；提供差别化售前、售中和售后服务，提高消费者满意度；创新品牌形象设计，增加品牌辨识度，最终打造出实力强劲、产品过硬的品牌，培养消费者忠诚度，这是企业获得高于市场平均利润水平的有效竞争手段。

第二，对于加工品种类的开发，企业应着重开发产品附加值高、消费者支付意愿强的产品。消费者在购买枣奶和枣类果脯时的支付意愿更高，意味着消费者在购买这类产品时能够接受更高的市场价格。与其他枣类加工品相比，枣奶和枣类果脯的共同特点是，消费者的日常消费量较大，受众群体较为广泛，男女老少均是主要消费者。而其他加工品种类的受众群体有限，受众群体的多少直接决定了其支付意愿。因此，在开发枣类加工品时，加工企业首先应该考虑到受众群体的大小，着力开发适宜多个消费群体且日常消费频率高的产品，对于此类产品消费者的支付意愿较强，愿意支付更高的价格。

第三，学生群体人数较多，也是重要的目标消费群体，但是受限于经济收入，学生普遍能够接受的价位较低。针对这一现状，加工企业可以另辟蹊径，在保证品质的前提下，开发出价格低廉的产品。采取的措施可以是将产品化整为零，将大包装产品拆分成小包装销售，这样一方面可以保证产品的品质和特色，另一方面还可以在保证产品利润率的同时降低单价，吸引更多的学生群体。培养学生消费群体的好处还在于，他们具有很大的发展潜力，一旦消费习惯养成，这种习惯就会延续到工作以后，当其具有更高的收入后，消费量还会继续增加。

第四，枣作为药食同源的产品，已经得到学术界普遍的认同，但是，消费者中了解枣的药用疗效的人还尚属少数。受教育程度较高的消费群体对枣的营养价值了解较深，而受教育程度较低的消费者主动去了解食品营养价值的比例较少。作为生产加工企业，药食同源是枣类加工品一大卖点，而受教育程度较高的消费群体是其主要目标消费群体，加工企业应重点了解这部分消费群体对产品的需求偏好，开发出满足消费者需求的加工品。此外，加工企业还要主动宣传产品的营养价值和功效，使不会主动了解产品营养价值的消费者也可以被动了解产品信息，增加产品吸引力。

4.4 枣产业有效需求分析

4.4.1 市场需求现状与需求特征分析

（1）消费额稳步增加，但增速呈现略微放缓趋势。从需求方面看，随着生活水平和经济收入的提高，人们更加追求健康品质生活，对日常饮食和滋补产品提出更高的要求。就枣的功效和作用而言，它是健脾益胃、补气养血的佳品，有养生保健的功能，还具有调节细胞生长和抗衰老的作用，能促进皮肤骨骼健康生长。在医疗方面，可预防心血管疾病和治疗缺铁性贫血。枣中含有的烨木酸和山植酸有抗癌活性，经常食用枣可以增强人体免疫力，具有防癌抗癌的功效。随着人们对枣功效认识的不断加深，中国枣产品市场的规模稳步提升。2014年中国枣产业的市场规模达到478.1亿元，2017年的市场规模更是高达615.6亿元，2010~2017年的复合年均增长率为12.3%，增长速度可见一斑（见图4-4）。

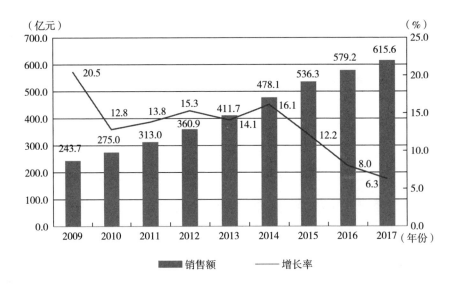

图 4-4　2009~2017 年中国枣产品销售额

资料来源：赛迪顾问，中信证券研究部。

（2）人均消费量不高，年增长速度较慢。虽然枣产品消费额一直处于增长状态，但是从人均消费量的角度看，还处于比较低的水平。据智研咨询数据，2014年的人均消费量大约在5.37千克，2017年的人均消费量有所微增，大约6.13千克（见图4-5）。从短期来看，人均消费量呈现显著增长趋势，但是与供给量的增长速度相比，枣产品的消费增长速度较为缓慢，消费市场已经呈现出供过于求的状态。从长期来看，枣产业的消费市场刚刚处于起步状态，未来有巨大的发展潜力，预计该行业未来仍可维持 10%~15% 的增长速度。然而，从当前状况看，市场供大于求的状况已经开始影响了产业的健康发展，特别是传统枣产区的产业发展受到了巨大冲击。如何从供大于求的市场状态发展成为供求均衡的状态，是当前产业发展亟待解决的问题。

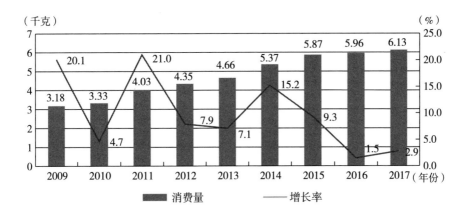

图 4-5 2009~2017 年中国枣产品人均消费量

资料来源：智研咨询。

（3）周年均有消费，季节性消费特征较明显。随着生产栽培技术和加工技术的不断发展成熟，人们对枣的消费需求季节性变化特征不明显。人们对枣的消费品种主要包括制干枣、鲜食枣、加工枣制品等。其一，人们对加工枣制品的需求几乎不受季节和时间推移的影响，加工枣制品需求几乎不存在季节性变化特征。其二，制干枣的季节性消费特征较明显，从交易量上看，制干枣的交易主要集中在最初上市的几个月，交易高峰期从每年 10 月持续到次年 2 月左右，通常新年过后交易量会出现较大幅度下跌。主要原因在于制干枣能够在家中长期保存，消费者会在上市之初囤积大量制干枣，同时消费者也习惯在年前购买制干枣用于家庭自身消费或馈赠亲友。鉴于枣具有药食同源的特点，在家庭消费中制干枣主要用于制作各种营养膳食，受中国传统营养膳食思想的影响，冬季进补多于夏季，秋冬对枣的消费略高于春夏，此外，需要以制干枣作为食材的传统节日膳食制作多在秋冬。因此，对于制干枣的需求在较大程度上受到时间和季节的影响，主要集中在秋冬季，春夏季消费大量减少。其三，人们对鲜食枣的需求季节性较为明显，主要集中在秋季。受栽培技术和仓储技术的影响，鲜食枣尚未实现周年供应，对鲜食枣的消费主要依赖于鲜食枣的上市时间，多集中在 9 月至 12 月，其余时间对鲜食枣的消费较少。

4.4.2　基于情景分析法的市场需求量预期

从市场需求潜力分析，消费者具有购买枣产品的潜在需求，但是，当前市场供给未能充分开发和创造消费者需求，消费者需求也未被充分满足。本书采用情景分析法，通过预测中国枣市场的潜在需求，为进一步分析市场供给和市场需求之间的缺口并提出相应解决措施奠定基础。

情景分析法又称脚本法（Scenario Analysis），最初于 1971 年由荷兰皇家壳牌公司的皮尔·沃克（Pierre Wack）正式提出。这种方法是在假定某种趋势将持续到未来的前提下，对预测对象可能出现的情况做出预测的方法，通常用来预测研究对象的未来发展情况，是一种定性预测方法。情景分析法在应用过程中，首先要确定研究主题，其次确定造成未来情景变化的主要影响因素，最后根据影响因素的具体描述形成未来情景描述方案，并根据不同情景状况作出应对策略。

本书的研究主题是预测枣的未来市场需求量，影响市场需求量的主要因素是人均消费数量、枣果的品质和单颗重量。本书针对人口年龄结构、枣果的不同品种和等级预测未来市场需求量，设计了几种不同的预测情景方案。

第一，当前市场占有率最高的枣果品种是灰枣和骏枣，两个品种的市场占有率可达 80% 左右，本书假设市场上仅有灰枣和骏枣两个品种，此项假设不仅可以简化研究过程，而且对研究结果不产生本质影响。

第二，本书研究采用的枣果品质分级标准和相应的单颗枣果重量标准均来自中国红枣批发市场的实地调研所得。通常批发市场上将枣果分为特级、一级、二级和三级，并规定每一等级枣果的重量和大小，其中重量以单颗枣果的重量为准（见表 4-27）。

表 4-27 不同等级灰枣和骏枣的单颗平均重量　　　　单位：克/个

等级 \ 品种	灰枣	骏枣
特级	7.9	24
一级	5.3	21
二级	4.1	17
三级	2.3	12

资料来源：中国红枣批发市场调研数据。

第三，由于不同年龄层面对枣果的消费量有所不同，本书将目标人群按年龄分为 6 个层次（见表 4-28）。按照人类营养需求估测了不同年龄层次的消费者平均每日消费枣果的数量，人均日消费量基本呈正态分布，年龄较大和年龄较小的消费者的人均消费量低于中青年群体。

表 4-28 不同等级灰枣和骏枣的年消费量预测

项目		单位	0~4 岁	5~19 岁	20~39 岁	40~59 岁	60~79 岁	80 岁及以上	总消费量
占总人口比例		%	5.91	16.05	30.55	30.79	14.71	1.99	—
人均日消费量		个	0.5	1	2	2	1	0.5	—
各等级灰枣年消费量	特级	吨	117817	639921	2436084	2455222	586494	39671	6275209
	一级	吨	79042	429314	1634335	1647174	393471	26615	4209951
	二级	吨	61146	332111	1264297	1274229	304383	20589	3256755
	三级	吨	34301	186306	709240	714811	170751	11550	1826959
各等级骏枣年消费量	特级	吨	357926	1944063	7400762	7458902	1781755	120520	19063926
	一级	吨	313185	1701055	6475666	6526539	1559035	105455	16680935
	二级	吨	253531	1377044	5242206	5283389	1262076	85368	13503614
	三级	吨	178963	972031	3700381	3729451	890877	60260	9531963

注：中国居民消费枣果习惯以个数计量，较少以重量计量，因此本书采用人均日消费作为测算基础。
资料来源：《中国统计年鉴 2017》。

第四，在上文基础上，计算出若消费者全部购买某一品种、某一等级的枣果，则不同等级的灰枣和骏枣的年消费量（见表 4-28）。为了使预测更加贴近实际情况，本书按照灰枣和骏枣的市场占有率比率，即灰枣和骏枣 6∶4 的比例，重新估算了不同等级的枣年消费总量。估算结果显示，若消费者全部购买特级枣，每年的消费量可达到 114 万吨；若消费者全部购买一级枣，每年消费量可达920 万吨；若消费者全部购买二级枣，每年消费量可达 736 万吨；若消费者全部购买等级最低的三级枣，每年的消费量也可达到 491 万吨（见表 4-29）。

表 4-29   枣果的年消费量预测

项目 等级	各等级灰枣 年消费量 预测值	各等级骏枣 年消费量 预测值	各等级灰枣和骏枣 年消费总量预测值 （灰枣：骏枣=6：4）	消费比例 1	消费比例 2	消费比例 3
特级枣	6275209	19063926	11390696	50%	30%	15%
一级枣	4209951	16680935	9198345	30%	40%	30%
二级枣	3256755	13503614	7355499	15%	20%	40%
三级枣	1826959	9531963	4908961	5%	10%	15%
年消费量预测值				9803624	9058542	8146651

资料来源：《中国农业年鉴 2017》。

第五，本书设计了消费者对枣果不同的消费结构（见表 4-29），并以此为基础预测出枣果的年消费量。第 1 种枣果消费结构以中高端产品为主，低端产品所占比例较小，特级、一级、二级、三级枣的消费比例为 50：30：15：5；第 2 种消费结构以中端产品为主，高端和低端产品次之，各级枣的消费比例为 30：40：20：10；第 3 种消费结构以低端产品为主，高端产品所占比例较小，各级枣的消费比例为 15：30：40：15。

在假设的 3 种不同类型的消费结构下，预测枣市场的年消费量。第 1 种消费结构类型是建立在较高消费水平上且中高端产品开发较为完善的理想消费结构，年消费量可达 9803624 吨；第 2 种消费结构类型是建立在一般消费水平上的过渡消费结构，年消费量可达 9058542 吨；第 3 种消费结构类型是中高端产品未充分开发的消费结构，近似于当前中国枣市场的消费结构，年消费量仅为 8146651 吨。

2016 年我国枣的实际总产量达到 8240508 吨[1]，将不同消费结构下预测的消

---

[1] 资料来源：《中国农业年鉴 2017》。

费量与实际总产量对比发现，若市场消费以低端产品为主，则市场会出现供过于求的状况；若调整消费结构，消费以中高端产品为主，则市场目前的供给量还不足以满足市场潜在需求。目前，消费市场对于中高端的枣产品存在潜在需求，然而供给市场并未提供充足的中高端产品，造成市场供不应求的现状，当前市场的供求失衡属于结构性失衡，而非绝对性的供求失衡。因此，若要解决市场供求结构性失衡问题，需要供给产品结构和消费结构的升级，减少低档产品的供给。

4.4.3 市场需求潜力分析

供给侧结构性改革是以有效需求为指导方向的，只有满足了消费者需求，才能真正地解决市场均衡问题。本书从枣产品市场有效需求发展潜力入手，分析进行供给侧结构性改革的可行性。就枣产品消费市场的现实情况而言，消费需求已经得到一定程度的满足，然而，有效需求尚未充分开发，枣产品的市场需求潜力巨大。之所以认为枣产品的需求潜力巨大，主要是因为枣自身的内在品质特点和优势。

第一，营养价值高。枣的糖、维生素 C、环核苷酸、铁、钙等营养成分的含量位居百果前列，以维生素 C 为例，每 100 克鲜果中含有 300~600 毫克的维生素 C，其含量比苹果、梨、桃等水果高出数十倍[1]，即使是被誉为"维 C 之王"的猕猴桃，其维生素 C 含量仅为 62 毫克/100 克。枣是滋补佳品，被列为国家首批药食兼用食品，其营养价值恰好满足现代消费者追求健康的需要。

第二，有一定的市场认知度，但市场宣传不到位、消费者认知程度不深。许多消费者了解枣的营养价值，但是，并不知道具体营养成分含量，也并没有意识到枣在营养价值方面优于其他水果。目前看来，北方消费者对枣的认知程度要高于南方消费者，南方消费者每年采购枣的数量要低于北方消费者，主要原因在于南方消费者日常餐饮中枣佐餐不多。另外，传统的枣产区集中在北方，南方枣供应少，人们的消费习惯没有得到充分培养，消费潜力未被充分挖掘。与之相比，同样以维生素 C 含量高为特点的猕猴桃，由于市场宣传得力，被广大消费者所认

---

① 刘孟军. 中国枣产业发展报告 1949—2007 [M]. 北京：中国林业出版社，2008.

同，市场潜力被充分开发，猕猴桃产业得到迅速发展。借鉴猕猴桃产业成功发展的经验，枣产业尚有巨大开发潜力。

第三，满足中高端消费需求的产品未被充分开发。中高端消费群体在追求产品本身的功能性之外，还追求食用的便捷性和多样性。虽然，当前枣加工品品种不少，但是，精深加工产品的品种不多，从食用的便捷性、口感、外观包装等方面都难以满足中高端消费群体的日常消费需求。与之相比，功能与中国枣类似的新西兰黑糖，主打健康滋补、老少皆宜，由于新西兰黑糖正好满足消费者的需求，得以在短时间内实现市场拓展，近些年在中国广大中高端消费群体中的销量激增。作为替代品和竞争者的新西兰黑糖发展迅速，我国枣加工产业发展缓慢，就导致消费者"用脚投票"，潜在消费需求转向境外市场。

5 中国枣产业发展存在的问题分析

从需求侧视角看，中国枣产业供给侧存在诸多问题，在此过程中面临着诸多问题亟待解决。本章在研究中国枣产业发展现状及各主产区发展状况的基础上，从供给侧角度提出枣产业在生产、加工、流通、贸易等各方面存在的问题，为下文枣产业发展各环节问题的分析和对策建议的提出奠定基础。

5.1 总量平衡有余，品质结构矛盾突出

5.1.1 供给总量激增，增速呈放缓趋势

市场均衡状态是由供给和需求双方面共同决定的。从供给情况看，中国枣产量在 2000 年以后进入快速增长阶段，短短十几年时间，产量从 1306036 吨迅速增长到 8240508 吨，增长了 6~7 倍；从增长速度看，在经历了 10 余年的快速增长后，2014 年后产量增速呈放缓趋势（见表 5-1），产量增速已经从最高的 23.73% 下降至 2.04%，几乎已经下降到近 10 年的最低点；从产品供给总量看，虽然增速放缓，但是供给总量依然在增加。

表 5-1　1999~2016 年中国枣产量及增长率

年份	全国总产量（吨）	增长率（%）
1999	1103373	——
2000	1306036	——

续表

年份	全国总产量（吨）	增长率（%）
2001	1308633	18.37
2002	1573698	20.26
2003	1718689	9.21
2004	2011217	17.02
2005	2488506	23.73
2006	3052860	22.68
2007	3030623	-0.73
2008	3634071	19.91
2009	4247773	16.89
2010	4468335	5.19
2011	5426762	21.45
2012	5887121	8.48
2013	6339973	7.69
2014	7345266	15.86
2015	8075784	9.95
2016	8240508	2.04

资料来源：《中国农业年鉴 2000~2017》。

就目前市场状况而言，我国最重要主产区新疆的枣树种植规模已经趋于饱和。从种植面积增长率的变化情况看，1999~2011年，种植面积的平均年增长率高达49.71%，其中，2002年的增长率高达178.76%。但是，从2012年开始，增长率骤然下降到3.86%；2014年，种植面积开始首次出现负增长；2015年，种植面积略有增加（见表5-2）。2014年新疆枣树种植面积的减少主要由于阿克苏地区种植面积减少了18563公顷，与2013年相比减少了14%[①]。随着新疆栽种的枣树逐渐进入盛果期，市场上红枣的数量逐年快速增加，传统市场需求无法在短时间内以同样的速度增加，因此，市场需求会在短时间内饱和。随着市场需求的逐渐饱和和市场价格的走低，枣树种植面积也必然从快速增长趋于稳定，如若产量继续增加则会造成种植面积减少。就当前生产情况和市场状况而言，新疆枣

---

① 资料来源：《新疆统计年鉴 2015》。

树种植规模未来增长动力严重不足。

表 5-2　1999~2016 年新疆红枣种植面积及其增长率

年份	种植面积（公顷）	增长率（%）
1999	4258	23.53
2000	5171	21.44
2001	6757	30.67
2002	18836	178.76
2003	29695	57.65
2004	41497	39.74
2005	54864	32.21
2006	80140	46.07
2007	137849	72.01
2008	225378	63.50
2009	286569	27.15
2010	397491	38.71
2011	456074	14.74
2012	473672	3.86
2013	486141	2.63
2014	483628	-0.52
2015	495548	2.46
2016	504511	1.81

资料来源：《新疆统计年鉴 2000~2017》。

5.1.2　品质结构矛盾突出

从总量上看，中国枣产业的产品供给已经满足了市场需求，并在枣产量持续增加的情况下，出现了市场价格的下跌。但是，这种供求失衡不是单纯的总量失衡，而是结构性失衡。所谓结构性失衡是指供给产品内部结构中，部分类型产品供过于求而部分类型产品供不应求。枣产业正面临供求结构性失衡的问题。低端产品确实出现了供过于求的情况，产品低端同质化现象严重，产品辨识度不高、附加值低、市场竞争激烈，低端产品的利润率持续下滑，甚至出现了亏损。与此同时，中高端市场一直处于供不应求的状态，高端产品市场供给总量不足、种类有限。消费者的购买能力与日俱增，在消费者对枣产品的基本需求得到满足后，其有效需求转变为中高端产品。所谓中高端产品，不单指产品价格昂贵，而是产品内在价值被充分挖掘。中高端枣产品的发展趋势是功能化、个性化和智能化，是需要满足不同消费者的个性化需求的产品，并且随着消费者需求的变化而智能化升级的产品。目前，市场上枣产品的供给在满足消费者中高端需求方面存在较大的差距，市场仍处于供不应求的状态。

第一，品种供给结构过于单一，难以满足消费者多元化的需求。通过对沧州中国红枣交易市场、北京新发地农产品交易市场以及京津冀地区各大超市、农贸市场的实地走访调研发现，批发零售市场已经被新疆枣（以骏枣和灰枣为主）所占据，新疆枣已经占据各大市场的80%以上，大部分消费者对新疆枣情有独钟。其他地方特产诸如金丝小枣、阜平大枣、赞皇大枣、圆铃枣、木枣等品种在批发零售市场中所占比例非常有限。就位于河北沧县中国最大的红枣交易市场而言，以往主要销售的是金丝小枣，但随着新疆枣产量的不断增加，如今该交易市场主要销售的是新疆枣。由此可见，新疆枣已经以非常强劲的态势占领了中国枣市场的大部分份额。从不同品种的价格变化情况看，虽然全国枣的价格呈现逐年走低的态势，但是，与新疆枣相比，其他产地的枣价格更是低廉，利润微乎其微。本书调查统计了2010年1月到2015年12月全国50余家农产品交易市场的枣产品价格，以河北特色品种金丝小枣的价格为例，2010年的平均价格达到8元/千克、2011年为3元/千克、2012年为6.5元/千克、2013年为1.55元/千克、2014年为1.35元/千克、2015年为1.25元/千克，2016年和2017年价格有所回升，但是价格依然只在2元/千克左右。调查数据显示，全国绝大部分枣的市场都呈现下降趋势，除新疆枣外其他枣产区的枣果的消费市场更是处于不断萎缩状态。

第二，初级加工品种同类化现象严重，精深加工品结构单一，市场占有率较低。枣类加工企业多为小型私有企业和农民合作社，规模小、资金不够充足、科技研发能力差，这类加工企业的主要业务包括收购干枣、分拣、分级、清洗、烘干（晒干）、包装等。以初级加工为主，精深加工少之又少。整体来看，小型加工企业生产的产品低端同质化严重，产品辨识度不高、利润率低，难以占领广大中高端消费市场。

第三，高品质产品供应严重不足。受生产技术和栽培管理水平的影响，包括新疆在内的各主产区的枣果品质呈现整体下滑趋势，每年采收的枣果中从大小、单枣重量、营养物质含量、农药残留等标准衡量的高品质枣果一般不超过总产量的 20%，个别年份受到自然条件影响，高品质枣果的比例会更低。就枣类精深加工品而言，从事精深加工的企业需要具备足够的技术积累、雄厚的资金实力、成熟的市场渠道等多种条件，而全国有实力和能力从事精深加工的企业为数不多，具体包括好想你枣业股份有限公司、和田昆仑山枣业股份有限公司、新疆羌都枣业股份有限公司、山西天骄生物集团有限公司、河北沛然世纪生物食品有限公司、河北欧亚匡生物食品集团有限公司等，总数不超过二十家。其中，只有好想你枣业股份有限公司一家上市企业，田昆仑山枣业有限公司处于上市辅导期，其他企业规模和实力仍有待进一步发展。在此背景下，市面上枣类精深加工品的种类并不多，能够对枣的营养物质进行成分提取并加工的企业更是不超过 10 家。市场上枣类精深加工品的供应严重不足，只有通过供给侧结构性改革，提高有效供给以满足和刺激消费需求，最终达到增加消费量实现市场供求平衡。

5.2　生产环节亟待降本增效

5.2.1　生产成本亟待降低

第一，标准化栽培技术尚未得到广泛推广，生产成本明显较高。发展现代化枣产业从技术上要依赖现代标准栽培技术的推广应用。相对传统枣产区，在新兴枣产区新疆，现代标准化栽培技术已经在新疆生产建设兵团取得了较好的成效，然而新疆各地、州、市与新疆生产建设兵团相比还有较大的差距，标准化栽培技术有待进一步推广应用。具体问题在于：其一，在生产管理方面，由于地方上仍然以单个农户为主，生产规模较小，农户的接受能力有限，生产技术难以得到广泛推广，标准化生产难以实现，经济效益提高受到约束。例如，根据实地调研资料，新疆阿瓦提县阿依巴格乡托万克库拉斯村有近 400 户种植枣树，但种植总面积仅为 133.33 公顷；种植规模小，农户仅有几亩地，种植规模大的也只有 20 多亩，生产技术落后、粗放式管理、枣果品质不高、产量较低，种植效益较差，从每亩地的收益情况看，收入低的仅有 300 多元，收入高的也仅有 1000 多元，收入水平远远低于新疆生产建设兵团枣园的收入。其二，新疆地区地域宽广、民族众多，民族地区的生产管理会更加复杂，可能涉及经济、文化、技术、地理等多种方面因素的综合影响，无疑会增加政策实施和技术推广的难度。然而，规模化和标准化生产无法实现，单纯靠自然资源优势种植枣树的粗放型管理模式已经无法实现经济效益的提高，甚至出现亏损的情况。民族地区生产技术的推广应用关系到新疆红枣产业整体发展前景。

第二，人工成本大幅提升，省力化栽培模式亟待开发。随着全国各地人工费用的大幅增长，目前所主要采用的抹芽、修剪等极费人工的传统技术使得生产成本无法降低。在生产环节，人工成本成为最主要的生产成本。以传统枣产区阜平县为例，种植枣树的生产要素投入包括：按标准化无公害管理的栽培成本为每年每亩 440 元。其中，整形修剪 50 元，土壤深翻、除草用工 160 元，农家肥 80 元，病虫害防治用工 40 元，农药 90 元，夏季修剪 20 元。新疆枣产区的人工费用比传统枣产区更高，仅采摘一项人工费用就可达到每亩地 150～200 元。人工成本已经占到总成本的 60% 以上，通过降低生产成本提高生产效益，最根本的就是大幅降低人工成本。目前，生产过程中，在传统枣产区各个环节的操作均以人工为主，新疆枣产区的播种和采收开始使用机械化操作，但是总体而言，人工仍占据生产的主要部分。

省力化栽培模式的开发主要包括：标准化栽培推广、省力化机械设备研发和生产技术的革新。标准化栽培是实施省力化栽培模式的基本前提，只有果园、果树实现标准化才能便于机械设备的使用。通过研发省力化机械设备，减少枣树生产过程中播种、修剪、施肥、喷药、采摘等耗费大量人工的环节，从而降低人工成本。目前被广泛应用的枣树生产技术已经被沿用几十年甚至上百年，省力化生产技术亟待革新，将劳动力从繁琐复杂的生产过程中解放出来，与此同时，生产的标准化程度会有所提高。

5.2.2 枣果品质亟待提高

枣树生产管理理念落后，致使生产缺乏科学管理，抗风险能力差，枣果品质持续下降。在传统枣产区常年管理枣树的枣农年龄结构偏大，青壮年劳动力往往不参与枣树的日常管理，这就导致枣树的管理多数依赖传统栽培技术，多数枣树的日常管理以放养为主。在土肥水的施用方面，多具有盲目性，缺乏精细化管理，导致枣果品质欠佳，且抗病虫害风险能力差。传统枣产区普遍存在生产管理粗放的问题，重栽培、轻管理，盲目重视栽培面积的扩大，而忽视果树的管理，现代栽培技术尚未得到充分推广，枣树种植经济效益难以得到提高。在传统枣产区，亟待通过推广现代栽培技术和精细化管理，实现生产标准化、规模化和管理精细化，生产目标从盲目提高产量真正转变为提质增效，病虫害防治技术亟待突破。由于品种自身缺陷、自然条件限制和管理不当，生产过程中病虫害问题严重，病虫害已经严重影响了枣果的品质和产量，直接造成了新疆枣果品质的下降。在生产环节迫切需要科学管理，提高枣果品质、提高产出效率。

5.3　产业化和市场化程度低

5.3.1　生产经营方式有待转型升级

传统枣产区仍然以一家一户分散粗放型经营为主，农户是最基本的经营主体和利益主体，组织结构简单，农户在生产资料和生产技术的投入上千差万别，枣果品质和产量参差不齐，即使土地相邻的两家农户，枣果的品质也会存在巨大差异。枣农对枣树的管理主要沿袭了传统栽培技术，对于现代栽培管理技术掌握不够。盲目施用农药化肥，不仅没有起到增产的作用，反而增加了生产成本，影响枣树生长、增强抗药性、降低抵御病虫害的能力，破坏了枣园的生态环境。生产的随意性导致产品质量难以保障。

以河北沧州金丝小枣为例，长期过量施用氮肥和激素使枣树营养失衡、抗病性降低，枣果的单果重和糖分等指标均不及二三十年前生产的金丝小枣。2007年成熟期的阴雨天气致使裂果严重，这也与枣果自身品质的下降有直接关系，仅沧州市就损失了12亿元。尽管当地政府和业务技术部门制定了一系列生产技术标准，但是在传统落后的生产方式下，先进的技术措施和标准都无法得以实施。这种落后的生产模式与专业化、规模化、产业化、标准化、现代化生产之间的矛盾日益尖锐，加之落后的技术推广体系，使优质高产的示范枣园难以得到大范围推广，新品种、新技术、新产品难以实现转化。虽然目前河北已经形成了太行山地区大枣和黑龙港地区金丝小枣、冬枣两大红枣基地，初步形成了规模化生产，但是标准化程度仍有待提高。实现标准化、规模化管理的枣园有利于新技术的推广和应用，提高生产效率和枣果的质量。集中管理的果园可以集中优势人力、物力和财力资源，加快发展产业基地有利于产业现代化转变。

5.3.2　产业链利益联结机制不健全

产业化程度低还体现在整个产业链各环节组织较为分散，组织效率较低。大部分枣产区的经营模式还停留在枣农坐等收购商上门收枣，收购商将枣果运至批发市场坐等零售商或加工企业上门，零售商或加工企业直接面对终端零售市场。除了最终环节的加工商和零售商，其他各环节主体难以掌握最新的市场需求行情，各环节之间的交易成本较高，市场运行不够顺畅。普通枣农在生产过程中面对的市场风险较高，极易受到成本上涨和市场价格波动的影响，在利益分配环节所占比例小，利益分配大部分掌握在产业链中下游的批发商和零售商手中。枣产业亟须进一步理顺各种流通模式下产业链各环节主体的利润分配关系，从而切实保障各利益主体的合理利润分配。

我国枣产业中龙头企业数量较少，以龙头企业带动的流通模式所占比例较低。由于缺乏龙头企业引领，产业发展目标不明确，生产的市场导向不明确，生产与市场脱节情况较严重。品种选育的市场参与度低，拥有自主知识产区的品种较少，在技术研发方面的资金缺乏活力，同时，在良种苗木生产管理方面，缺少监督管理机制，市场运行秩序混乱。

5.3.3 价格波动幅度过大

中国枣产业市场化程度低，市场调节机制的作用尚未充分发挥。新疆枣产区受新疆生产建设兵团的统一规划和管理，在其统一管理下扩大或缩小生产规模。虽然行政化管理能够在短时间内扩大生产规模、推广现代栽培技术，但是行政手段过度的干预造成了产业规模发展过快，导致市场供给量增长过快，从而导致市场价格的暴跌。从 2008 年中国枣产业进入快速发展阶段，批发市场中高品质枣的单价一度飙升到 140 元/千克，其他品种的枣果价格也随之上涨；2012 年以后，枣果的价格呈现整体下滑趋势，枣果价格最低跌至不足 20 元/千克。市场价格的巨幅波动不仅直接影响了枣农的经济收益，而且大批枣农放弃枣树种植，砍树改种其他作物，产业链各环节利益主体均受到不同程度的影响，对整个产业发展造成不小的冲击。

5.4　国际市场有待开拓

5.4.1 国际市场出口乏力

目前，虽然我国枣的出口区域遍及世界各地，涵盖了亚洲、欧洲、北美洲、南美洲、大洋洲多个国家和地区，但是主要销售地区仍是亚洲地区，主要销售对象仍是当地华人。究其原因主要在于西方国家本身极少自产枣，消费者对枣几乎完全不了解。西方消费者不了解枣的营养价值和药用保健功效、不了解枣的食用方法，更不了解中国的传统枣文化，大部分出口的枣产品从口感到外形都无法满足西方消费者的食用习惯和消费需求。东南亚国家比欧美国家华裔人口多，枣的消费量也较大，但是主要消费人群依然是华裔，如何将枣的消费扩展到非华裔群体并研发适合其他国家消费者需求的枣产品，是拓展海外市场需要解决的关键问题。

在枣产品供给长期以来仅能满足国内需求的背景下，枣出口问题一直未受到进出口商、生产加工商、枣农、政府等各相关利益主体的重视。即使当枣的供给量已经超过国内需求，由于路径依赖效应的存在，出口问题依然未能引起人们的足够重视。枣产业属于我国特色农业产业，国内相关利益主体将产业重点放在生产和国内贸易方面，没有将发展出口作为产业发展主要战略。因此，出口只是基本满足原有海外市场需求，即使在枣产业快速发展时期，海外市场也没有得到充分拓展。海外市场对于中国枣产业来说基本上属于"蓝海"，国际市场尚未得到开发，目前其他国家尚未具有足够的实力占领国际枣市场。这对中国枣产业来说是巨大的机遇，开拓海外市场不仅可以提高产业的经济效益，还可以消化国内多余的产能。在当前中国枣产业供大于求的市场形势下，缓解国内市场供给压力的渠道有两条：国内市场和国外市场。仅就国外市场而言，市场几乎完全没有得到开发，发展前景广阔，成功开拓国际市场有利于市场供求均衡的实现。

目前国内市场上的枣类产品以干枣为主，且晚熟品种多、中早熟品种少，并且由于干枣不符合西方消费者的消费习惯，在短时间内是很难进入国际市场的。多数枣类产品的加工工艺简单，产品附加值低，出口效益不明显；鲜食品种发展潜力巨大，但是仍处于起步阶段，品种相对较少且长途运输的费用高、损耗高，难以保证长途运输的质量，因此出口量较少。成功开发出适应国外市场需求的产品，是中国枣产业开拓海外市场成功与否的关键因素之一。此外，我国的枣受品种自身缺陷和自然条件的影响，容易受到天气变化和病虫害的影响，导致枣果品质下降。枣果的品质直接影响了枣果的出口，枣果品质不高正是导致2003年后中国枣出口量的急剧下滑的主要原因之一。如何调整品种结构和区域布局、提高枣果品质是成功拓展海外市场的先决条件。

5.4.2 亟待建立符合国际标准的质量监控体系

枣产业的快速发展使市场竞争日趋激烈，随着消费者的日益成熟，消费者对品质的要求不断提高且品牌意识越来越强。然而，我国果品标准体系尚不健全，目前专门应用于枣产业的国家质量标准仅有《干制红枣》（GB/T 5835—2009）、《免洗红枣》（GB/T 26150—2010）、《鲜枣质量等级》（GB/T 22345—

2008）和《冬枣》（GB/T 32714—2016）等为数不多的几个标准。为了与国际市场接轨，枣产业应建立完整的标准化体系，涵盖从生产到加工，再到制成品的各个环节的标准。标准化生产体系和质量监控体系的建立是进入国际市场的基础。

6 中国枣产业生产成本和收益分析

农产品供给根源于生产，从供给侧角度解决枣产业的生产问题，实现产业发展提质增效的目标，需要深入研究生产环节的成本收益问题，剖析制约生产发展的主要因素，进而通过对制约因素施加影响，提高生产效率和经济效益。生产的成本收益情况不仅影响到枣农的经济收入，而且影响到整个枣产业的市场竞争力和产业发展方向。生产效益高的枣产区能够吸引更多投资，从而进一步促进当地枣产业发展，种植枣树的收益高低会直接影响农民是否愿意继续从事枣产业的生产活动，生产效益的高低还会影响到枣果品质及其国际市场竞争力。本章在实地调研的基础上，采用比较分析法和非参数检验中 Mann-Whitney 秩和检验方法，研究了我国不同枣产区的成本收益情况及其差异程度，并对各产区枣和其他农产品的成本收益进行对比分析，从而得出发展枣产业的比较优势以及影响生产效益的主要因素。采用案例分析法阐明在充分考虑影响因素的基础上，对枣产业实施创新发展战略，能够显著提高产业的生产效益。通过本章对枣产业的成本收益分析，以期得出产业生产技术改进方向、生产发展方向和生产布局优化方向。

6.1 调研设计与数据说明

本书为了深入分析枣产业生产成本收益问题，需要深入生产第一线进行实地调研，获取有关生产成本收益的一手资料。在调研地点的选取方面，由于不同地区所采用的栽培模式不同，主要包括矮化宽行密植的标准化栽培模式和传统栽培模式，不同模式下的投入项目、生产成本和收益有所不同。本书在不同栽培模式下选取典型地区进行实地调研。

6.1.1 调研方法

本书采用了实地调研和问卷调查相结合的方法，具体过程如下所述：第一，对全国枣产业领域的专家进行问卷调查和面对面访谈，确定当前枣生产过程中面临的主要问题。第二，根据专家意见初步设计完成调研问卷。第三，采用初步调研问卷对枣农进行试调研。第四，在试调研的基础上，进一步修改完善调查问卷，并确定最终版本的调查问卷。本书通过调查问卷获取数据的渠道主要是：第一，实地调研获取数据；第二，在调研地点科研部门和林业部门的专家和工作人员的协助下获取数据。

6.1.2 数据来源说明

我国采用现代标准化栽培模式的典型地区是新疆，其中以新疆生产建设兵团的现代标准化栽培技术推广最为普遍。选取新疆生产建设兵团的主产区第一师、第二师和第三师作为调研地点，其中以第一师和第三师的枣树生产规模最大，因此将第一师和第三师作为主要调研地点。本书选取的地点覆盖了新疆生产建设兵团80%以上进行枣树生产的团场，根据枣树生产在不同团场的分布情况，具体选取了第一师幸福农场7连，第一师2团3连，第一师9团7连、8连、10连、12连和15连，第一师11团5连，第一师12团28连，第一师13团13连，第一师14团2连，第一师15团2连，第二师27团8连，第二师30团5连，第二师33团8连，第三师44团17连，第三师45团10连和18连，第三师48团2连，第三师51团2连，第三师51团15连，第三师53团22连等团场进行实地调研，获得了2009~2015年生产建设兵团枣树种植的生产成本和收益数据。

针对传统枣产区，本书选取全国第二大产枣省份河北省，河北省是全国传统红枣生产基地，具有研究的典型性。沧州市和保定市是河北省主要产枣区，产量大、发展历史悠久。沧州的主要品种是金丝小枣，保定的主要品种是婆枣，两个品种均是河北省的主栽品种，两个品种的产量之和占河北省总产量的65%左右，具有研究的典型意义。因此，本书最终选取了保定和沧州地区作为实际调研地点。为了与新疆枣产区进行比较研究，河北省调研选取的是采用传统栽培模式的枣园。婆枣的主产区在保定市阜平县，阜平县枣树种植规模最大且最集中的是北果园乡，因此选取了阜平县北果园乡卞家峪村、东城铺村、革新庄村、水泉村作为具体调研地点。金丝小枣的主产区在沧州，因此选取了金丝小枣集中栽培的沧县高川乡和崔尔庄、献县高官乡和张村乡作为具体调研地点。

本次调研在新疆产区和河北产区各发放调查问卷 300 份，新疆生产建设兵团枣产区回收问卷 273 份，河北枣产区回收问卷 256 份。经过筛选后，删除字迹不清、数据失真、信息虚假的问卷，最终收回新疆合格问卷 226 份，回收的有效问卷率为 82.78%，收回河北合格问卷 207 份，回收的有效问卷率为 80.86%。

6.1.3 调研问卷设计

6.1.3.1 概念界定

问卷调查主要涉及枣产业的生产成本和收益，由于不同产业间所涉及的成本和收益指标有所不同，本书首先对枣产业生产的成本和收益的概念进行界定。

（1）生产成本的概念界定。农业生产成本是生产过程中所发生的各种耗费，包括种子、饲料、燃料、人工工资、农机费用、管理费用、生产服务费用等，是产出一定量农产品所付出的各种投入的价值总和。本调研中根据枣产业生产的实际情况，将生产成本分为物质费用支出、生产服务费用支出、间接费用支出和人工成本 4 类。①物质费用支出：种子费用、接穗费用、肥料费用、农药费用、水费和其他费用。②生产服务费用支出：灌溉费、机械费、燃料费、工具材料费用和其他费用。③间接费用支出：固定资产折旧、修理费用和其他费用。④人工成本：播种费用、嫁接费用、修剪用工费用、土肥水管理费用、喷药费用、除草费用和其他费用。

（2）收益的概念界定。收益的经济学概念和会计学概念有所不同。经济学家对"收益"的概念有不同的界定。亚当·斯密（Adam Smith）在《国富论》中将收益定义为"那部分不侵蚀资本的可予消费的数额"；阿尔弗雷德·马歇尔（Alfred Marshall）在《经济学原理》中提出"实体资本"和"增值收益"的概念；埃尔文·费雪（Irving Fisher）在《资本与收益的性质》中提出了 3 种收益形态：精神收益、实际收益和货币收益；约翰·希克斯（John Richard Hicks）在《价值与资本》中针对个人收益提出"在期末、期初保持同等富裕的前提下，一个人可以在该时期消费的最大金额"，也即企业保持等量资本的前提下，在核算期内可以分配的最大金额。会计学中"收益"的概念是已实现收入与相应发生费用之间的差额。本调研中的"收益"主要指在枣产业的生产环节，产出价值与投入成本费用之间的价值差额，即生产者通过种植枣树和销售枣果获得的货币收益，不考虑流通环节产生的价值增值。

本书所设计的生产成本项目构成如表 6-1 所示。

表 6-1 枣树生产成本项目构成

物质费用	生产服务费用	间接费用支出	人工成本
种子	灌溉费	固定资产折旧	播种
接穗	机械费	修理费用	嫁接
肥料	燃料费	其他	修剪
农药	工具材料费		土肥水管理
水费	其他		喷药
其他			除草
			其他

6.1.3.2 问卷设计

本书的调研对象是各地枣农，调查问卷的内容主要由以下部分组成：

第一部分，枣农的基本信息。枣农的年龄、性别、家庭人口情况、家庭收入情况。

第二部分，生产基本情况。枣园的园龄、枣树种植情况、接受种植培训情况、苗木来源、病虫害处理情况、政府支持政策等。

第三部分，生产成本和收益情况。生产成本包括物质费用、生产服务费用、间接费用和人工成本四个部分。收益包括平均销售价格、平均亩产量、亩产值和每亩纯收益。由于不同地区枣农的生产方式不同，生产成本构成也存在一定差异，本书尽可能将各种生产成本囊括其中，但在某些地区难免出现项目的遗漏或应用不到的项目。本研究针对不同的调研地点具体问题具体分析，尽可能统一不同地区的成本项目，以便进行比较分析。

6.1.3.3 指标设计

本书调查问卷的指标设计包括枣树种植的成本和收益两个方面。

（1）成本包括物质费用、生产服务成本、间接费用和人工成本。

物质费用：直播建园的种子费用、接穗费用、肥料（化肥和有机肥）、农药、水电费和其他物质费用。

生产服务成本：灌溉费用、机械费用（包括打药、施肥、除草）、燃料费用、工具材料费（包括滴灌带、地膜等）和其他生产服务成本。

间接费用：固定资产折旧、修理费用和其他间接费用。

人工成本：雇用人员进行嫁接的费用、修剪用工费用、喷药费用、除草费用、环割费用等。由于当前机械化刚刚起步，技术尚不成熟，使用机械管理会伤树，人工成本仍是枣树种植过程中的主要成本。本书暂不计算自家劳动力的成本，只计算雇用劳动力的人工成本。

总成本：每年每亩地所投入的各种成本总和。

（2）收益包括平均销售价格、平均亩产量、亩产值和每亩纯收益。

平均销售价格：生产者当年销售枣果的平均单价。

平均亩产量：生产者当年生产枣果的平均亩产量。

亩产值：用平均销售价格乘以平均亩产量可以得到亩产值。

每亩纯收益：用生产者当年销售总收入减去总成本可以得到总收益，总收益除以种植总面积得到每亩纯收益。

6.2 不同枣产区生产成本收益分析

6.2.1 成本比较分析

6.2.1.1 新疆枣树种植成本

新疆枣产区的枣园的种植面积较大，大多数枣园面积约为 20 亩，并且枣园自建立之初就采用标准化建园模式，初步确定株行距，根据园龄的不同和枣树的大小再调整株行距，株行距有 0.8 米×0.8 米、1.5 米×0.5 米、2 米×0.3 米、2 米×0.5 米、2 米×0.6 米、2.25 米×1 米、3 米×0.5 米、3 米×1 米、4 米×0.5 米、5 米×1.5 米等，目前以 1.5 米、2 米和 3 米行距居多，今后不少园龄较长的枣园计划将株行距继续加大，调整为 3 米×4 米，增加透光度和透气性，提高枣果品质。

（1）物质费用。新疆枣园的物质费用种类较多，主要包括种子、接穗、肥料、农药、水费等。

种子费用：主要指直播建园时采购种子的费用，通常种子费用发生在建园第 1 年、第 2 年和第 3 年可能仍会产生少量的种子费用，此后基本不会产生种子费用。平均种子费用为 72 元/亩。

接穗费用：接穗费用一般按照个数计算，通常价格为每个 0.8～1 元，成活率可达 85%左右。

肥料费用：枣树施用的肥料包括化肥和有机肥。化肥主要包括尿素、二胺、磷肥、钾肥等，有机肥主要包括油渣、棉籽、羊粪等。一般来说，随着果园年份的增加，肥料的投入会有所增加，肥料费用从 200～1000 元/亩不等，其中以 300～600 元/亩占多数。此外，企业自有果园的肥料费用偏高，可以达到 900 元/亩，其中底肥 200 元/亩，追肥 700 元/亩。

农药费用：农药主要用于保花保果，外加病虫害防治。不同枣园的农药费用差异很大，从 50～300 元/亩不等，很多枣园的农药费用随着枣园年限的增加而增加，表明随着树龄的增长，枣树自身问题以及各种病虫害问题逐渐增多，农药用量有所增加。

水费：枣园灌溉的方式主要包括两种——漫灌和滴灌，两种不同的灌溉方式，水费有所不同。一般枣农自己漫灌的费用大约为 50 元/亩/年，滴灌的费用为 180～220 元/亩/年（不包括用工费用）。调查数据显示，水费从 50～350 元/亩不等，其中以每亩二三百元居多。

（2）生产服务成本。灌溉费：主要针对滴灌而言，泵房工人工资约为 3.4 元/亩。

机械费：主要指机械播种、打药、施肥、除草等，根据所使用的机械量不等，每亩地的机械费用也从几十元到 300 多元不等，其中，以 100～250 元/亩居多。

燃料费：主要指使用各种农机具所需要的燃料费用，许多枣园没有产生燃料费用。产生的燃料费用从每亩地几十元到上百元不等。

工具材料费：这部分费用主要指与生产相关的各种工具材料费用，主要包括滴灌带，滴灌带大约 240 元/捆，一捆大约可用于 3 亩地。

（3）间接费用。固定资产折旧：主要指使用个人所有机械设备等固定资产的折旧费用，由于不同枣园所拥有的机械设备情况不同，固定资产折旧费用差异较大。很多没有自有机械设备的枣园不会产生固定资产折旧费用，产生固定资产折旧费用的枣园，费用多在几十元到上百元不等。

修理费：主要指针对各项机械设施的修理费用，大部分枣园并不产生修理费用，部分产生修理费用的枣园，费用多为每亩地几十元。

（4）人工成本。人工成本是枣树种植成本的主要组成部分，但是许多枣农不需要雇用工人管理枣园，导致枣农自己的人工成本不容易计量，这部分人工成本暂忽略不计。粗略测算，人工成本可占枣树种植总成本的 60% 左右。

播种费用：主要是直播建园之初产生的费用，多采用播种棉籽的机器播种，株距控制在 20 厘米。一般播种都由枣农自己操作，多数枣园没有产生播种费用。产生播种费用的枣园，费用多在每亩几十元。

嫁接费用：主要是嫁接人工费用，该费用多发生在直播建园第 2 年或更换品种的年份。嫁接费用一般为 60 元/亩左右。

修剪用工费用：主要包括摘心、环割等产生的用工费用，该费用一般按天收费，摘心的费用为 150 元/天，环割的费用为 200 元/天，平均每亩地的修剪用工费用为 120～200 元。修剪用工的费用随着年份的增加而略有上浮。

土肥水管理费用：该费用通常按天计算，平均每天的费用为 100～120 元。

喷药：该费用通常按天计算，平均每天的喷药费用为 100～150 元，平均到每亩地为 50 元左右。

除草：该费用通常按天计算，平均每天的除草人工费用约为 100 元，平均到每亩的价格一般不超过 100 元。

其他人工费用：主要指采摘（拣枣收枣）费用，这部分费用也是人工成本中不可缺少的部分。收枣费用一般按重量计算，费用一般在 0.5~0.8 元/千克，其中，企业雇用工人收枣的费用略低于单个枣园雇人收枣的费用，约为 0.5 元/千克。平均每亩地的采摘费用为 120~200 元。

将所有人工费用合计（不计采摘费用），单个枣园一年的人工费用约为 800 元/亩，企业枣园的人工费用约为 1000 元/亩，价格略高于单个枣园。

将上述 4 类生产成本综合分析，在新疆枣产区，枣树种植成本普遍偏高，并呈现逐渐增加后趋于稳定的特点（见表 6-2）。建园之初，枣树种植成本投入较少，2012~2015 年投入成本逐渐增多。果园成熟后，单个枣园的物化成本约为 1300 元/亩，企业枣园的物化成本略高，为每亩地 1000~2000 元。将各种成本叠加，单个枣园的总生产成本为 2000~3000 元/亩，企业运营的枣园的总生产成本为 3000~4000 元/亩。企业枣园生产成本较高的主要原因在于枣园采用企业运营模式，雇用农民工作，采用标准化栽培模式，各个环节操作标准化，高标准的枣园会产生更高的人工费用。另外，枣园的机械投入和科技投入较高，也会使总成本有所增加。

表 6-2　2009~2015 年新疆枣树种植平均成本　　　　　单位：元/亩

成本＼年份	2009	2010	2011	2012	2013	2014	2015
平均成本	1229.79	1227.40	1189.33	2884.17	2867.87	2131.41	2081.71

资料来源：本研究发放的调查问卷。

6.2.1.2　河北枣树种植成本

河北省枣产区采用传统栽培模式的枣园，普遍种植面积较小，少则三五亩，多则 40 亩，且以小面积枣园为主，本研究调研样本的平均种植面积是 10.6 亩。河北省许多枣园仍采用传统栽培模式，特别是阜平县内的多数枣园位于山区，受地形限制难以标准株行距种植。

（1）物质费用。由于属于传统枣产区，枣树的树龄较长，新建枣园不多，枣树品种较为固定，在调研过程中发现，一般都不发生种子费用和接穗费用。传统栽培模式的枣园采用粗放式管理，基本不产生水费。因此，物质成本主要包括肥料成本和农药成本。

肥料费用：使用枣树专用肥，每亩地用 1 袋肥料，每袋价格约 100 元。

农药费用：枣树每年需要喷药 7~8 次，费用为 30 元/次。

（2）生产服务成本。燃料费：产生燃料费用约为每亩地 100 元。

（3）间接费用。修理费：并非所有枣园都产生修理费用，产生修理费用的枣园，其机械设备修理费用约为 60 元/亩。

（4）人工成本。人工成本也是传统栽培模式下枣园的主要成本，主要包括修剪、喷药、除草、采摘等费用。但是，大部分人工劳动都是由农户自己完成的，基本不需要出费用。

修剪用工费：修剪用工按天计算，费用为 60 元/天。

喷药：喷药用工的费用为 100~120 元/天。

除草：除草费用分为两种情况，散户和大户的除草费用差异较大。一般散户且种植面积较小，不需要雇人，除草费用不计。种植大户则需要雇人或者使用除草机除草，如果雇人除草，雇用男性的费用为 100 元/天，雇用女性的费用为 60~70 元/天；如果种植面积大就需要使用除草机，雇用司机使用除草机的费用为 100 元/天，另外还会产生燃油费用。以 50 亩枣园为例，除草需要 2 天完成，共需消耗汽油约 10 升。

其他费用：主要指采摘费用，在山区枣园采摘是耗费人力的主要项目。由于枣树种在山上，需要人工一筐一筐往山下背，一筐大概 35 千克，非常耗费人力。对于品质不高的枣，有些枣农往往放弃拣枣，直接将枣果从山上扫往山下，到了山下再收，最后回家筛选。拣枣所需要的人工为每天每亩地 4~5 人。

将上述 4 类生产成本综合分析（见表 6-3），河北枣树种植的生产成本普遍较低，由于枣园已经发展成熟，投入成本未呈现大幅波动变化，生产成本基本稳定在每亩地 1000~2000 元。生产技术和栽培管理方式落后是造成传统枣产区生产投入成本低的主要原因，传统栽培模式无须投入大量物化成本和管理成本，其中，人工成本占总成本绝大部分。

表6-3　2009~2015年河北枣树种植平均成本　　　单位：元/亩

成本＼年份	2009	2010	2011	2012	2013	2014	2015
平均成本	1108.4	1086.4	1031.7	1430.3	1330.4	1506.7	1320.5

6.2.1.3　成本结构变化特征分析

第一，各枣产区的人工成本逐年增加、呈现上升趋势，其中，传统栽培模式的人工成本比例更高。传统枣产区河北的人工成本所占比例约为60%，而新兴枣产区新疆的人工成本比例约为33%，河北的人工成本所占比例较高主要原因是传统栽培模式下其他成本投入较少，而新疆枣产区的现代栽培模式下的物质成本、生产服务成本和间接费用都要高于传统枣产区。

第二，新疆枣产区的物质成本在建园初期投入呈现增长趋势，3~5年后物质成本趋于稳定。新疆枣产区由于发展时间较短，不少枣园为新建枣园，前3年物质成本呈现明显增加趋势；与之相比，传统枣产区发展历史较长，物质成本投入变化并不明显。

第三，生产服务支出和间接费用变化不明显。虽然各枣产区所采用的栽培技术不同，但是在某一栽培技术模式下其生产服务支出和间接费用支出较为固定，变化趋势并不明显。相比较而言，新疆枣产区的生产服务支出和间接费用高于河北枣产区。

6.2.1.4　成本差异比较分析

由于栽培模式、种植传统、劳动力等方面的不同，新疆和河北在枣树种植方面的成本投入也存在较大差异。为了判定新疆枣产区和河北枣产区在成本投入方面是否真正存在差异，本书采用非参数检验中 Mann-Whitney 秩和检验方法，用 Z 值和相伴概率值对两个枣产区的样本进行差异显著性比较。Mann-Whitney 秩和检验又称为 Mann-Whitney U Test，即曼—惠特尼 U 检验，是由 H. B. Mann 和 D. R. Whitney 于 1947 年提出的，目的是检验两个总体的均值是否有显著差别。由于 Mann-Whitney 秩和检验明确考虑了每一个样本中各测定值所排的秩，比符号检验法使用了更多信息。

表6-4 显示了河北和新疆枣产区种植枣树的各类成本的加权平均值。从两个枣产区的样本分析结果来看：

表6-4　河北与新疆枣产区生产的成本比较分析

成本投入	单位	河北	新疆
（一）物质费用			
1. 种子	元/亩	0**	72
2. 接穗	元/亩	0**	50
3. 肥料	元/亩	100**	600
4. 农药	元/亩	50**	200
5. 水	元	0**	300
（二）生产服务支出			
1. 灌溉费	元/亩	0**	3.4
2. 机械费	元/亩	0**	200
3. 燃料费	元/亩	80	100
4. 工具材料费	元	0**	80
（三）间接费用			
1. 修理费	元/亩	60	50
（四）人工成本			
1. 播种	元/亩	0**	60
2. 嫁接	元/亩	0**	60
3. 修剪用工费	元/亩	60**	180
4. 土肥水管理费	元/天	0**	120
5. 喷药	元/亩	110	130
6. 除草	元/亩	90	100
7. 其他	元/亩	200*	160

注：*表示显著水平为5%，**表示显著水平为1%。

资料来源：本研究发放的调查问卷。

（1）物质成本的投入方面，新疆在物质成本投入方面显著高于河北，河北并不产生种子、接穗和水费，新疆的肥料和农药投入费用分别比和河北高出500%和300%。由于新疆绝大部分枣园采用标准化栽培模式，树龄较短，各类物质成本投入较为固定，投入总量较大，具体包括种子、接穗、肥料、农药、水等；河北以传统栽培为主，枣树缺乏统一标准化管理，树龄较长，各种物质成本投入较随意，投入总量不大，物质成本的投入通常仅有农药和肥料费用。仅从投入的农药和肥料上比较，新疆的投入费用也远远高于河北。

（2）新疆在生产服务方面的支出显著高于河北，由于栽培技术不同，新疆会产生较高的灌溉费、机械费和工具材料费，而河北并未产生此类生产服务支出。新疆在枣树种植过程中投入的机械设备和滴灌设施要多于河北，相应衍生出了滴灌的材料费用和人工费用、机械播种费用、施肥打药和除草费用。而河北传统枣产区以粗放型管理为主，平时疏于枣树管理，山区受限于地形也难以大规模推广机械化种植，相应的费用支出也很少。

（3）在修理费用方面，两个产区的差异不显著，总体来看，两个产区的间接费用差异不大。间接费用主要取决于机械设备的使用情况，新疆的机械使用率高于河北，其间接费用也是略高于河北，间接费用占总成本的比重不高。

（4）新疆在人工成本的播种、嫁接、修剪、土肥水管理等其他人工成本方面显著高于河北，在喷药和除草的人工成本投入方面，河北和新疆枣产区差异不明显。其中，河北基本不产生播种、嫁接和土肥水管理费用，在修剪用工方面，新疆的人工费用成本高出河北200%，而河北在采摘方面的人工成本投入比新疆高出25%。人工成本在新疆和河北两个产区均是所占比例最大的费用。总体来看，由于新疆新建枣园较多，枣园面积普遍较大，需要额外工人进行专门劳作，加之单位人工费用较高，由此在生产过程中产生大量的人工费用，使新疆人工成本费用远远高于河北。而河北由于多采用粗放式管理，人工成本大大低于新疆，而且许多劳动由枣农自己完成，不用雇用额外的工人，进一步降低了人工成本投入，但是在采摘环节，河北枣产区无法像新疆一样实现机械化采收，所以采摘人工成本显著高于新疆。

在枣树栽培过程中，人工成本直接影响了生产成本的高低，在高投入高产出的新疆枣产区，人工成本所占比例更高。通过降低生产成本提高经济收益，首要任务是降低人工成本，因此，标准化、机械化的省力栽培模式是今后生产发展的重点方向。而发展精准农业，实现土肥水的精准管理是提高生产效率的关键，当前枣产业在此方面的发展水平不高，仍有较大发展潜力。

6.2.2　收益比较分析

6.2.2.1　新疆枣树种植收益

（1）销售价格。枣果的销售价格受市场形势影响波动明显（见表6-5），根据枣果的品种不同、品质不同，价格差异也较大。但是，同一地区同一年度销售的相似品质的枣果的价格基本相同。虽然新疆枣果的平均单价整体较高，但调研数据的统计结果显示2009~2015年的销售单价呈现明显下降趋势。

表6-5　2009~2015年新疆枣树种植收益

指标	单位	2009年	2010年	2011年	2012年	2013年	2014年	2015年
平均单价	元/千克	24.33	21.38	14.25	15.92	12.86	9.34	7.84
平均亩产量	千克/亩	225.57	245.58	371.59	434.52	532.17	461.63	503.62
平均亩产值	元	5488.23	5250.56	5295.11	6917.50	6843.75	4311.64	3948.38
平均净利润	元	4258.44	4023.16	4105.78	4033.33	3975.88	2180.23	1866.67
投入产出比		4.46	4.28	4.45	2.40	2.39	2.02	1.90
投入产出比变动幅度	%	—	-4.14	4.08	-46.13	-0.50	-15.23	-6.24

资料来源：本研究发放的调查问卷。

不同种类的枣果的价格及其变化趋势有所不同。新疆主要种植灰枣和骏枣两个品种，两个品种的价格变化趋势不同。虽然骏枣和灰枣的整体价格都在下降，但是骏枣的下降幅度更大，灰枣的下降幅度较小。目前，骏枣的销售价格已经接近成本价，品质稍差的骏枣甚至会出现亏损的情况；灰枣的价格高于骏枣，经济效益较好，这也是许多枣农将骏枣改接灰枣的原因。

（2）亩产量。新疆枣园的平均亩产量高，枣树一旦进入成熟期，平均亩产量可以达到600千克，以后基本可以稳定该产量水平（见表6-5）。从单个枣园的产出情况看，嫁接第 1 年产量较低，平均亩产量为 150~200 千克，第 2 年产量可以迅速攀升到每亩 300~400 千克，第 3 年产量就可以达到每亩 500 千克，从第 4 年起产量就可以稳定在 600 千克左右，部分企业的高标准枣园亩产量可以达到 800 千克。本次调研的大部分果园始建于 2008~2010 年，因此，统计数据显示在 2009~2015 年的产量呈现出显著增长趋势，2013 年以后产量趋于稳定。

（3）亩产值。亩产值为销售价格与亩产量的乘积，因此受销售价格和产量的双重影响（见表 6-5）。虽然近几年来随着成熟期的到来，新疆枣树的亩产量一直在增长，但是销售价格受到市场波动的影响，呈现出显著的下降趋势，亩产值也受此影响而出现下滑。亩产值最高的年份出现在 2013 年以前，调研统计数据中 2010 年和 2011 年平均亩产值没有出现大幅度增长，其主要原因是，新建果园的产量较低因而拉低了平均亩产值。2010~2013 年是新疆枣园亩产值最高的时期，在此期间枣果的市场价格处于高峰时期，较早建立的枣园的产量已经达到了最高值，此时，成熟枣园的亩产值可以达到 8000 元左右，效益高的枣园的亩产值甚至可以达到 12000~15000 元。[①] 自 2014 年起，随着产量的增加，销售价格出现回落，此时，亩产值也下降到 4000~5000 元。

（4）净利润。净利润为亩产值减去总成本的差值。调查数据统计显示，不考虑建园时间长短的问题，平均亩产值最高的年份发生在 2012 年前后，每亩地的平均净利润可以达到 4000 元以上，其中，进入成熟期的果园和枣果品质好的果园，每亩净利润可以达到 7000 元。[②] 2012 年以后，随着市场价格的回落、投入成本的继续增加，平均每亩净利润也在逐渐减少，2015 年的净利润已经下降到 2000 元以下，不足最高值时期的一半（见表 6-5）。

（5）投入产出比。投入产出比为亩产值与投入成本的比率。从新疆枣树种植的投入产出比变化趋势看，2012 年以前投入产出比较高，产出是投入的 4 倍以上；2012 年以后，投入产出比大幅下滑，最大跌幅达到 50% 左右，平均跌幅为 11.36%，2015 年投入产出比达到最低值 1.90。投入产出比波动幅度的标准差为 16.62%，变化较为剧烈。投入产出比呈现持续下跌的趋势，一方面是由于成本

---

①② 均为实地调研数据。

投入增加所造成，另一方面是由于亩产值不断下滑所造成。投入和产出的双向变动造成了投入产出比出现较大幅度下滑，种植枣树的经济效益呈现出不断减少趋势（见表6-5）。

综合新疆枣树种植生产成本和收益情况来看（见表6-2和表6-5），第一，生产成本呈现整体上涨趋势，建园最初3年生产成本大幅增加，此后生产成本逐渐趋于稳定，基本保持在2000~3000元/亩的水平。第二，产量在嫁接前3年不断增长，进入盛果期后，产量逐渐到达稳定峰值，亩产量可达500千克以上。第三，市场价格暴跌造成亩产值急速下跌，同时，生产成本并未降低，最终造成了枣树种植的每亩平均净利润大幅下滑。第四，投入产出比大幅下滑，截至2015年，投入产出比已经下滑至1.90，市场价格的下跌和生产成本的增加造成了种植枣树经济效益的降低。

仅从生产角度看，通过采用现代栽培技术，新疆枣树生产呈现出鲜明的"高投入、高产出"的特点，其中人工成本占投入的主要部分；从经济收益角度看，虽然产量较高，但受到市场价格波动影响，收益反而呈现下降趋势。因此，提高新疆枣产区枣树种植收益的主要途径是稳定市场价格、降低生产成本，尤其是通过机械化减少人工成本的投入。

6.2.2.2 河北枣树种植收益

（1）销售价格。河北枣果的销售价格呈现出明显下降趋势（见表6-6）。从2013年开始河北种植枣树的利润已经非常低，此后红枣的价格仍在下降，几乎接近生产成本。价格的不断下跌、利润的不断减少，迫使很多枣农减少枣树种植甚至放弃种枣，影响了枣产业的健康有序发展。价格降低的主要原因是市场需求大量减少，全国各大批发市场河北红枣已经非常少了，大部分席位被新疆红枣占据，而河北红枣大部分销往本地。

表6-6　2009~2015年河北枣树种植收益

指标	单位	2009年	2010年	2011年	2012年	2013年	2014年	2015年
平均单价	元/千克	9.3	9.6	8.3	7.5	5.3	2.5	2.8
平均亩产量	千克/亩	312	290	273	280	305	296	313

续表

指标	单位	2009 年	2010 年	2011 年	2012 年	2013 年	2014 年	2015 年
平均亩产值	元	3312.2	3102.3	2836.2	2763.1	2303.8	2073.4	1870.6
平均净利润	元	2203.8	2016.9	1804.5	1332.8	973.4	567.7	550.1
投入产出比		2.99	2.86	2.75	1.93	1.73	1.38	1.42
投入产出比变动幅度	%		-4.35	-3.82	-29.73	-10.36	-20.48	2.87

资料来源：本研究发放的调查问卷。

（2）亩产量。河北传统枣产区的枣树已经较为成熟，不考虑自然灾害和极端天气因素，每年枣树的亩产量基本稳定在 300 千克/亩（见表 6-6）。河北许多产区仍然是以一家一户的小农经营方式为主，现代栽培技术和标准化生产尚未实现，只有部分农业大户和龙头企业采用了现代管理技术，这就影响了枣产量整体水体的提高。如果继续维持目前的种植方式和理念，枣产量难以得到提升。

（3）亩产值。从 2009~2015 年河北省的亩产量基本保持稳定，但是市场价格一直下滑，受此市场价格变动的直接影响，亩产值也出现下滑的趋势，平均亩产值从 3000 多元下降到 1000 多元（见表 6-6）。由此可见，亩产值下滑的主要受市场价格下行趋势影响。

（4）净利润。河北枣农的净利润根据枣园面积大小差异较大，种枣大户的年净利润可高达 20 万~30 万元，小户的年收益只能达到 2 万左右，有时甚至低于 1 万元。整体来看，河北种植枣树的平均每亩净利润受到亩产值下降的影响，也在逐年下降，从较高利润的每亩地 2000 多元下降到每亩地只有几百元（见表 6-6），2015 年的净利润只占 2009 年的 24.96%。净利润大幅下滑的主要原因在于亩产值大幅降低，生产成本并没有减少。当价格下降到每亩地只有几百元的纯收益时，种植枣树对农民的吸引力已经微乎其微了，若有经济效益更高的农作物，枣农会放弃种植枣树。

（5）投入产出比。河北省种植枣树的投入产出比整体呈现大幅下降趋势。2009 年投入产出比达到 2.99，即产出几乎可达到投入的 3 倍，随后投入产出比不断下降且下降速度逐渐加快，平均跌幅为 10.98%，到 2015 年投入产出比只有 1.42，不足最高值时期的一半。投入产出比波动幅度的标准差为 11.02%，变化较为剧烈。河北投入产出比下降的主要原因在于亩产值的大幅下滑，而作为传统枣产区，河北的生产成本投入只有小幅波动、变化不大，对投入产出比变化影响不大。河北种植枣树的经济效益呈现整体下降趋势（见表6-6）。

综合河北枣树种植的生产成本和收益情况来看（见表6-3和表6-6），第一，生产成本较低，基本稳定在每亩地1000~2000元，未出现大幅上下波动现象，主要原因在于在传统枣产区生产技术未发生大范围变动的情况下，生产成本投入不会发生剧烈变动。第二，产量不高，但是较为稳定，基本维持在每亩地300千克左右。第三，河北枣树种植收益主要受到市场价格波动影响，在产量和成本基本保持不变的情况下，市场价格的下跌直接造成了种植枣树净利润的减少。第四，投入产出比呈现下降趋势，种植枣树的经济效益逐渐下跌。

仅从生产角度看，河北省采用传统栽培技术的枣树生产呈现出"低成本、低收益"的特点，与采用现代栽培技术的枣园相比，成本收益差距悬殊。在传统枣产区，枣农科学管理枣树意识不足、生产投入少，导致产量难以大幅提高；在投入成本部分，人工成本依然占主要部分。从经济收益角度看，市场价格是影响收益的主导因素。因此，提高传统枣产区枣树种植收益的途径是通过推广现代栽培技术提高产量、降低人工成本投入、提高生产效率，稳定市场价格。

6.2.2.3 不同地区枣树种植收益比较

为了判定新疆枣产区和河北枣产区在种植收益方面是否真正存在差异，本书仍然采用非参数检验中Mann-Whitney秩和检验方法，用Z值和相伴概率值对两个枣产区的样本进行差异显著性比较。表6-7显示了河北和新疆枣产区的平均单价、平均亩产量、平均亩产值、平均净利润和平均投入产出比的加权平均值。

表6-7 河北与新疆枣产区生产的收益比较分析

指标	单位	河北	新疆
平均单价	元/千克	6.47**	15.13
平均亩产量	千克/亩	295.57	396.38
平均亩产值	元	2608.80**	5436.45

续表

指标	单位	河北	新疆
平均净利润	元	1349.89 **	3491.93
投入产出比		2.15	3.13

注：* 表示显著水平为5%，** 表示显著水平为1%。

资料来源：本研究发放的调查问卷。

从样本分析结果来看，新疆枣产区的枣果单价、亩产值和净利润都显著高于河北枣产区，且分别高出133.85%、108.39%和158.68%。虽然新疆平均亩产量和投入产出比高于河北，但是两者的差异并不显著。具体来看：

（1）单价。新疆枣果的价格远远高于其他地区的销售价格，大约高出河北枣果价格1~2倍。新疆枣果价格更高的原因主要在于品质好，能够更好地满足市场的需求。

（2）亩产量。虽然新疆和河北枣产区的亩产量存在一定差异，通常两者相差25%左右，但是并未通过显著性检验。新疆枣产区的较高产量主要得益于现代化生产技术、标准化管理的广泛应用。

（3）亩产值。无论亩产量增加与否，全国枣产区的亩产值都呈现下降趋势，这主要是受到价格下降的影响。市场价格是不受个人行为影响的，作为生产者也只能被动接受市场价格。

（4）净利润。新疆种植枣树的净利润高于其他地区，与河北省相比，新疆的每亩净利润几乎是河北省的2~4倍。

（5）投入产出比。整体来看，两者的差异并不显著，新疆的生产投入产出比约为河北的1.5倍。但是，两者的跌幅大致相当，2009~2015年，新疆和河北的平均跌幅分别为11.36%和10.98%，标准差分别为16.62%和11.02%，新疆跌幅大于河北，变动更加剧烈。

综上所述，在既定投入成本的前提下，对收益进行对比分析，结果表明，价格是影响新疆和河北枣产区生产效益的主要因素。若要提高种植枣树的净利润，首先要提高本产区枣果的市场价格，其次要通过技术创新降低生产成本，尤其是人工成本投入。

6.3 与其他农作物的比较效益分析

6.3.1 新兴枣产区的比较效益分析

相同条件下，农民可选择种植的农作物，本书对新疆地区的农产品成本收益进行比较分析，选择了棉花、小麦和玉米作为对比作物，对 2009～2015 年各种农作物的亩产值、总成本、净利润和成本利润率进行了对比分析。[①]

（1）亩产值。枣的亩产值要远远高于棉花、小麦、玉米的亩产值。亩产值由单价和产量共同决定，就产量而言，单产最高的是玉米，其次是小麦和枣，最后是棉花；就单价而言，以枣的单价最高，棉花、小麦、玉米次之。综合产量和单价分析，以枣的亩产值最高（见表 6-8）。

表 6-8　新疆不同农作物的成本收益比较分析

品种	项目	单位	2009 年	2010 年	2011 年	2012 年	2013 年	2014 年	2015 年	平均值	标准差
棉花	亩产值	元	1581.58	2546.44	2212.93	2442.39	2474.33	1848.02	1486.31	2084.57	409.99
	总成本	元	1218.63	1402.57	1642.34	1854.01	2035.03	2193.06	2140.09	1783.68	347.90
	净利润	元	362.95	1143.87	570.59	588.38	439.30	−345.04	−653.78	300.90	562.85
	投入产出比		1.30	1.82	1.35	1.32	1.22	0.84	0.69	1.22	0.34
	投入产出比变动幅度	%	—	39.89	−25.78	−2.23	−7.70	−30.69	−17.58	−7.35	23.26
	成本利润率	%	29.78	81.56	34.74	31.74	21.59	−15.73	−30.55	21.88	33.91
小麦	亩产值	元	877.30	837.86	930.43	1007.03	1223.58	1195.19	1193.23	1037.80	151.97
	总成本	元	543.26	657.12	748.61	849.92	947.00	1018.40	1009.7	824.86	169.21
	净利润	元	334.04	180.74	181.82	157.11	276.58	176.79	183.53	212.94	60.96
	投入产出比		1.61	1.28	1.24	1.18	1.29	1.17	1.18	1.28	0.14
	投入产出比变动幅度	%	—	−21.04	−2.52	−4.67	9.05	−9.17	0.70	−4.61	9.22
	成本利润率	%	61.49	27.50	24.29	18.49	29.21	17.36	18.18	28.07	14.33

[①]　新疆和河北棉花、小麦、玉米、苹果、梨等其他作物的成本收益数据来源于《全国农产品成本收益资料汇编》。由于枣并未统计在内，因此仍采用本书的调研数据。

续表

品种	项目	单位	2009 年	2010 年	2011 年	2012 年	2013 年	2014 年	2015 年	平均值	标准差
玉米	亩产值	元	963.81	1076.01	1256.52	1435.56	1250.41	1406.08	1081.76	1210.02	163.94
	总成本	元	599.31	708.47	851.22	1074.34	1143.50	1108.03	1098.21	940.44	203.64
	净利润	元	364.50	367.54	405.30	361.22	106.91	298.05	-16.45	269.58	148.57
	投入产出比		1.61	1.52	1.48	1.34	1.09	1.27	0.99	1.33	0.21
	投入产出比变动幅度	%	—	-5.56	-2.81	-9.48	-18.17	16.05	-22.38	-7.06	12.37
	成本利润率	%	60.82	51.88	47.61	33.62	9.35	26.90	-1.5	32.67	21.15
枣	亩产值	元	5488.23	5250.56	5295.11	6917.5	6843.75	4311.64	3948.38	5436.45	1049.54
	总成本	元	1229.79	1227.4	1189.33	2884.17	2867.87	2131.41	2081.71	1944.53	695.36
	净利润	元	4258.44	4023.16	4105.78	4033.33	3975.88	2180.23	1866.67	3491.93	936.25
	投入产出比		4.46	4.28	4.45	2.40	2.39	2.02	1.90	3.13	1.11
	投入产出比变动幅度	%	—	-4.14	4.08	-46.13	-0.50	-15.23	-6.24	-11.36	16.62
	成本利润率	%	346.27	327.78	345.22	139.84	138.64	102.29	89.67	212.82	111.33

资料来源：棉花、小麦、玉米的数据来源于《全国农产品成本收益资料汇编》，枣的数据来源于实地调研。

从变化趋势上看，枣和棉花亩产值的变化趋势相似，都呈现先上涨后下降的过程，主要原因都在于当单价处于较高水平时，棉花和枣都属于需求价格富有弹性的产品，随着市场价格的逐渐下降，亩产值会增加。当单价处于较低水平，两种产品属于需求价格缺乏弹性的产品，价格的继续下跌会导致亩产值的继续下降。与之相对，小麦和玉米属于基本粮食作物，都是需求价格弹性缺乏的产品，并且受生产技术限制小麦和玉米的亩产量较为稳定，亩产值会随着市场价格的变动而同向变动。

（2）总成本。枣和棉花的生产成本大致相同，两者的生产成本都远远高于小麦和玉米。从变化趋势上看，棉花和枣树的种植成本都呈现出微微上涨的趋势，当生产规模稳定后，生产成本基本控制在每亩 2000 元左右。小麦和玉米的生产成本也呈现出一直上涨的趋势，2009~2015 年生产成本上涨了一倍。从种植成本上比较，枣树属于高投入作物，成本投入较为稳定（见表 6-8）。

（3）净利润。对比不同农作物的净利润，枣的净利润远远高于其他农作物，是棉花净利润的 5～10 倍，小麦净利润的 10～25 倍，玉米净利润的 10～15 倍。特别地，当其他农产品的净利润出现负值时，枣的净利润虽然已经大幅下滑，但是仍然保持正值。从成本利润率对比看，枣的利润率一直是成倍于其他农产品的利润率，即使在其他农产品利润率很低或者为负值时，仍然能够保持 89.67% 的成本利润率（见表 6-8）。

（4）投入产出比。枣的投入产出比明显高于玉米、小麦和棉花，约为 3 种农作物的 2 倍以上。但 4 种农产品的投入产出比均呈现整体下降趋势，其中枣的投入产出比下降幅度最大，平均降幅达到了 11.36%，玉米和棉花的平均降幅分别为 7.06% 和 7.35%，小麦的平均降幅为 4.61%；枣的投入产出比变化程度较为剧烈，变动幅度标准差为 16.62%，分别高于玉米和小麦的标准差，为 12.37% 和 9.22%，低于棉花的标准差 23.26%，即 4 种农作物中棉花的波动幅度最为剧烈（见表 6-8）。

综上所述，在新疆枣产区种植枣树的经济效益要优于其他农产品，当地农产品市场呈现整体下滑趋势时，种植枣树可维持基本经济收益且投入产出比较高，虽然种植枣树的经济效益会存在一定程度的波动，但是与其他农作物相比，并不是波动幅度最为剧烈的农作物。从经济效益角度看，在新兴枣产区种植枣树仍是最佳选择之一。

6.3.2 传统枣产区的比较效益分析

在传统枣产区，本书同样选取河北枣产区的小麦和玉米作为对比作物研究，另外选取河北主要水果品种苹果和梨进行对照研究。本书将 2009～2015 年各种农作物的亩产值、总成本、净利润和投入产出比进行了对比分析。

（1）亩产值。从亩产值的对比情况看，枣的亩产值远不及苹果和梨的亩产值，但高于小麦和玉米的亩产值。首先，河北省种植枣树的地区多数也可种植玉米和小麦，位于山区的枣产区则不适宜种植其他作物。枣树和小麦、玉米比较而言，更高的单价使其经济效益更高。因此，经济效益会促使农民优先选择枣树种植。其次，与苹果和梨相比，种植枣树的亩产值并不高，但是在山区土壤贫瘠的地区，只适合种植枣树，并不适合苹果和梨生长，在此类地区枣树的生态效益和"补灾保险"的作用凸显，尤其在灾害年可用作农民的补贴收入（见表6-9）。

表6-9　河北不同农作物的成本收益比较分析

品种	项目	单位	2009年	2010年	2011年	2012年	2013年	2014年	2015年	平均值	标准差
小麦	产值合计	元	830.37	785.7	920.01	985.25	1079.41	1158.72	1086.23	977.96	129.20
	总成本	元	612.62	665.1	765.84	849	883.66	924.71	1001.32	814.61	130.09
	净利润	元	217.75	120.6	154.17	136.25	195.75	234.01	94.91	164.78	48.28
	投入产出比		1.36	1.18	1.20	1.16	1.22	1.25	1.08	1.21	0.08
	成本利润率	%	35.54	18.13	20.13	16.05	22.15	25.31	8.48	20.83	7.76
玉米	产值合计	元	769.14	881.19	1074.78	1112.63	1119.62	1133.34	928.13	1002.69	132.50
	总成本	元	485.04	546.2	639.83	691.49	738.41	822.43	926.64	692.86	141.94
	净利润	元	284.1	334.99	434.95	421.14	381.21	310.91	1.49	309.83	136.02
	投入产出比		1.59	1.61	1.68	1.61	1.52	1.38	1.00	1.48	0.22
	成本利润率	%	58.57	61.33	67.98	6.90	51.63	37.80	0.16	40.62	25.08
苹果	产值合计	元	3779.64	4869.54	6458.37	6568.72	6366.55	6911.73	5885.45	5834.00	1037.03
	总成本	元	1992.14	2302.99	2847.51	3031.44	3139.53	3263.50	3557.67	2876.40	509.73
	净利润	元	1787.5	2566.55	3610.86	3537.28	3227.02	3648.23	2327.78	2957.89	679.40
	投入产出比		1.90	2.11	2.27	2.17	2.03	2.12	1.65	2.04	0.19
	成本利润率	%	89.73	111.44	126.81	116.69	102.79	111.79	65.43	103.53	18.85
梨	产值合计	元	4122.99	4542.00	5496.29	5148.3	5650.02	8249.00	6225.26	5633.41	1248.92
	总成本	元	2499.08	2800.72	3071.29	3521.59	3833.5	4189.16	4734.41	3521.39	735.02
	净利润	元	1623.91	1741.28	2425	1626.71	1816.52	4059.84	1490.85	2112.02	843.15
	投入产出比		1.65	1.62	1.79	1.46	1.47	1.97	1.31	1.61	0.20
	成本利润率	%	64.98	62.17	78.96	46.19	47.39	96.91	31.49	61.16	20.37
枣	产值合计	元	3312.20	3102.30	2836.20	2763.10	2303.80	2073.40	1870.60	2608.80	498.35
	总成本	元	1108.40	1085.40	1031.70	1430.30	1330.40	1505.70	1320.50	1258.91	170.53
	净利润	元	2203.80	2016.90	1804.50	1332.80	973.40	567.70	550.10	1349.89	629.54
	投入产出比		2.99	2.86	2.75	1.93	1.73	1.38	1.42	2.15	0.65
	成本利润率	%	198.83	185.82	174.91	93.18	73.17	37.70	41.66	115.04	64.60

资料来源：小麦、玉米、苹果、梨的数据来源于《全国农产品成本收益资料汇编》，枣的数据来源于实地调研。

（2）总成本。枣树的种植成本略高于小麦和玉米的种植成本，但是远远低于苹果和梨的种植成本。对于经济水平不高的地区，农民可以承担种植枣树的成本，即使能够种植苹果和梨，由于较高的成本投入，使许多农民无法承担，并且由于投入较多，农民不得不面对更高的市场风险（见表6-9）。

（3）净利润。种植枣树的绝对净利润高于小麦和玉米，但是远低于苹果和梨。枣的利润随市场形势的变化波动幅度大于小麦和玉米，受市场低迷影响，枣的利润空间在短期内大幅下滑，从198.83%骤跌至41.66%。与苹果和梨相比，虽然这3类水果的成本利润率波动幅度均受市场行情影响较大，但是枣的生产成本较低，农民所承担的风险小于苹果和梨（见表6-9）。

（4）投入产出比。河北种植枣树的投入产出比略高于苹果，比苹果高出5%左右，也高于梨、玉米和小麦，比这3种农作物高出30%~80%。从整体变化趋势看，玉米的投入产出比呈现出明显的快速下降趋势，下降速度逐渐加快；苹果呈现明显的波动下降趋势；小麦和梨波动幅度较大且呈现下降趋势；枣在前期波动下降趋势明显，后期又呈现增长趋势。整体来看，种植枣树的投入产出比平均降幅最大，达到10.98%，但是波动幅度标准差最大的是梨，其次是枣、苹果和玉米，最后是小麦，与其他4种农作物相比，枣的投入产出比波动幅度较大（见表6-9）。

综上所述，在传统枣产区种植枣树的经济效益优于小麦和玉米，特别在土地较为贫瘠的地方，种植枣树不仅能够带来更好的经济效益，而且还可防风固沙、保持水土，有利于当地生态环境的改善。种植枣树的生产成本投入不高，当呈现下降趋势时，农民所承担的风险低于其他水果作物。在传统枣产区，大量的枣树种植不占用农地，尤其在灾年粮食歉收，枣可以作为"保底作物"，保障农民最基本的收入。因此，综合考虑经济效益和生态效益，在传统枣产区可继续推广发展枣产业。从供给侧角度分析，传统枣产区需要解决的关键生产问题是提质增效，即降成本、提产量、保品质。只有解决上述问题才能提高生产效率、增加枣产品的市场价值和市场需求量，经济效益的提升反过来又可以激励生产的发展，使传统枣产业更具发展活力和比较优势。

6.4 中国枣产业成本收益的影响因素分析

6.4.1 自然因素

枣产业的生产环节受自然环境因素影响较大，不同地区的土壤、水分、气候条件等因素均会影响枣果的品质和产量。我国传统枣产区和新疆新兴枣产区自然条件差异巨大，这是造成不同枣产区生产成本收益差距的主要因素。

就传统枣产区而言，绝大多数位于北方地区，即秦岭淮河以北的地区，年降水量多在550毫米左右，缺水少雨。该地区的枣树栽培历史悠久，但是自然条件的劣势也相对明显，主要问题在于枣果的成熟季节降雨频繁，增加了裂果的数量，易造成减产甚至绝产。此外，由于近30年对土壤的过度开发和使用、不当施用农药化肥，土壤肥力在逐渐下降，这也直接影响了枣果的品质、降低了枣果抵抗病虫害的能力，从而最终造成生产效率较低。

就新疆地区而言，自然条件可谓得天独厚，日照时间长、昼夜温差大、降水量少、土壤肥力足，土肥水各方面都非常有利于枣树的生长，即使同样的品种，新疆地区的枣果质量比其他地区要好很多。近十几年来，新疆地区的枣树种植规模逐年增加，以前的沙漠地区改造成了成片的枣园。随着地表植物的增加，新疆的气候条件也发生了变化，最明显的是降水量在逐年增加，导致新疆的裂果率也在攀升，直接影响了枣果的质量。土壤的肥力也随着枣树种植量的增加而逐渐降低。此外，新疆仍然属于缺水地区，部分枣园存在土壤盐碱化的问题，这直接影响枣树的生长，导致枣园缺苗问题严重。

总体来讲，就种植枣树而言，新疆枣产区的自然条件明显优于传统枣产区，这也是新疆枣产业生产效率高于传统枣产区的主要原因之一。

6.4.2 技术因素

传统枣产区和新兴枣产区新疆的新技术推广和应用也有所不同。传统枣产区由于地理条件、种植传统、人力条件等条件限制，很多地区仍然是以传统栽培方式为主，对枣树的科学管理不够，导致枣果的品质和结果的数量难以提高。但是，近10年来，传统枣产区也在当地农业管理部门的推动、农业科研人员的指导下，开始对传统枣树改造、更新、换代。一方面，逐渐将矮化宽行密植的栽培技术应用到枣树栽培中，实现土肥水的科学施用、科学修剪管理，将传统枣园逐渐改造成科学管理的现代化枣园；另一方面，实现枣树栽培品种的更新换代，逐渐将最新研究成果应用到栽培中，不断产出多样化、高品质的枣果。此外，为传统枣树赋予新的概念，增加具有特殊营养价值的枣树的种植，例如开展富硒大枣的实验种植等。通过不断将新技术应用到枣树的育种、栽培、管理中，传统枣产区的枣树种植也在不断发展，可以说，新技术的推广应用是传统枣产区发展的根本动力，只有依靠新技术的研发、推广和应用，传统枣产区才能在产业发展中立于不败之地。

新疆地区与传统枣产区相比，在技术因素方面的优势在于现代栽培方式推广速度快、应用广泛，主要原因在于新疆地区枣树栽培历史短，枣园建造伊始便采用现代栽培管理理念，由专业科研人员进行技术指导，这样枣园得以在短时间内实现现代化栽培管理。特别是新疆生产建设兵团的枣园基本全部实现了规模化科学栽培，包括矮化宽行密植、土肥水科学施用、科学修剪管理等。现代栽培技术大大提高到了生产效率，使新疆枣果的数量快速增长。此外，新疆地区沙漠面积大，可用耕地面积有限，现代栽培技术可以在沙漠地区栽种枣树，弥补耕地面积不足的问题。例如，新疆阿克苏果满堂果业开发有限公司位于温宿县托木尔峰脚下，原本是沙漠戈壁地区，但是经过技术改造如今已经形成了10万亩生态园，公司采用先进的"自压滴灌"节水灌溉模式，利用柯柯牙湖水库到果园70米的自然落差，铺设17000多米的引水渠和主输水管道，管道中4个大气压压力下的水流会自动流入果园，从每棵枣树下的出水口流出，确保了枣树生长的需要。这种田间供水管道、自压滴灌、涌泉灌设施解决了新疆地区水资源稀缺的问题，保证了枣树生长过程中的水供应。

最后，新疆地方枣树种植的现代化技术推广仍需继续推进，特别是民族地区的技术推广难度较大，也是需要着力解决的问题。此外，在实际种植过程中，所用工人不完全了解现代栽培技术规范，也是当前技术推广面临的主要问题之一。

6.4.3 经济因素

传统枣产区和新兴枣产区面对的是全国统一市场，经济因素同时影响两类产区的生产发展。具体而言，经济因素包括以下三个方面：

第一，市场机制对枣产业生产的调节作用，特别是市场失灵对生产的影响。自2000年以后中国枣生产进入了快速发展阶段，这一阶段的生产波动要远远高于以往任何时期，其主要原因在于枣生产与市场调节机制联系更加紧密。正是市场价格的激励机制促使了枣树生产的增加。以新疆为例，在大力发展枣产业之前，新疆主要有棉花产业、梨产业、苹果产业等多种林果产业。当新疆枣逐渐受到市场的青睐，市场价格快速上涨后，当地的种植业生产结构发生了调整。许多种植棉花的农民受市场利润的驱动，主动将棉地改为枣园，放弃种植棉花，改种枣树，当地还将大片沙漠地区开发成枣园，以发展枣产业。此外，受到枣产业高利润的驱使，来自其他产业的大量投资也涌向了枣产业。近年来，全国的大批房地产企业、建筑企业也在新疆地区投资建设了大面积的枣园。同样地，受到市场波动因素影响，在河北沧州地区，受到金丝小枣市场价格下滑的影响，很多枣农放弃种植枣树，改种玉米等利润更高的作物。由此可见，市场利润是促使枣产业生产发展的原始动力。

市场调节自身又具有自发性、盲目性和滞后性的弱点，这些弱点在中国枣市场的发展中表现得尤为突出，直接影响了中国枣生产。2000年以前，中国枣生产保留了小农经济的特点，枣农靠天收、靠市场零售或坐等收购赚取收入，基本没有产业化的迹象。2000年以后，随着新疆枣产业的快速兴起，带动了全国枣产业化和市场化的进程。在2010年前后高品质的新疆枣果引起了一轮又一轮市场价格高涨，骏枣可卖到每千克200元以上。此时，市场价格已经过度偏离产品自身价值，枣生产出现了暴利。在市场盲目性的作用下，枣树的种植规模继续快速扩张。随着盛果期的到来，枣产量几乎每年都以两位数的速度在增长，而消费量并没有出现显著性快速增加。随着供求逐渐趋于平衡，在2012年以后，枣价也逐步回落。由于市场存在滞后性，枣价下降未能抵挡住产量快速增长的步伐，从 2014 年开始，部分枣农种枣的收入已经降至历史最低值，很多传统枣产区的枣农已经开始放弃种植枣树，改种其他农作物。

整体来看，中国的枣生产在市场机制的作用下经历了大幅的变化。传统枣产区的生产所占比重大幅减少，新疆枣产区所占比重增加。枣价经历了"平稳增长—迅猛增加—迅速回落"的过程。全国枣产量在进入快速增长期后，并未由于价格下跌出现减慢的势头。市场调节机制对枣产业的生产环节产生直接影响。

第二，中国宏观经济形势也在这段时间内发生较大变化。2008 年全球金融危机成为中国经济发展的拐点，中国经济的发展速度减缓；2014 年习近平总书记首次提出中国经济发展进入"新常态"，经济发展进入了"调结构稳增长"的阶段，这也为中国经济结构调整提供了一个契机。就中国枣产业而言，也在这一宏观经济背景的刺激下，进入了结构调整阶段。以往的发展方式已经难以适应新的市场形势，枣产业的发展需要从"重生产、轻市场"向"生产、市场并重"的方向发展，一方面调整生产结构、实现现代化栽培，另一方面着力研究消费市场，为生产和加工的发展指明方向。

第三，居民收入快速增长，收入结构不断优化，居民消费水平稳步提升。2012 年以来，居民收入增长快于 GDP 增长速度，2015 全国居民人均可支配收入比 2012 年增长了 33%，扣除价格因素，实际增长速度为 25.4%；转移收入和财产收入的比重比 2013 年分别提高了 0.8% 和 0.1%；居民人均消费支出为 15712 元，比 2013 年增长了 18.8%；居民饮食结构不断改善，人均消费粮食比 2013 年减少了 7.2%，肉、蛋、禽的消费量增加；居民医疗保健消费增长较快，比 2013 年增长了 27.7%，超出人均消费支出年均增长速度。[①] 上述居民收入和消费特点的变化促使人们对枣产品的需求特点发生变化：其一，对于初级加工品的品质要求增加；其二，追求个性化的快速消费品；其三，对于枣产品的医疗保健效果更加重视。不同的消费特征为枣产业的生产加工提出了新的要求。

6.4.4　政策因素

国家政策支持对枣产业的生产主体、生产方式、生产模式等方面都产生了巨

---

① 资料来源：国家统计局。

大的影响，无论是产业政策、金融政策还是财政政策都具有鲜明的导向作用。

第一，生产主体。国家政策支持向新型农业经营主体倾斜，主要包括龙头企业、农民合作社和经有权部门认定或登记的专业大户、家庭农场、农业社会化服务组织等其他新型农业经营主体。2016 年补贴 234 亿元支持适度规模经营，重点向专业大户、家庭农场和农民合作社倾斜，鼓励发展规模化、专业化、现代化经营，允许财政资金直接投向符合条件的合作社。现阶段在促进农业产业规模化发展方面，国家对土地经营规模相当于当地户平均承包土地面积 10~15 倍，务农收入相当于当地二三产业务工收入的给予重点支持，此外，还允许农民以土地经营权入股发展农业产业化经营。

在国家的政策支持导向下，近 10 年来枣产业的生产现代化发展主要依靠农民专业合作社和龙头企业。农民专业合作社和龙头企业在不同层次和不同规模上带动了当地农民的生产发展，逐渐将现代栽培技术和管理模式推广应用。农民专业合作社的数量较多，绝大多数植根在农村基层地区，是农民自己的组织，准入门槛较低，在很大程度上改变了农民单个种植、分散经营的状况。农民专业合作社将农民组织起来共同生产和销售，有效提高了生产效率、拓展了销售渠道、提高了农民收入。

龙头企业与农民专业合作社相比数量较少，但是在规模上远远大于合作社，龙头企业资金充足、技术成熟、管理先进、渠道广阔，在更高层次上推动了枣产业的发展。国家农业产业政策更加注重龙头企业和农民合作社的诚信记录和监管记录，一旦有不良记录，将很难继续获得国家的政策、财政和金融支持。这一点也鼓励了龙头企业和合作社的诚信经营。未来枣产业的发展中，以龙头企业和农民合作社为主导的新型农业经营主体将是促进产业发展的主要力量，国家农业产业政策、农村金融政策、农业保险政策的支持会进一步壮大龙头企业和农民合作社的力量。

第二，生产模式。国家着力打造一批规模化种植、标准化生产、品牌化销售的蔬菜、水果、茶叶的标准化示范区。这一政策导向促使枣产业在生产方面继续向现代栽培方式转变。在农村土地流转政策的促进下，枣产业的规模化种植已经有了长足进展，特别是在传统枣产区的平原地区、新疆枣产区，规模化种植已经成为产业发展的必然方向。在新疆生产建设兵团枣产区，已经基本实现了规模化种植和标准化生产，例如，最低种植规模 20 亩，基本实现标准行距、节水灌溉。因此，与传统枣产区相比，新疆枣果产量增长速度快、平均品质较高。国家政策导向外加新疆成功经营，促使传统枣产区也逐渐向规模化和标准化生产过渡。在品牌化销售方面，在尚未得到国家的农业产业支持政策前，中国枣产业几乎不存在品牌化经营，绝大多数枣产品以最基本的初级加工零散销售的方式销售到消费者手中，价值增值空间非常有限。之后，在国家政策支持下，越来越多的中小企业特别是农民合作社意识得到了品牌化的重要性，在发展生产和加工的同时，愈加注重品牌化经营。

第三，生产方式。国家政策更加重视农业的可持续发展，2015 年出台的《全国农业可持续发展规划（2015—2030 年）》综合考虑各地的农业资源承载力、环境容量、生态系统和体制机制等因素，提出优化农业生产布局，稳定提升农业产能，在该政策的指导下，枣树种植方面正在逐渐尝试发展林下经济的生态农业模式。

2016 年国家财政专项安排 996 万元，开展低毒生物农药示范补助试点；补助 8 亿元鼓励和支持还田秸秆，加强绿肥种植，增施有机肥，改良土壤，培肥地力，改善农村生态环境，提升耕地质量。这一国家政策的制定主要针对农药化肥的过量施用、土壤肥力减弱、耕地质量退化等问题，这也是枣树种植中所面临的主要问题。近年来食品安全问题凸显，农业产品质量更是直接关系到消费者的身体健康和社会的稳定。绿色种植、安全栽培已经成为枣产业发展的必然趋势。在国家政策支持下，很多枣产区已经越来越多地施用有机肥、减少农药的使用。在传统枣产区，由林业局免费向枣农推广有机肥，并告知其使用方法和用量；在新疆枣产区，新疆生产建设兵团枣农已经适应了现代化栽培方式，自觉使用有机肥料，提高枣果品质。

此外，国家政策支持提高农业科技运用水平，鼓励农业科技创新，将最新的农业技术推广应用于生产。《全国农业可持续发展规划（2015—2030 年）》强化科技和人才支撑，支持农业科研组织方式，建立全国农业科技协同创新联盟，整合科研院所、高校、企业的资源和力量，吸引社会资本和资源参与到农业可持续发展科技创新中来，建立科技成果转化交易平台，按照利益共享、风险共担的原则，积极探索"项目+基地+企业""科研院所+高校+生产单位+龙头企业"等现代农业技术集成与示范转化模式，创新科技成果评价机制，对有突出贡献的农业技术人才予以奖励①。在政策的支持下，农业科研人员、技术人员、推广人员更加深入农业生产，与农业企业、农业合作社和单个农民紧密合作，提高产量和品质。就枣产业而言，不论在传统枣产区还是新疆枣产区，地方农林院校的专家和林业局的技术人员都会在不同种植时节及时向枣农普及推广种植技术、病虫害防治技术，并亲自指导示范。在种植过程中，及时发现种植问题并及时解决，这成为了生产水平提高的坚强后盾。在枣树栽培技术推广应用的过程中，还强化了人才培养，对枣农进行技术指导，带领学生进入枣园实地考察并进行实习实训，锻炼学生的实践能力和技术水平。

传统枣产区和新兴枣产区呈现截然不同的发展趋势。随着传统枣产区发展减缓，新兴枣产区新疆正在快速发展成熟壮大。自2012年以来，新疆枣产量跃居全国第一，2016年的产量已经达到了326万吨，占全国总产量的39.61%，预计盛果期产量将达到全国总产量的50%以上（见图6-1）。以新疆为代表的新兴枣

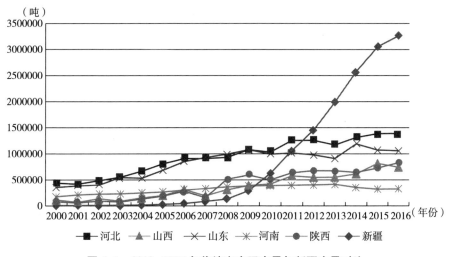

图6-1 2000~2016年传统枣产区产量与新疆产量对比

资料来源：《中国农村统计年鉴2001~2017》。

---

① 资料来源：http://www.mof.gov.cn/zhengwuxinxi/zhengcefabu/201505/t20150528_1242763.htm.

产区处于飞速发展阶段。与之相对，传统枣产区自新疆枣产区兴起后，发展速度逐渐降低，产量不增反降，新疆枣产业的发展以强大的市场竞争力对传统枣产区产生了明显的挤出效应，大部分传统枣产区产量占全国总产量比重在逐年下降。新兴枣产区和传统枣产区相比，各自具有不同的发展特点和发展优势，主要体现在区域比较优势、专业化程度和组织管理方式等方面。

6.5　不同枣产区生产优势比较分析

6.5.1　资源禀赋优势比较分析

（1）资源禀赋现状。资源禀赋是农业发展的重要决定性因素，资源禀赋差异影响了农业现代化路径的选择。日本农业经济学家速水佑次郎（Yujiro Haya-mi）和美国经济学家弗农·拉坦（Vernon Rutton）基于农业资源禀赋差异提出了著名的"创新诱导模型"和诱导性技术变迁理论，该理论把技术和制度变迁作为资源禀赋相对稀缺性的诱导结果。就枣产业发展而言，新兴枣产区和传统枣产区的资源禀赋存在较大差异，这也造成了不同产区之间发展现状的差异和发展现代农业路径选择的差异。本书所涉及的资源要素主要指自然资源要素、技术要素、资本要素、劳动力要素等方面。

本书采用资源禀赋系数（EF）分析法研究我国主要枣产区的区域比较优势，分析各枣产区的竞争优势地位及其变化趋势。根据资源禀赋系数（EF）=（某产区的枣产量/全国枣产量）/（该产区国内生产总值/全国国内生产总值），计算全国六大枣产区的资源禀赋系数（见表6-10）。从资源禀赋系数的绝对值看，2016年新疆的EF值最高，为30.649，高于其他主产区6倍以上，其次为山西、河北、陕西、山东和河南，表明新疆枣产区的资源禀赋优势远远高于其他主产区，是带动全国枣产业生产发展的绝对主力军。从资源禀赋系数变化情况看，新疆的变化最大，2000年新疆的EF值只有0.397，2006年开始快速增长，2010年一跃成为全国EF值最高的地区，此后区域比较优势继续扩大。河北、山东、河南的 EF 值均呈现下降趋势，河南的 EF 值已经连续 3 年小于 1，说明这 3 个省份的比较优势正在逐渐减弱，其中，河南已经不具有比较优势，河北的 EF 值从全国最高值于 2008 年首次被陕西超越，于 2009 年再次被新疆超越，截至 2016 年在传统枣产区中的区域比较优势已经不明显，陕西和山西的 EF 值在波动过程中基本保持稳定。

表 6-10　2000~2016 年主要枣产区的资源禀赋系数

年份 ＼ 省份	河北	山西	山东	河南	陕西	新疆
2000	6.652	4.665	3.222	2.674	3.336	0.397
2001	6.379	2.779	3.494	3.177	2.432	0.507
2002	6.201	4.548	3.004	2.851	3.172	0.575
2003	6.295	2.507	3.587	2.654	2.298	0.588
2004	6.249	3.401	2.826	2.291	3.285	0.570
2005	5.934	3.424	2.753	1.863	3.520	0.809
2006	5.504	4.472	2.702	1.692	4.111	1.059
2007	5.508	2.637	2.963	1.836	2.270	2.038
2008	4.805	3.511	2.656	1.683	5.820	2.599
2009	5.013	4.310	2.547	1.596	5.832	5.434
2010	4.503	4.077	2.262	1.511	4.402	10.276
2011	4.444	4.468	1.946	1.295	4.426	13.908
2012	4.179	4.001	1.730	1.210	4.144	17.089
2013	3.683	3.909	1.479	1.158	3.743	21.184
2014	3.866	4.170	1.734	0.884	3.157	24.057
2015	3.897	5.357	1.427	0.734	3.376	27.458
2016	3.939	5.185	1.429	0.737	3.915	30.649

资料来源：《中国农村统计年鉴 2001~2017》《中国统计年鉴 2001~2017》。

由此得出，新疆枣产区的资源禀赋具有绝对显著的比较优势，该优势地位远远高于其他传统枣产区。传统枣产区的资源禀赋优势整体呈现减弱趋势，其中，河北省资源禀赋优势下滑最大，从具有绝对优势变为比较优势不明显。因此，新疆枣产区应该充分利用其资源禀赋优势大力发展生产，中国枣产业的生产重心已经转移至新疆，并将在中长期保持这种生产布局。

（2）资源禀赋对比分析。第一，自然资源禀赋差异。新疆枣产区具有得天独厚的自然条件，日照时间长、降水量少、土壤肥沃、病虫害较少，优越的自然条件是传统枣产区无法超越的。传统枣产区由于多年来缺乏有效管理，大部分地区的土地肥力下降严重，水资源短缺、质量下降，从根本上影响了枣果的品质。在枣果成熟期，大部分传统枣产区易出现降雨而引发裂果的问题，这已成为困扰传统枣产区的主要问题。因此，仅从不同产地的枣果品质上而言，新疆枣果的品质要明显优于传统枣产区的枣果。

第二，科学技术水平和推广程度差异。新疆枣产区在产业发展之初便整合和集中了大量来自全国科研院所的科技人才，科技人才高频率来新疆对当地的生产进行亲自指导，对当地产业的发展起到至关重要的作用。在引进现代栽培技术后，新疆各行政单位着力对栽培技术进行了推广，特别是在新疆生产建设兵团，枣农的生产技术水平得到了快速的提升，极大地促进了生产效率的提高。目前，新疆通过制定栽培技术规程且推广丰产栽培技术，目前已经建成各类高标准示范基地 800 多个。但是，受农民自身意识和文化水平的影响，新疆部分地区的现代栽培技术推广也不够到位，造成地方的生产效率远低于新疆生产建设兵团的生产效率。传统枣产区在科研方面的优势在于，枣产业在生产和加工方面的科研优势力量主要集中在传统枣产区，相关科学研究起步早、成果多，有国家级学术带头人、实力雄厚的科研人员和强大的科研团队作为技术支撑。强劲的科研实力不仅为传统枣产区也为新兴枣产区新疆提供了发展动力和技术支持。但是，传统枣产区在现代栽培技术推广方面的难度要高于新兴枣产区，尤其在栽培历史较长的山区地带，现代栽培技术推广范围较小，这就造成了不少传统枣产区的生产效率较低。

第三，资本投入差异。在新疆枣产区的枣产业发展优势显现后，全国大量资本涌入，促成了当地枣产业规模成倍扩张，还促进了枣产业现代栽培技术的推广和应用。与之相对，传统枣产区接受的资本投入远低于新疆枣产区，其发展资金主要依靠当地农民个人或者合作社的投资，资本量较小，难以对当地传统枣产业实施大规模的现代化改造，使其发展速度难以赶超新疆枣产区。

第四，劳动力要素差异。新疆枣产区的农民从年龄结构和性别结构上要优于传统枣产区，有更多的中年和青年男性劳动力从事枣树种植，不少农民专门搬到新疆从事枣树种植。这就使当地农民对新技术新方法的接受程度较高，从而促进了生产效率的提升。相反，传统枣产区的农民年龄偏大且男性偏少，由于种植枣树收益相对进城打工而言较低，青壮年男性劳动力多数进城打工，打工收入成为其主要收入来源。传统枣产区农民的年龄结构和性别结构造成了当地枣树现代栽培技术推广难度的增加，影响了生产效率的提高。

6.5.2 专业化程度比较分析

专业化程度在很大程度上决定了枣产业的生产效率和发展潜力，本书采用区位熵指数对新兴枣产区和传统枣产区的专业化程度进行实证研究。区位熵（Location Quotient）又称为专业化率，是将某一区域与高层次区域进行比较，用于衡量某一区域要素的空间分布情况，反映不同区域间某产业的集中化、专业化程度。本书将枣产业和水果产业结合分析，采用枣产量和水果产量的统计数据，利用区位熵指数反映枣产业的地区集群化程度。其计算公式为：

$$LQ = \frac{q_i \big/ \sum_1^n q_i}{Q_i \big/ \sum_1^n Q_i}$$

其中，q_i 是 i 地区的枣产量；$\sum_1^n q_i$ 是全国的枣产量；Q_i 是 i 地区的水果产量；$\sum_1^n Q_i$ 是全国水果产量[1]。一般来讲，当 $LQ>1$ 时，该地区的枣产业在全国范围内具有比较优势，且具有较高的专业化程度和集群程度，高于全国平均水平；当 $LQ<1$ 时，该地区的枣产业在全国范围内具有比较劣势，且专业化程度和集群程度较低，低于全国平均水平；当 $LQ=1$ 时，该地区的枣产业的专业化和集群化程度与全国水平相当。

本书采用了 2000~2016 年全国各地区的枣产量和水果产量的统计数据，对

---

[1] 由于各地区枣单价的历史数据难以获得，本书采用产量作为指标计算区位熵。

全国六大枣产区的产业集群程度进行分析（见表6-11）。经过计算，除河南枣产区外，其他主产区的区位熵指数均大于1，即新疆、山西、河北、山东、陕西专业化程度和集群化水平高于全国水平。其中，2016年新疆枣产区的区位熵值为6.52，远超其他枣产区，说明新疆枣产区的专业化程度最高。中国枣产业集群化程度很高，并且高度集中在新疆枣产区。在2008年以前新疆枣产业的专业化程度和集群程度较低，在水果产业中不具有明显的发展优势；2008年之后枣产业在水果产业中的地位越来越重要，产业集群化特征明显。上述变化说明新疆枣产业发展优势日益凸显。

表6-11　全国六大主产区的区位熵

省份 \ 年份	河北	山西	山东	河南	陕西	新疆
2000	3.11	2.64	1.74	2.32	0.76	0.22
2001	3.19	1.74	2.01	2.67	0.60	0.30
2002	2.88	2.76	2.06	2.33	0.80	0.27
2003	3.66	2.33	1.83	1.48	0.87	0.29
2004	3.78	3.40	1.64	1.15	1.17	0.27
2005	3.74	4.06	1.75	0.94	1.35	0.36
2006	3.53	5.02	1.92	0.85	1.51	0.45
2007	3.65	3.37	2.18	0.96	0.84	0.78
2008	3.21	4.00	2.01	0.91	2.18	0.81
2009	3.28	4.23	1.90	0.84	2.09	1.32
2010	3.06	4.25	1.71	0.78	1.62	2.92
2011	3.06	3.92	1.50	0.70	1.68	4.28
2012	2.83	3.31	1.37	0.65	1.64	4.86
2013	2.48	3.07	1.19	0.63	1.52	5.95
2014	2.31	2.84	1.35	0.50	1.24	6.25
2015	1.32	1.38	1.13	0.41	1.27	6.33
2016	2.00	2.17	1.35	0.78	1.07	6.52

资料来源：《中国农村统计年鉴2001~2017》。

本书根据全国各地区的区位熵指数，可以得出我国枣产业的集中度呈现出从东部向西部转移的明显趋势，空间分布更加集中于具有资源禀赋优势的地区。枣产业的区域集聚特征与主产区生产的实际布局情况相符，随着枣产业的不断发展，产业集聚特征愈加显著，产业集聚方向从华北地区向新疆地区转移。1999年，我国枣产业在华北地区显著集聚，主要包括河北、河南、山西、山东；2007年，枣产业集中的省份减少，主要包括河北、山西，且枣产业开始向西部地区发展和集聚；2015年，枣产业的集聚程度呈现出历史最高水平，并且显著集聚于新疆地区，华北地区的生产区位优势呈现显著减弱的态势。

综上所述，我国枣产业种植区域的空间分布较为广泛，地区集中度高，全国生产区域布局发生了显著变化，各产区之间的优劣势比较明显，区域集群特征与主产区的布局基本吻合。但是，随着不同地区间枣产业发展模式和发展重心的转移，部分传统主产区的集聚程度和专业化程度正在降低，其比较优势也在减弱，产业发展政策亟待调整，不能延续以往单纯追求产量的产业发展目标，新疆在生产方面的绝对优势在短期之内已经无法改变，各传统枣产区应寻找自身比较优势进行特色发展。

6.5.3 组织管理方式比较分析

第一，新疆枣产区的产业发展统一组织管理方式。新疆枣产业与传统枣产区在组织管理方式方面的最大差异在于新疆生产建设兵团的统一规划和管理。在新疆生产建设兵团的统一政策管理下，枣树的种植得以在短时间内大规模推广，并且在很大程度上保证了现代标准化栽培技术的推广应用。大规模标准化生产有利于机械化种植的应用，从而进一步促进了生产效率的提升。

然而，统一行政管理下的枣产业发展也存在一定的问题。首先，过度的行政手段干预造成了产业发展速度过快、规模过大。新疆枣产区整体规划了产业的发展规模，在种植规模大幅提升后，枣产量迅速增加并满足了中低端市场的需求，引起了市场价格的暴跌。市场价格的巨幅波动不仅影响了新疆枣产区的经济效益，也对传统枣产区造成了巨大冲击。其次，品种结构问题凸显。统一规划下的新疆枣产区的品种结构较为单一，以灰枣和骏枣为主，单一的品种结构造成了潜在的市场风险并且造成产品的市场适应性较差。

第二，虽然部分传统枣产区已经实现了规模化的现代产业经营模式，但是不少传统枣产区依然沿袭了一家一户分散经营的方式，每户的生产规模较小，难以实现现代栽培技术的大规模推广和机械化种植，影响了生产效率的提高。

从栽培品种来看，传统枣产区由于发展历史悠久，枣种质资源较为丰富，根据当地的种植传统和栽培特点，不同传统枣产区的主栽品种差异较大，从而实现了传统枣产区的品种多样化。在与其他枣产区进行市场竞争时，可通过差异化策略创造市场空间并赢得一定的市场份额。

综上所述，通过对传统枣产区和新兴枣产区新疆的比较分析发现，新疆枣产区已然成为传统枣产区最大的竞争对手，两类枣产区之间属于竞争合作关系，两者既需要在生产技术研发方面有所合作，又需要在同一市场中进行激烈竞争。通过对比发现，虽然新疆枣产区在生产方面的优势远超传统枣产区，但是只要充分发挥自身发展的比较优势，找准发展方向，从提质增效上狠下功夫，传统枣产区依然具有较大发展空间和潜力。

6.6 案例分析：酸枣产业

枣产业的生产发展改革需要综合考虑自然因素、技术因素、经济因素和政策因素等影响因素，创新产业发展理念和发展模式，以实现提质增效为目标。酸枣产业正是充分考虑上述影响因素，实现枣产业提质增效发展目标的典型案例。酸枣产业通过依靠当地自然资源特点、充分利用现代栽培技术、以供给侧结构性改革为导向、充分利用政策对产业发展的支持，最终促成传统低效产业向现代高效产业转型。

本书于 2018 年 2~3 月深入我国酸枣产区邢台、内丘、赞皇、临汾、夏县等地开展实地调研，调查了农民的种植情况，实地走访了河北禾木丽园农业科技股份有限公司、邢台久和农业科技开发有限公司、河北邢州枣业有限公司、太行山酸枣公司等多家酸枣产业的龙头企业，通过实地调研获得数据并分析酸枣产业的成本效益。

6.6.1 酸枣产业发展概述

酸枣是枣的变种,又名棘、野枣、山枣、葛针等,是鼠李科枣属植物,酸枣产业是枣产业的分支之一。酸枣在我国具有悠久的种植历史,但是从未进行大规模的产业化发展,直至 2015 年前后开始向现代产业转型升级。

酸枣的分布区域和种植条件与枣大致相同,酸枣适应性强,耐寒、耐旱、耐盐碱,原产于我国华北地区,现河北、辽宁、内蒙古、陕西、河南、山西、甘肃、新疆、安徽、江苏等。就营养价值而言,酸枣的果肉、果核和叶均内含丰富的营养。酸枣果肉不仅含有钾、钠、铁、锌、磷、硒等微量元素,皂苷类、黄酮类(以斯皮诺素为主要有效成分)、环磷酸腺苷、酸枣多糖等多种生物活性物质,而且新鲜酸枣中的维生素 C 含量为 350~2000mg/100g,该含量是普通红枣的 2~3 倍、柑橘的 20~30 倍,其营养成分的人体利用率高达 86.3%。我国酸枣入药已有 2000 多年的历史,主要用于中气不足、脾胃虚弱、体倦乏力等症状的治疗。酸枣仁作为名贵中药,其药用价值早已被列入中药典籍,近代药理学研究证明,酸枣仁含有 17 种氨基酸和多种维生素,具有镇静安眠的功效,市场上大约 90%的安眠类药物中都含有酸枣仁成分。

我国酸枣产业发展规模最大的区域位于河北省太行山一带,该地区属于典型的海拔 1700 米以下的浅山丘陵地带,土壤贫瘠、缺水少雨,常见乔木树种极难生长,种植其他品种枣树的成本高、收益低。然而,该地区的自然条件非常适宜酸枣生长。当地因地制宜,充分利用当地自然资源特点,于 2015 年前后开始大力发展酸枣产业,推动传统酸枣产业向现代化酸枣产业转型升级。

6.6.2 酸枣产业成本收益分析

酸枣产业之所以能够在整个枣产业发展陷入低迷时重新焕发生机,关键在于酸枣产业从供给侧角度解决了枣产业发展中的成本收益问题,实现了低成本高收益。

(1)低成本投入。与其他品种枣树相比,酸枣的生产投入更少。酸枣产业属于整个枣产业中的一个小分支，酸枣与其他品种枣树相比，投入少、产出高，因此，酸枣的投入产出比要优于其他品种的枣树。在酸枣产业化发展之前，酸枣均为野生种植、无人管理，产出量不高；在大力推进酸枣产业化之后，现代栽培管理技术应用于优良品种选育、野生酸枣抚育和苗木培育等生产环节，在规范化示范园中推广矮化密植栽培模式，投入产出比得以大幅度提升。具体而言，酸枣生产的投入极少，即使是人工抚育的酸枣或者标准化示范园的酸枣，投入都远远低于其他品种枣树（见表6-12），投入成本通常仅包括少量肥料费用和水费、嫁接移栽和采摘的人工成本费用。

表6-12　不同类型枣的基本生产投入对比

投入类型	野生酸枣	人工抚育野生酸枣	普通枣
物质成本投入			
种子	×	×	√
接穗	×	×	√
肥料	×	√	√
农药	×	×	√
水费	×	√	√
生产服务成本			
灌溉费	×	×	√
机械费	×	×	√
燃料费	×	×	√
工具材料费	×	×	√
间接费用			
固定资产折旧	×	×	√
修理费	×	×	√
人工成本			
播种	×	×	√
嫁接/移栽	×	√	√
修剪用工	×	×	√
土肥水管理	×	×	√
喷药	×	×	√

续表

投入类型	野生酸枣	人工抚育野生酸枣	普通枣
采摘	√	√	√

注："×"表示不产生这项费用，"√"表示产生这项费用。

（2）高产出效益。与其他品种枣树相比，酸枣的产出效益更高。

第一，就生产效益而言，现代栽培技术的推广应用极大提高了酸枣的产出率。经过良种培育和人工抚育的酸枣，亩产可达700千克，比纯野生酸枣的产量高出一倍以上。酸枣产业在品种选育方面，为了满足个性化的市场需求，有针对性地选育具有不同特色的优良品种。目前，已经实现大规模生产推广并获得市场认可的品种包括以鲜食为目的甜度高的品种、以加工酸枣仁为目的出仁率高的品种、丰产高抗的品种等30余个优良品种，在一定程度上解决了枣产品市场上同类产品低端竞争的问题。

第二，就经济效益而言，通常酸枣的采收从每年9月开始，采收周期长达3个月，至11月底基本结束①。随着采收时间的推迟，酸枣含水量逐渐减少，市场价格也会随之升高。一般从农民手中直接收购的酸枣价格3~8元/千克不等，最高可达10元/千克。通常，单个农民每天的采摘量约为40千克，多者可达50千克，单个农民每年采摘酸枣的收入可达1万~1.5万元。若考虑到酸枣不占土地、几乎不增加成本投入、不影响农民其他的收益，酸枣收益只是农民除基本收益外的增加部分，种植酸枣的经济效益还是非常可观的。

6.6.3 酸枣产业成本收益影响因素分析

自然条件和现代栽培技术降低了酸枣产业的生产投入成本、增加了产量，经济因素和政策因素刺激了产量、提高了价格。

（1）经济因素。酸枣产业是枣产业供给侧结构性改革的实践，通过提供满足市场有效需求的产品，提高市场供求均衡水平，增加产业的经济效益、扩大产业发展规模。酸枣本身属性决定了大部分酸枣不适于作为初级加工品销售，

---

① 少量的采收从8月开始，个别采收也会持续到11月以后。

这恰恰弥补了枣产业以初级加工品为主、产品附加值低的缺陷。酸枣肉可加工成酸枣露、酸枣汁等风味饮料，酸甜可口，除日常饮用之外还可作为高温作业工人的防暑饮品；酸枣仁和酸枣叶经过深加工提取，可作为中药的重要成分。酸枣产业在很大程度上解决了枣产业的产品低端同质化、初级加工品产品附加值低、出口贸易效益不佳等问题，恰恰体现了供给侧结构性改革所强调的提质增效的目标。

酸枣产业发展最大的市场契机在于其迎合了中国大健康产业的发展需求，以消费市场需求为发展导向。由于生活节奏加快、工作压力增大而产生的睡眠问题，人们对助眠产品的需求陡然增多。酸枣仁作为名贵中药材，具有宁静安神之效，既有安眠的药效，又无安眠药的副作用，该产品满足了消费者追求高品质睡眠的迫切需求，酸枣仁作为酸枣产业的主要产品颇受市场青睐。据不完全统计，2016年，酸枣仁市场需求量7500吨，实际供应量仅3000～5000吨，优质酸枣仁严重供不应求。

酸枣产业不仅市场需求量大，经济效益也高。本书深入我国酸枣产区邢台、内丘、赞皇、临汾、夏县等地开展实地调研，获取产业链中农户、经纪人、合作社、龙头企业等主体的利润增值空间。调研数据显示，酸枣经过综合加工后，身价可翻数倍，各主体的利润增值均可达到20%以上，利润增值空间最大可达到40%以上（见图6-2）。高额的利润空间是促进生产发展的强劲动力。

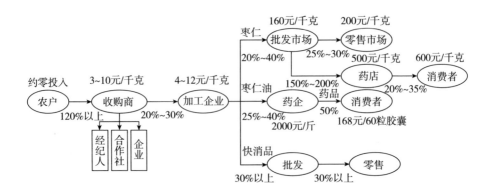

图6-2 酸枣产业链利润增值

（2）政策因素。酸枣产业在发展过程中还充分利用了政府政策支持和资金支持。酸枣产业不仅作为农业产业能够产生经济效益，而且作为林业产业能够产生生态效益。酸枣树作为浅山丘陵区特有生态经济林木，为该区域的土生指示植物，具有适生、耐寒、耐旱、耐瘠薄的特点和固土、护坡、防水土流失的生态功效，是绿化荒山、防风固坡的先锋树种，通过简单的抚育和管理，就可以成为绿色植被，抚育 3 年即可成林，是解决太行山浅山丘陵区绿化断带问题的最佳选择。因此，酸枣产业不仅可以享受政府农业支持政策，而且能享受生态林业支持政策，同时获得林业和农业的双重资金补贴。以邢台县为例，2017 年县政府投资 2000 万元发展酸枣产业，上级单位按照 1.5：1 的比例配套资金支持，即上级单位配套资金 3000 万元，仅 2017 年邢台县酸枣产业就获得了 5000 万元的资金支持，对于促进产业发展起到重要支撑作用。

综上所述，酸枣产业之所以能够实现提质增效发展、创新枣产业发展思路，是因为酸枣产业发展从供给侧角度出发，研究市场需求特征，有针对性地进行生产改革创新，在生产方面充分考虑了当地自然条件，采用现代栽培技术，借助政府支持政策，以消费者有效需求为导向，向市场提供优质适销产品，以满足消费者追求高品质健康生活的需求。

7 中国枣产业流通特征及利润优化分配分析

流通渠道和流通环节的不同直接影响了流通环节上的利益分配，进而对市场价格产生一定影响。从供给侧角度研究市场价格的变动，需要追溯枣的流通渠道和流通环节，通过发现并解决流通环节的问题改善产品供给，从而起到调节市场价格的作用。产品的市场价格直观反映出市场的供求关系，反过来，市场供求关系的调整也会影响到产品的市场价格。本节通过深入研究枣的市场价格变动规律，在此基础上找出通过改善产品市场供给进而影响产品市场价格的解决措施。

7.1 中国枣产业的流通现状分析

随着我国果品市场流通体系的不断发展完善，枣产业流通体制和流通模式也在不断发展变化中，本书从流通主体、流通渠道、流通模式等方面分析枣产业的流通现状，为深入分析不同流通模式下的利润分配情况奠定基础。目前我国枣产业已经形成了以枣农、经纪人、农民专业合作社、批发市场、零售市场、加工企业等为流通主体，以批发市场、集贸市场、零售终端等为主要流通渠道的"单一模式主导，多种模式并存"的市场流通格局。

7.1.1 流通主体

第一，枣农。枣农是市场流通中第一环节的主体，在自产自销模式下通过产地周边的集贸市场和批发市场自行销售自产的枣果产品。尤其在传统枣产区，受种植规模限制单个枣农产量不高，有一部分枣农仍然采用自产自销的方式销售枣果，这种销售方式占比较低，一般不超过当地枣农的20%。枣农自身作为流通主体，其优势在于枣果直接从枣农手中流通到消费者手中，大大减少了流通环节，枣农的种植利益得以及时兑现；其劣势在于枣农对枣果的加工技术水平低，枣果品质难以通过统一标准加以衡量和控制，枣果的附加值很低，此外，受限于地理销售半径，枣农直销枣果的辐射范围较小、销售量不高，难以通过与更大范围内的枣果流通市场接轨以提高销售价格和销售利润。

第二，经纪人。经纪人在枣产业流通市场中起着至关重要的作用。经纪人将生产者和市场连接起来，为买卖双方提供中介服务从中赚取佣金。大部分传统枣区的枣农不懂得市场经营之道，根据传统销售习惯，即使收购价格偏低也更倾向于将枣果直接销售给经纪人。新兴枣产区新疆的大部分枣农也会选择经纪人上门收购枣果，主要原因在于新疆各产区的地理位置远离各大主要销售区域，若单个枣农包车运输枣果到其他地区销售，物流成本高、销售利润有限。本书通过实地调研得出，若单个枣农从新疆将枣果贩运至河北沧州红枣交易市场，每千克只能多赚1元，成本高、利润低，使多数枣农放弃直接将枣果运往其他地销售，转而等待经纪人上门收购。经纪人流通市场发展的必然产物，该流通主体起到了连接生产和流通的作用，使枣果得以顺利流入市场，促进了流通环节的发展。

第三，农民专业合作社。我国各枣主产区均有农民专业合作社组织，枣农通常以资金注入或者枣果折现的形式入股合作社，大量单个枣农通过加入合作社形成规模性的组织。农民专业合作社为枣农提供生产资料采购，枣果的加工、运输、销售、贮藏以及生产技术和信息服务等产前、产中和产后的一条龙全方位服务。规模性合作社与单个农户相比，市场实力更强，与大型农资供应商和收购商、批发商、零售商的市场地位差距缩小，谈判地位更加平等，从而在利润分配中能够获得更多的份额。以新疆农民专业合作社为例，入社农户普遍增收20%以上，从而带动了更多的农户致富。但是，不少专业合作社受限于资金和技术等因素制约，规模难以扩大、加工水平难以得到有效提升。

第四，批发商。批发商是从枣农或经纪人手中大量收购枣果，通常以果品批发市场为平台，将枣果销售给下级批发商、零售商或者加工商，通过购销差价赚取利润。批发商作为流通主体最大的优势在于极大地扩大了枣果的销售半径，加强了产地与销售地点的连通，有利于优化我国枣产业的生产布局并形成全国性的大规模市场，此外，批量运输还能够大大节省物流成本。但是，批发商目前只限于对枣果的购销和初级加工，缺乏对枣果的商品化处理。

第五，零售商。零售商直接从枣农、专业合作社或者批发商手中收购枣果，将其销售给最终消费者。零售商是打通枣果和消费者的最后一个环节，兼具了采购、物流、销售等多种角色，在枣果的市场营销方面起着重要作用，直接关系到枣果的市场开拓问题。但是，零售商普遍交易量不高，采购销售半径较小。

第六，龙头企业。一部分龙头企业作为产业链中的优势主导力量，以雄厚的资金实力和科技实力成为产业发展的生力军，其市场竞争力远远高于专业合作社。枣产业中的龙头企业不少在原产地自建大型原料基地，雇用农民种植枣树并由企业自行管理，包括统一栽培技术、统一农药化肥的用量等，枣果成熟后自行采收并进行后期加工处理，最后通过已经建立起来的强大营销网络自行销售。另一部分龙头企业并无生产基地，其全部或部分加工原料来自对单个枣农的收购，也起到了带动当地农民生产增收的作用。以新疆叶河源果业股份有限公司为例，该公司共有种植基地 2.67 万公顷，其中自建生产基地 1000 公顷，订单采购基地 2.57 万公顷，该企业带动了当地 22500 余户枣农的生产，成立 3 年累积创收 6016 万元，为新疆地区枣产业的发展做出了积极贡献。

7.1.2 流通渠道

（1）批发市场。批发市场在枣产业的流通体系中具有承上启下的作用，我国枣的主要流通渠道是通过批发市场完成的。批发市场具有相对广阔的辐射半径，吸引更大区域范围内的生产者在统一的批发市场平台完成交易。由于批发市场聚集了来自各地的各类经营主体，这使批发市场成为了交易信息中枢和商品交易中枢。具体而言，在枣产业的流通体系中，批发市场的作用如图 7-1 所示。

第一，形成了大规模枣果交易平台。批发市场为枣果的买卖双方提供了交易场所、交易设施和交易服务，构建了大规模交易平台，使买卖双方得以在短时间内完成交易过程并将枣果销售至下一级市场。批发市场在一定程度上保证了交易的公平性和规范性，交易平台的建立提高了交易效率。

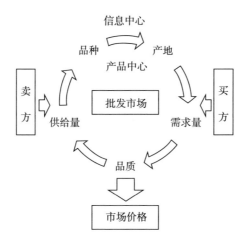

图 7-1 批发市场在枣的流通过程中的作用

第二，具有市场信息中枢的功能。批发市场不仅是枣果集散地，还具有信息集散地的作用。全国各主产区的枣果大部分都会通过批发市场流通，批发市场能够汇集各种交易信息，集中公开交易，使买卖双方所得信息更加全面、客观、透明，买卖双方均可及时获悉枣果品种、产地、价格、品质、供给量、需求量等方面的信息。

第三，价格形成机制较客观、科学。由于批发市场具有信息中枢的功能，买卖双方数量较多、信息对称、产品差异性不大，在一定程度上形成了近乎完全竞争的市场。因此，批发市场的价格更加真实地反映了市场供求关系，趋近于市场均衡价格，起到了市场的价格导向作用。

批发市场在枣产业的流通体系中具有极其重要的地位，主要原因在于我国干鲜果品批发市场规模大、发展速度快。《中国统计年鉴 2017》数据显示，2016年，我国干鲜果品批发市场共有 129 个，摊位数达到 66886 个，交易额达到 3102.7 亿元，分别占全国农产品批发市场总数的 13.35% 和交易额的 18.70%（见表 7-1）。

表7-1　全国亿元以上干鲜果品市场基本情况

年份	市场数量（个）	摊位数（个）	营业面积（万平方米）	成交额（亿元）		
				总额	批发市场	零售市场
2004	66	18677	172.8	315.1	294.9	20.2
2005	102	41993	290.5	634.9	575.4	59.5
2006	119	56975	324.5	822.0	732.0	90.0
2007	126	65778	382.0	983.8	965.7	18.1
2008	128	59948	437.6	1159.4	1150.7	8.7
2009	136	62622	524.4	1404.6	1403.6	1.0
2010	147	76665	579.2	1682.2	1662.7	19.5
2011	147	65041	587.9	1888.8	1863.9	24.9
2012	147	65915	582.4	2004.5	1982.0	22.4
2013	137	69192	581.8	2337.9	2316.5	21.4
2014	136	68118	577.7	2484.5	2479.0	5.5
2015	129	73395	629.3	2825.6	2823.0	2.6
2016	129	66886	632.9	3102.7	3092.7	10.0

资料来源：《中国统计年鉴2005~2017》。

具体而言，第一，我国干鲜果品批发市场的规模迅速扩张并趋于稳定。2004年以后，我国批发市场规模迅速扩张，扩张类型从市场数量和摊位数的增加转变为数量减少而交易额增加，即单位摊位和单位市场的规模扩大。整体来看，干鲜果品批发市场的集中度有所提高，发展规模逐渐趋于稳定。第二，干鲜果品批发市场的成交额较高且增速较快。批发市场的成交额较大，批发市场一直是主要的交易市场，而2016年零售市场的交易额仅为批发市场销售额的0.3%。从干鲜果品市场交易额变动情况看，批发市场的交易额持续增加，而零售市场的交易额在波动中逐渐减少。由此可见，批发市场在果品流通中的重要性与日俱增，而零售市场逐渐被网络购物、超市、社区便利店等零售形式取代。

（2）城乡集贸市场。城乡集贸市场是我国分布广泛、数量最多的果品交易市场，大量枣果通过城乡集贸市场零售给消费者。城乡集贸市场以零售为主，销售对象主要是最终消费者，主要起到便民的作用，还能带动一定数量的劳动就业。但是，城乡集贸市场最大的问题在于管理不完善，对于枣果的品质、规格、数量、卫生、安全等方面难以进行监督管理，食品质量安全问题、服务意识问题、诚信度等问题较为严重，受到大中型超市的市场冲击较大。

（3）终端零售市场。终端零售市场主要包括大中小型超市、社区便利店、流通摊位等，其中超市占终端零售市场的主体，超市已经成为城镇居民选购枣产品的主要渠道之一。超市最大的优势在于服务的标准化、食品的安全性、采购的便捷性等，但超市由于管理成本较高，导致商品价格较高。因此，在超市销售的枣果通常是附加值较高的加工产品或者中高档枣果。

7.1.3 流通模式

7.1.3.1 传统流通模式

传统流通模式发展时间长、范围广，在中国绝大多数枣产区以传统流通模式为主。传统供应链模式的参与主体主要包括农资供应商、枣农、经纪人（本地和外地）、批发商、零售商、交易市场、消费者等，整个流通环节较为复杂。传统流通模式中，经纪人和批发市场占有重要地位（见图7-2）。

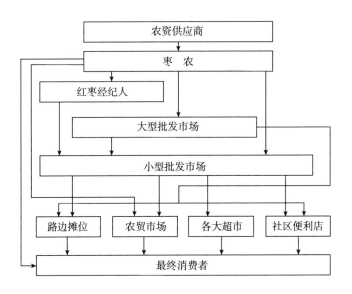

图7-2 传统流通模式

第一，在产前阶段，枣农向农资供应商购买接穗、肥料和农药等生产资料，当前在包括河北、山东等地在内的部分传统枣产区，当地林业部门也会向枣农提供肥料、农药等生产资料。农民利用上述生产资料进行枣树栽培种植。第二，在枣果成熟后，由当地和外地的红枣经纪人进行上门收购，将枣贩售到大型批发市场或小型批发市场，部分枣农也会在批发市场、路边摊位和农贸市场直接进行枣果零售。第三，进入大型批发市场的枣果会流入小型批发市场或直接流入路边摊位、农贸市场、超市、社区便利店等销售终端。第四，小型批发市场是对接各种销售终端的主力，枣果通过小型批发市场流入路边摊位、农贸市场、超市、社区便利店等地，有些产品则直接销售给最终消费者。第五，通过各大销售终端，制干枣最终到达消费者。

7.1.3.2 "合作社+农户"模式

在"合作社+农户"的流通模式中，枣农可以直接通过资金注入或者以红枣折合现金的形式入资农民专业合作社，众多单个枣农通过合作社组织起来，形成规模性的组织，为枣农提供农业生产资料采购，红枣的加工、运输、销售、贮藏以及生产技术和信息服务等产前、产中和产后的一条龙全方位服务。规模性的合作组织与单个农户相比，市场实力更强，与大型农资供应商和收购商、批发商、零售商的市场地位差距缩小，谈判地位更加平等，从而在利润分配中获得更多的份额（见图7-3）。

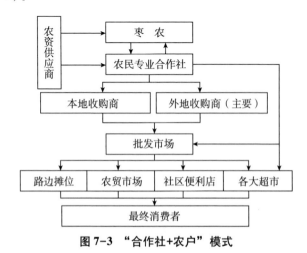

图7-3 "合作社+农户"模式

第一，在产前阶段，农民专业合作社代表社员进行统一采购，可以低于单个农户的购买价格购入生产资料，在一定程度上保证了生产资料的质量。同时，部分枣农也可自行采购生产资料，农户在农资采购方面有更大的灵活性和自主性。

第二，在产中阶段，农民专业合作社通过向社员提供技术指导和技术培训，采用统一管理技术和管理标准，促进社员产出优质丰产的枣果，只有提高枣果品质才能保证销售高价。例如，新疆生产建设兵团第一师二团职工自发成立的农民专业合作社推行的"订单农业"，通过建立全团服务网络，实现了"网点到连、资金到户、技术到人"，在很大程度上提高了社员的栽培技术和管理水平，保证了枣果的质量。但是，在有些地区仍然沿袭传统栽培方式，所以农民专业合作社的技术指导作用并不明显。此外，位于主产区的科研院所也为周边地区枣农提供生产技术指导，在很大程度上帮助枣农改进了栽培技术，提高了枣树抗病虫害的能力。

第三，产后阶段可谓是合作社对社员作用最大的环节。作为产销连接的纽带，农民专业合作社向社员收购成熟的红枣，由农民专业合作社统一销售给大型收购商，收购商再将红枣销售给各类销售终端；或者直接将红枣销售给大型批发市场或超市等零售终端。以河北阜平县的红枣合作社为例，其销售方式主要为将产品销售到京津冀地区（以保定和北京为主）的中小型超市，批发市场和网络销售平台。其中，批发市场的销售量最大，超市的销售价格最高。

"合作社+农户"的经营模式，为小农生产和大市场之间的矛盾提供了有效解决途径。小农生产与大市场之间的矛盾表现在：第一，植根于传统农业生产的小农意识禁锢了农民的思想，阻碍了农民对新品种、新技术、新产品的接受，抑制了自由市场经济调节农业生产的作用，单个农户难以根据市场信息调节自身农业生产。第二，信息不对称。由于受到技术水平、个人能力等多方面的限制，单个枣农获得市场信息能力弱，由于信息获取实力对比悬殊造成的利益分配结构严重失衡，具体表现在交易过程中，绝大部分利润被实力雄厚的大型买家获取，而单个枣农只能获取一小部分利润。第三，谈判主体地位不对等。组织化程度低的单个枣农谈判能力弱，而包括大型批发市场、加工企业、经纪人等市场主体在内的买方组织化程度高，买方的谈判能力强。因此，枣农在交易过程中几乎没有话语权，定价权掌握在买方手中。谈判地位的不平等，导致在收购环节利润分配极为不平衡，绝大部分利润落入大型收购商手中。通过合作社的带动作用，枣农在产量和收入上都有明显提高。合作社主导模式转变了枣农的销售理念，从坐等收购商上门转变为主动寻找市场，合作社打通了销售环节的流通渠道，减少了中间环节，降低了销售成本。

7.1.3.3 "龙头企业+基地+农户"模式

在"龙头企业+基地+农户"模式中（见图7-4），龙头企业作为主导力量以雄厚的资金实力和科技实力成为行业发展的生力军，市场竞争力远远高于红枣专业合作社。枣产业中的龙头企业多采用"龙头企业+基地+农户"的模式，打造统一品牌参与市场竞争。龙头企业主导模式，即龙头企业在原产地自建大型种植基地。

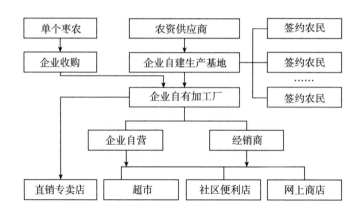

图7-4 "龙头企业+基地+农户"模式

龙头企业在枣产业的发展过程中起着至关重要的推动作用。龙头企业解决了合作社市场竞争力不足的问题，建立了较为完善的销售网络、打通了市场渠道。全国范围内已经有好想你枣业股份有限公司、和田昆仑山枣业有限公司、新疆楼兰果业有限公司、新疆羌都枣业股份有限公司等多家规模性龙头企业。龙头企业主导的经营模式不仅能够保证枣果品质、促进枣产业现代化发展进程，还在带动当地枣农生产增收方面起到积极作用，促进地方经济发展。

7.2 主要流通模式对比及特征分析

7.2.1 主要流通模式对比

本书将上述 4 个主要流通模式从产生背景、核心环节、优点、特点进行对比分析（见表 7-2）。4 种流通模式是随着市场的发展进程逐渐探索并发展起来的，随之流通环节逐渐减少，流通效率不断提高。传统流通模式最初实现了生产者与市场的连通，增强了市场交易的公平性、竞争性，扩大了交易范围和交易半径；"合作社+农户"模式在一定程度上解决了小农户大市场的矛盾，增强了小农户的谈判地位，提高了农户的经济收益；"龙头企业+基地+农户"模式通过契约交易提高了生产的稳定性，实现了枣产业链的纵向一体化，提高了枣产品的附加值，各主体在该模式内目标清晰、分工明确，还能够实现枣产品的可追溯性和食品安全性；网络平台模式进一步缩短了生产和销售的距离，减少了流通环节和流通成本，由此可以促进枣产品的利润率的提高和销售量的扩大。以新疆若羌县爱健康红枣专业合作社为例，通过电子商务渠道平均价格可达到 40 元左右，而当年单个枣农销售给批发商的平均价格只有 10 元左右。在采用电子商务销售之前，该合作社主要通过展销会或农贸市场的渠道销售，销售渠道单一、受众面积小、销量不高，2013 年的销售额约 40 万元，2014 年该合作社入驻电子商务平台，受众面积迅速扩大，销售金额提升至约 320 万元。

表 7-2 枣产业主要流通模式对比分析

流通模式	产生背景	核心环节	特点	优点
传统流通模式	枣产业发展之初，流通体制不完善，社会经济不发达	以批发市场为核心渠道，经纪人作为重要主体	流通环节长、参与主体多，市场交易不稳定	联结了生产环节和销售环节，极大促进了市场发展

续表

流通模式	产生背景	核心环节	特点	优点
"合作社+农户"模式	合作经济开始发展，小农户大市场的矛盾凸显	合作社、商超为核心渠道	缩短流通环节，通过合作组织提高单个农户的谈判能力	解决了小农户大市场的矛盾，增强了农民的市场地位
"龙头企业+基地+农户"模式	市场经济繁荣发展，企业带动效益显著	龙头企业自有营销网络，以商超、直营店为核心	实现了枣果商品化、精品化，契约交易提高了交易的稳定性	提升了产品市场竞争力，实现产销一体化发展

对比枣产业 4 种主要流通模式后发现，由于当前枣树种植仍以一家一户的小农经济为主，流通仍是以批发市场为主要流通渠道的传统流通模式为主。但是随着合作社的迅速发展，龙头企业规模的增加，流通模式仍然会向效率更高的"合作社+农户"和"龙头企业+基地+农户"的模式发展。尤其在"互联网+"的时代背景下，通过充分利用互联网、大数据、AI、AR 等技术，枣产业的流通模式会出现创新发展，直接从传统流通模式过渡到网络平台模式。

7.2.2 市场流通特征分析

（1）市场流通集中度高，地区差异显著。本书于 2016 年调查了全国有枣果销售的批发市场，按照不同地区将各批发市场的枣果成交量进行统计分析，如图 7-5 所示，河北省批发市场的枣果成交量最高，约为全国成交总量的 60%，2016 年的成交额高达 380 亿元，其主要原因在于，河北是我国传统第一大枣产区，枣产业发展历史积淀较雄厚，市场发展时间较长，其中最大的沧州红枣交易市场发展年限已超过 20 年，红枣交易市场已经发展较为成熟。北京批发市场的成交量仅为全国总量的 20% 左右，远远低于河北批发市场，但是得益于北京农产品集散中心和物流中心的地位，大量枣果也在北京新发地农产品批发市场、日上综合商品批发市场、大洋路农副产品批发市场等批发市场销售到全国各地。新疆地区的批发市场的成交量占全国总量的 10% 左右，新疆批发市场发展时间短、发展规模小、地理位置较为偏远，虽然接近主产区，但是远离消费市场，因此成交量不是很高。由于批发市场自身所具有的集聚效应，大部分新疆枣果仍然运至河北、北京等地区的批发市场销售。综观我国其他枣果批发业务的批发市场，成交量非常小，一般不超过全国成交量的 5%。

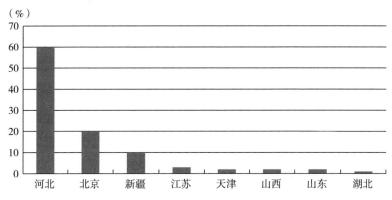

图 7-5　2016 年全国不同地区批发市场的枣果批发成交比例

我国枣产业的市场流通环节高度集中在河北、北京、新疆 3 个地区，其中以河北占主要地位，河北是全国枣果的市场流通中枢。各地区枣果的流通存在巨大差距，河北省批发市场的枣果成交量比例远远高于其他地区的批发市场，各地区枣果批发极不均衡。

（2）枣果周年流通，生产地域性、供给季节性特征明显，消费具有常年性。如图 7-6 所示，制干枣耐储存可实现周年供应，在批发市场制干枣周年流通；鲜

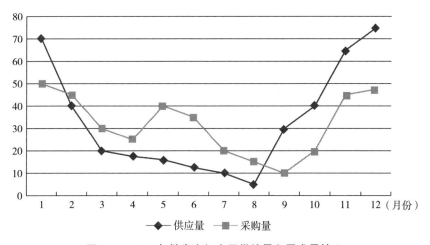

图 7-6　2016 年批发市场枣果供给量和需求量情况

食枣由于受仓储技术所限无法实现周年流通。生产地域性明显，九成以上枣果来自全国六大枣产区。供应季节性明显，供应集中在 10 月至次年 2 月，60% 以上的枣果在此期间成交，特别是绝大部分优质枣果会在这段时间完成交易。根据居民消费习惯，枣果购买具有季节性、消费具有常年性。

7.3 主要流通模式案例分析

7.3.1 以大型批发市场为核心的传统流通模式

全国最大的红枣批发市场是创立于 1996 年的沧州崔尔庄枣业有限公司（沧州红枣交易市场），2016 年该市场的交易量达到 220 万吨，约占全国总产量的 1/4，该市场红枣交易量占全国红枣流通总量的 60% 以上，交易额高达 380 多亿元。沧州红枣交易市场对于分析枣产业传统流通模式具有典型意义。本书选取沧州崔尔庄枣业有限公司进行实地调研，深入研究以大型批发市场为核心的传统流通模式的运作模式和发展特点。

（1）沧州红枣交易市场的基本运作模式。该市场属于开放式市场，任何个人和企业均可入场交易。市场按照摊位的位置和大小向商户收取费用，0.9 米×2 米的标准规格摊位年费用在 6000~8000 元。在摊位周边门脸年费用在 2 万~3 万元/间。2016 年市场总收益为 500 万~600 万元，其中摊位费为 300 多万元。来自全国各地的商户分为常驻商户和流动商户两大类，其中常驻商户达到 3000 余人，流动商户可达 1 万人左右。市场每天开放的时间为 7：00~22：00，根据季节不同时间会稍有调整。市场旺季在每年 9 月至次年 2 月，期间，商贾云集，交易量会达到全年交易量的 60%~80%。市场分为新疆枣交易区和金丝小枣交易区，受全国市场形势影响，新疆枣已经占到整个市场交易量的 80% 以上。沧州红枣交易市场已经成为新疆枣的主要流通渠道，每年 70%~90% 的新疆枣在该交易市场流通。商户的经营范围以制干红枣批发为主，他们多在主产区（主要指新疆）有常驻人员。常驻形式有两种：其一，在主产区承包土地，直接经营红枣种植，将收货之红枣运往沧州销售；其二，常驻主产区人员不负责种植，只负责收购，即充当红枣经纪人的角色。除了从事制干红枣的批发之外，还有一部分商户从事红枣周边配套服务，如初加工、包装、仓储、物流、机械销售等。在沧州红枣交易市场可找到完整的产业链形式，生产、加工、包装、仓储、物流、销售一应俱全。

（2）沧州红枣交易市场得以迅速大规模扩张的主要原因。

第一，政府支持政策。红枣交易市场建立之初创业资金严重缺乏，人们的市场经济意识不强，创建市场阻力重重。最终，市场成功创建得益于政府支持政策的出台，通过1亩地向当地村民补贴350千克粮食的方式，租地10余亩建立市场雏形。为了方便交易市场往来货车的进出，当地政府专门为市场改建并拓宽了道路，在附近设立高速路口，便利的交通环境为市场的发展起到了极大的促进作用。此外，在沧州红枣交易市场发展的20年时间里，当地政府还在土地、宣传等方面给予了全面支持。

第二，公平公正、开放包容的市场交易环境。红枣交易市场发展的根本在于"人气"，所谓"人气"是指要有足够的入驻商户、充足的客流量，市场经营要始终以商户需求为中心，不断会聚人气，增加市场影响力和知名度。为了赢得更多的人气，红枣交易市场建立了公平公正、开放包容的交易环境。具体而言，其一，红枣交易市场解决了传统地头交易不公平的问题。地头交易最大的问题在于信息不对称，获取信息不足的一方容易在交易中处于劣势地位。交易市场为交易双方提供了信息相对充足和透明的交易平台，形成了近似的完全竞争市场，买卖双方均可在市场交易中实现利润最大化，这也是红枣交易市场具有吸引力的地方。其二，红枣交易市场以制度规范交易环境。在市场建立初期，制度主要是解决欺行霸市、缺斤短两的问题，通过严谨的制度设计和严格的市场监管，红枣交易市场得以在短时间内规范运行，买卖双方的利益都得到了保护，这为市场后续的发展奠定了坚实的基础。此后，在与全国同类市场的竞争中，沧州红枣交易市场始终保持开放包容的态度，对本地客商和外地客商一视同仁，保证了市场交易的公平公正。正是公平公正的交易环境，使沧州红枣交易市场在竞争中击败了全国同类交易市场，一直保持全国最大的红枣交易市场的地位。

第三，市场的创新性。沧州红枣交易市场在发展过程中，随市场形势的变化不断调整经营策略，逐渐壮大市场势力。红枣交易市场在建立之后，又经历了1998年和2000年两次扩建，市场规模的扩大、基础设施的完善是市场势力扩大的基本保障。为了适应不同的市场发展阶段，市场对商户收取的费用也有所调整。对于第一期和第二期市场入驻客商采取免费入驻的形式，不收取任何摊位费，目的在于扩大市场影响力、聚集人气；对于第三期市场入驻客商收取每车1~2元的费用，费用不高，不会对往来客商造成过高的成本负担。在交易产品种类方面始终以红枣为主线，近些年随着其他干果逐步进入到往来客商的视野，红枣市场也始终保持开放的态度，近年来葡萄干和核桃的销售量也位居全国第一。

为了适应新疆成为全国最大主产区的新形势，沧州红枣交易市场在新疆阿拉尔筹资1.5亿元建立分市场。主要出资方为新疆生产建设兵团第一师，虽然沧州红枣交易市场出资份额较少，但拥有市场的经营权，正是由于看中沧州红枣交易市场的经营管理方式和成功经验，新疆生产建议兵团特意邀请沧州交易市场在新疆共同建设新市场。阿拉尔分市场已于2016年开始正式投入运营，一期工程占地40公顷，按照规划总体建成后的面积将达到173公顷，这将是西部最大的红枣交易市场，未来也可作为"一带一路"上重要的交易市场，具有重要的战略地位。在市场建立之初，为了吸引更多沧州的红枣经纪人或公司到新市场进行交易，兵团采取食宿全包的方式，吸引个人和商户到新疆考察市场并入驻。沧州市场本部和新疆市场分部已经建立起双点协作关系，预测未来中国绝大部分红枣在大型批发市场的流转将主要在这两个市场完成。

（3）沧州红枣交易市场对中国枣产业发展的推动作用。经过20年的发展，该市场已经成为带动当地经济发展的核心力量。市场周边服务产业得到了快速发展，具体包括餐饮、住宿、冷库、造纸、包装、运输、客车、机械（洗枣机、烘干机、切片机等），以市场为核心的产业发展解决了当地上万人的就业问题。人们的经济收入也节节攀升，以当地女性从事红枣分拣工作为例，工资为每天100元、120元、160元不等。

除了对于当地经济的带动作用，沧州红枣交易市场对整个枣产业流通领域的作用也不可忽视。该市场为整个中国枣产业提供了一个巨大的近似完全竞争市场的交易平台，在该平台上所有的买家和卖家地位平等、信息对称，较为完善的制度设计极大降低了交易成本。在该交易平台上，全国枣产业相关从业人员都可以了解到产业发展最新动态，把握产业发展动态的风向标，为各自制订具体的发展计划提供了可靠的有价值的信息。沧州红枣交易市场在很大程度上打通了从生产种植到市场销售的渠道，提高了产品流通效率，解决了买卖双方的市场交易难题。

（4）大型红枣批发市场的未来发展方向。当前红枣交易市场仍以传统交易形式为主，大型电子交易市场至今尚未建立。随着移动互联对产品交易的影响渗透，大部分商家已经在传统市场之外通过网络平台进行销售，具体形式包括网上商城、微商等，二级批发商、零售商、小型加工企业对熟识商家也直接通过网络订购，"互联网+传统批发市场"的模式已初具雏形。

虽然互联网迅速占领了众多其他产业的流通渠道，但是在枣产业流通渠道中，互联网发展速度并不快。实际上，早在2009年沧州红枣交易就建立了网上电子交易市场，然而发展状况并不尽如人意。总结其失败的原因，主要可以归结为三点：第一，受限于枣自身特性和缺乏统一品质标准，目前判断枣质量的方法仍是靠买家亲自到现场选鉴，难以通过简单的图片、视频及规格资料综合判断产品质量。这是造成网络销售的最大困难之一。第二，电子交易平台营销环节复杂、工作人员人工费用高。枣类初级加工品的批发销售环节利润并不高，在交易量受限的情况下，难以承受高昂的网络维护和人工费用。第三，电子交易平台采用自营方式运营成本高，采用第三方电子交易平台费用也不低，总体下来，通过电子交易平台进行红枣批发销售利润不高。未来红枣批发市场必然向移动互联的方向发展，为了适应未来电子市场的发展必须解决以下问题：第一，完善现有质量体系，建立国家级红枣产品质量标准体系，为电子交易平台的推广奠定基础。第二，对质量进行严格把控，保证电子交易平台上商家的货品质量，严格按照质量标准销售，良好的销售环境是电子交易平台得以发展的基本保障。第三，创新电子交易平台的盈利模式，单纯的产品批发难以维系交易平台的运营，应通过提供附加值高的产品、吸引广告投资、扩大服务范围等方面多渠道提高经济利润。

7.3.2 以龙头企业为核心的"龙头企业+基地+农户"模式

本书实地走访了和田昆仑山枣业股份有限公司，该公司是一家典型的新兴红枣产业龙头企业，2005年10月正式成立，经营历史只有10余年。该公司2011年11月被认定为农业产业化国家重点龙头企业，2012年11月正式进入上市辅导期。该公司专门从事红枣的生产、加工和销售，也是产供销一体化的龙头企业。该公司地处和田皮墨开发区工业园区，是新疆枣产区的核心地带，优越的自然条件成为了公司的市场竞争优势。其中，"和田玉枣"系列产品来自新疆生产建设兵团第十四师旗下的红枣绿色食品出口基地，拥有适宜红枣生长的无污染碱性沙化土壤、充沛的光热资源和富含矿物质元素的昆仑山冰山雪水资源，产出的红枣维生素C含量高于苹果80倍，品质优良。该公司已经有333公顷红枣基地通过中国有机产品认证，6667公顷和田玉枣通过中国绿色食品认证。该公司的商业模式可以分为研发模式、采购模式、生产模式和销售模式等。

第一，研发模式。公司拥有自己的科研团队，并建立了较为完善的研发体系，在红枣加工方面成立了南疆特色果品加工工程技术研究中心，这是公司核心竞争力的重要组成部分。公司科研团队保证了技术创新工作的系统性和可持续性。

第二，采购模式。昆仑山枣业的原料供应主要包括市场化收购和自有基地种植两种方式，2015~2016年，以市场化收购为主，112公顷的自有种植基地供应量较小，主要起到种植示范作用。①市场化收购。公司采购人员在红枣上市前就新疆各地红枣的种植和收购情况进行调研，预测红枣当年收购价格和价格走势，为公司制订采购计划和收购策略提供支持。每年12月前后和田红枣大批上市，公司根据资金状况及次年销售预测，于每年12月至次年1月进行大批量采购。采购时，公司专业采购人员要进行实地考察、询问枣农的种植情况，确保原料枣的等级、色泽、饱满度、含水量、杂质比例等符合标准。对符合公司采购标准的原料枣，在综合考虑农户种植成本、市场行情、价格走势的基础上，做出采购决策。对于纳入公司采购计划的原料枣，枣农将原料枣运至公司制定区域，公司采购人员将原料枣与样品核对无误后，过磅称重并告知财务管理中心，并由财务管理中心统一支付货款。②种植基地。2015 年 4 月，公司与 28 名枣农签订《土地承包经营合同》，将皮亚勒玛乡约 112 公顷土地对外承包用于种植经营，其中包括酸枣苗地、白地和红枣地。承包期限为 2015 年 1 月 1 日至 2035 年 12 月 31 日。根据土地承包合同，未种植土地的承包人必须以果蔬经营为主，不得改作其他用途，且若种植红枣须全部以订单的形式交售于公司。未播种酸枣苗的土地，种植作物必须满足公司要求。

第三，生产模式。公司采取按需生产的模式：首先，由公司营销中心接收经销商订单，根据实际需求将订单提交给生产中心；其次，生产中心根据种类和产品要求，考虑库存情况，制订生产计划、下发生产订单、安排生产；最后，生产完成后由质量控制部取样检测，对质量合格的产品正式填单入库，而对于分选、分级中未达到生产要求和等级标准的红枣，不予对外销售。

第四，销售模式。昆仑山枣业的销售模式以经销商销售为主，公司直销为辅。①经销商销售模式。经销商销售模式实行分片管理，根据经销商的信誉、经营时限、销售能力等条件确定经销商，由经销商购买公司产品后自行销售。公司根据订单和货款支付情况组织运输，营销部门及时跟进物流状态，并与经销商沟通到货验收和售后服务事项。每年 11 月，公司根据当年和上一年度经销商的销售情况确定各片区的经销商，与符合条件的经销商签订下一年度框架性销售协议，合同执行期 1 年。②直接销售模式。公司通过开拓网络销售平台等直销渠道，扩大直销规模、提高盈利能力。

通过和田昆仑山枣业股份有限公司的案例分析得出，与其他流通模式相比，龙头企业在研发模式、采购模式、生产模式和销售模式均具有较明显的优势，在一定程度上降低了流通环节的成本、提高了流通环节的利润，呈现出较高的流通效率。

7.4 不同流通模式下枣产业链利润分配格局

本书基于枣产业的不同流通模式，对比不同流通模式下的价值增值过程，剖析不同流通模式下利益分配的问题。枣产业仍以传统流通模式为主，该流通模式占全部市场流通的半数以上。在传统流通模式下利润分配不均问题显著，合作社和龙头企业在一定程度上解决了流通环节利润分配不均的问题。

按照市场流通方式枣果的市场价格可分为收购价、批发价、零售价和差价，其中差价可细分地域差价、季节差价、品质差价和购销差价。在市场流通体制自由化以后，枣的市场价格由市场供求关系决定，并围绕均衡价格上下波动。价格的波动及幅度受到生产成本、生产规模、自然因素、其他果品价格等多种因素的综合影响。市场价格作为终端价格直接关系到消费者、零售商、各级批发商、生产者等供应链上各个流通主体的利益，同时影响了下一期生产计划的进行。

本书选取新疆生产建设兵团第一师、第二师、第三师和第十四师团场、河北沧州红枣交易市场、新疆果满园有限公司、永鹏红枣种植专业合作社、百步合作联社等作为调研对象，通过实地调研获取各利益主体在各流通环节的价值增值。下文中不同流通模式下的成本、单价等数据是通过对调研数据进行加权平均获得的。

从不同模式的销售比例情况看，当前的销售仍然以传统流通模式为主，多种流通模式并存。本书将不同流通模式下的销售比例进行对比分析（见表7-3），传统流通模式所占比例约为65%，"龙头企业+基地+农户"模式和"合作社+农户"模式占比分别为20%和15%。

表7-3　不同流通模式的销售比例

流通模式	销售比例
传统流通模式	65%
"合作社+农户"模式	15%
"龙头企业+基地+农户"模式	20%

7.4.1　传统流通模式的利润分配

传统流通模式的主要销售路径是"枣农—红枣经纪人—批发商—零售商"，

传统流通模式下的产品以原枣为主，表7-4显示了该流通模式下各主体的成本收益与价值增值比例。

表7-4 传统流通模式的价值增值 单位：元/千克

增值结构	枣农	经纪人	批发商	零售商
成本	4	6	12	30
单价	6	12	30	75
增值	2	6	18	45
新增成本	0	1	3	15
利润	2	5	15	30
增值比例（%）	3.84	9.62	28.85	57.69

注：利润=增值－新增成本，增值比例=增值/Σ增值。

（1）从价值增值情况看，零售环节增值最多，批发环节次之，经纪人环节再次，生产环节增值最少。从枣农环节价值增值约为3.84%，经纪人环节价值增值约为9.62%，批发商环节增值约为28.85%，而零售商环节的价值增值可达57.69%。

以新疆骏枣为例，2015年阿克苏地区的出地价为6元/千克，将枣果运至河北红枣批发市场销售，批发价涨到30元/千克。经过包装的枣果，在乌鲁木齐超市的价格为40～165元/千克不等，一般情况下，加工企业规模越大、实力越强，产品包装越精美，产品价格也就越高，即使是未经包装的枣果，在乌鲁木齐大巴扎市场销售的骏枣为80～120元/千克。由此可见，在传统流通模式下，价值增值环节主要在批发商和零售商。

（2）从成本构成情况看，枣果的单位流通成本高于单位生产成本，整个流通环节成本高达19元/千克，而生产成本仅为4元/千克。当枣果通过传统流通方式从枣农流向批发市场和零售市场过程中，中间商利用信息不对称和买方市场下采购方的谈判优势，尽可能压低枣农的利润。在运输过程中，特别是市场上七成以上的枣果均来自新疆，物流成本大大增加。当枣产品进入大型超市时会产生高昂的运营成本，通常中小企业难以承担这部分费用，而有实力进入超市的企业也会将这部分运营成本加到单价之上。总之，流通环节由于高额的物流成本和运营成本，造成流通环节成本大大高于生产成本。

（3）从利润分配情况看，传统流通模式下流通环节较多且利润分配不均，利润严重向批发零售商倾斜，在产业链接近消费者的一端价值增值最多。借助市场营销手段，零售商的利润可高达30元/千克，批发商的利润为15元/千克，红枣经纪人的利润为5元/千克，枣农的利润仅为2元/千克，远远低于其他流通主体的利润，若枣农扣除自有劳动的成本，利润又将有所下降。总之，在传统流通模式下，利润分配极为不均衡。

7.4.2 "合作社+农户"模式的利润分配

"合作社+农户"模式的主要销售路径是"枣农—合作社—批发商—零售商"，该流通模式下的主要产品是原枣和初级加工品，表7-5表示了该流通模式下各主体的成本收益与价值增值比例。具体来看：

表7-5 "合作社+农户"模式的价值增值　　　　单位：元/千克

增值结构	枣农	合作社	批发商	零售商
成本	4	8	16	30
单价	8	16	30	60
增值	4	8	14	30
新增成本	0	2	2	4
利润	4	6	12	26
增值比例（%）	7.14	14.29	25.00	53.57

注：利润=增值-新增成本，增值比例=增值/∑增值。

（1）从价值增值情况看，与传统流通模式类似，依然是从零售环节到生产环节，价值增值逐渐减少，虽然枣农的增值比例依然最低，但是增值比例约为7.14%，高出传统流通模式。由此可见，虽然"合作社+农户"模式之下农户能够以较高的价格将枣果出售给合作社，实现更高的价值增值比例，以新疆生产建设兵团第一师二团的红枣加工合作社为例，合作社以高于市场平均价格0.5~1

元/千克的价格进行现金收购，社员如果在销售红枣时，自愿将红枣折合现金入资合作社，除享受高于市场平均价格 0.5~1 元/千克的收购价格以外，还可享受该部分红枣深加工销售后的分红返利，入社农户普遍增收 20% 以上。

（2）从成本构成情况看，流通环节成本高于生产成本，流通环节成本约为生产成本的 2 倍。与传统流通模式相比，由于流通环节有所减少，农民掌握更多的谈判话语权，流通环节的成本整体有所减少，"合作社+农户"模式在一定程度上降低了流通成本，增加了枣农和消费者的收益。

（3）从利润分配情况看，零售商所得利润依然最高，其后依次是批发商、合作社和枣农，零售商的利润近乎为枣农的 7 倍。枣农的利润与其他主体相比依然最低，只有 7.14 元/千克，但是与传统流通模式相比已经有所增加，得益于合作社组织优惠收购价格和红利返还。

7.4.3 "龙头企业+基地+农户"模式的利润分配

"龙头企业+基地+农户"模式的主要销售路径是"枣农—龙头企业—批发商—零售商"，该流通模式下的主要产品是初级加工品和精深加工品，其中精深加工品的附加值较高，表 7-6 表示了该流通模式下各主体的成本收益与价值增值比例。

表 7-6 "龙头企业+基地+农户"模式的价值增值 单位：元/千克

增值结构	枣农	龙头企业	批发商	零售商
成本	—	10	28	43
单价	—	31	41	83
增值	5	21	13	40
新增成本	—	5	1	2
利润	5	16	12	38
增值比例（%）	7.04	22.54	16.90	53.52

（1）从价值增值情况看，增值比例最高依然在零售环节，从生产到批发环节的价值增值较为平均，枣农的价值增值有所提升，达到 7.04%。枣农价值增值

提升的主要原因在于龙头企业与枣农签订协议，通常枣农无须承担生产成本，也无须担心销路，协议中已经就枣农的利润有所规定。

（2）从成本构成情况看，龙头企业的新增成本最高，主要原因在于龙头企业引领下的产业一体化中，龙头企业承担了大部分加工、物流、营销等成本，其承担的成本最多；流通环节整体减少，产品多以初级加工和精深加工为主，批发商和零售商的成本增值增加较少。以四川某红枣加工龙头企业为例，该企业于2010年在新疆阿拉尔建立生产基地，承包10000多亩地用作生产基地，种植骏枣1000多亩、灰枣4000多亩、冬枣4000多亩。土地租期30年，土地使用费为1000元/亩/年。该加工企业采用的运作方式是在新疆对收购的枣果进行烘干处理，之后将初加工过的枣果运回四川进行包装，再通过公司的营销网络将产品销往全国各地。就价格构成来看，原料枣果的价格为10元/千克，加工后的价格为20元/千克，公司还需要承担高额的物流成本，淡季的价格在600~800元/吨，旺季的价格可达到1200~1300元/吨。

（3）从利润分配情况看，虽然零售商所得利润较高，但是和其他流通主体的差距已经在逐渐缩小。不同零售渠道的利润有所不同，超市和商场以销售精品产品和包装产品为主，其利润最高；批发市场销售简装产品和走量为主要目的，其利润次之。龙头企业所得利润次于零售商，再次分别是批发商和枣农。枣农的利润呈现小幅上涨趋势，主要在于龙头企业与农民签订种植协议，在很大程度上保证了农民的基本收入，又解决了农民卖枣难的问题。流通环节利润分配不均的问题在一定程度上有所改善。

综上所述，枣产业链各环节的利润分配差异较大，仍存在不均衡的问题。在各流通环节中，靠近零售端的企业和商户所获利润最多，而处于生产端的农户所获利润最少，特别是大型零售商和综合型超市在流通中所获利润较多。流通环节越多，越会导致在各个流通主体之间的利润分配不平衡，产业化程度提高后，流通环节减少，利润分配差异略有减小。农民专业合作社在提高农民组织能力和市场谈判地位方面发挥了重要作用，有效提高了农民的利润和价值增值比例；龙头企业降低了农民生产的成本和风险，提高了枣产品的流通效率，发挥了控制枣果品质、提高枣果附加值、稳定枣农收益等多方面的作用。整体来看，种植枣树的投入较多、周期较长，但是收益相对较低，产业链各环节的利润分配格局有待进一步优化，以更好地保护种植环节枣农的积极性和稳定性，保证枣产业可持续健康发展。

7.5　枣产业链利润优化分配分析

基于枣产业链各环节利润分配存在的不均衡问题，即产业链中各主体的分配地位不对等，利润过于集中在批发零售端，在生产加工端的主体无法获得合理的利润分配。为了维持产业链的稳定性，优化利润分配方式，解决产业链各主体利润分配不均衡的问题。本节将采用 Shapley 值法优化产业链各环节的利润分配。Shapley 值法用以解决产业联盟中各主体利益合理分配的问题，基于 Shapley 值的利益分配体现了各主体在整个产业联盟中的贡献程度，该利润分配方案更加公平合理。Shapley 值法适用于产业链各主体互相不对抗的情况，该利润重新分配方案是通过 Shapley 值计算出各主体最大的利润。通过分析各主体利润分配的实际情况和优化方案之间的差距，为产业链的进一步调整奠定基础。

7.5.1　基于 Shapley 值法的利润分配方案

Shapley 值是用以解决多人合作状态下，如何合理分配各方利润的问题。通过考虑产业链各环节利益主体所做出的贡献，以找出公平分配合作收益的方案。通常，产业联盟利益主体之间相互合作得到的收益比各主体处于非合作状态时获得的收益更大。

只有满足对称性、有效性、冗员性和可加性 4 个公理，Shapley 值法计算的合作对策才是唯一。

公理 1：对称性。产业联盟合作获利的分配不随每个人在合作中的次序变化。

公理 2：有效性。合作各方获利总和的数额等于合作获利的数额。

公理 3：冗员性。若一个成员对任何他参与的合作联盟都没有贡献，则他不应当从合作中获利。

公理4：可加性。有多种合作时，每种合作的利润分配方式与其他合作结果无关。

假设有 n 个主体参与产业联盟，利润分配函数为 v（s），其中，s 是 n 的子集。|s|是产业联盟子集 s 中的主体个数，ω（|s|）是加权因子，且

$$\omega(|s|) = \frac{(|s|-1)!\ (n-|s|)!}{n!}$$

每个参与主体的获利用 $\varphi_i(v)$ 表示，则：

$$\varphi_i(v) = \sum_{s \in S_i} \omega(|s|)[v(s) - v(s/\{i\})],\ i=1,\ 2,\ \cdots,\ n$$

其中，s/{i} 为集合 s 去掉元素 i 后的集合，[v(s)-v(s/{i})] 表示该参与主体对联盟的边际贡献值，某一参与主体的边际贡献值越大，其所获利润也越多。

产业联盟各参与人在合作中所获利润的分配记作：

R(v)=[φ₁(v)，φ₂(v)，φ₃(v)，…，φₙ(v)]

R(v)=[$\varphi_1(v)$，$\varphi_2(v)$，$\varphi_3(v)$，…，$\varphi_n(v)$]

在中国枣产业中，|s|是产业链中各环节利益主体的个数，各环节的利益主体包括枣农、加工商、批发商和零售商。只有各利益主体所获利润与自身贡献度相匹配，产业链才更加稳固，产业发展才具有可持续性。当前我国枣产业链中处于生产端的枣农所获利润最低，若要增加枣农的收入，需要明确枣农收入需要增加多少才合理，只有通过定量分析才能确定产业链各环节利益主体的合理利润分配。

7.5.2 不同合作状态下的利润分配计算

在我国枣产业链中，若各环节的利益主体处于非合作状态下，产业链各环节相互独立，各环节利润可视为传统流通模式下各环节的利润。在"合作社+农户"模式和"龙头企业+基地+农户"模式下，分别是合作社和龙头企业参与加工环节，扮演加工商的角色，为了保持下文分析的一致性，不同流通模式下参与加工环节的主体统称为加工商。在不同合作状态下，计算产业链各环节利益主体合作的共同利润。

当两个利益主体合作时，"枣农+加工商"可视为"合作社+农户"模式下枣

农和加工商合作的共同利润。由于枣农和批发商相对独立，"枣农+批发商"可视为传统流通模式下枣农和批发商的共同利润；同理，"枣农+零售商"也可视为传统流通模式下枣农和零售商的共同利润；"加工商+批发商"可视为"合作社+农户"模式下加工企业和批发商合作的共同利润；"加工商+零售商"可视为传统流通模式下加工商和零售商的共同利润；"批发商+零售商"可视为"合作社+农户"模式下批发商和零售商合作的共同利润。

当3个利益主体合作时，"枣农+加工商+批发商"可视为"合作社+农户"模式下枣农、加工商和批发商三者合作的共同利润；"枣农+加工商+零售商"可视为"合作社+农户"模式下枣农、加工商和零售商三者合作的共同利润；"枣农+批发商+零售商"可视为传统流通模式下枣农、批发商和零售商合作的共同利润；"加工商+批发商+零售商"可视为"合作社+农户"模式下加工商、批发商和零售商合作的共同利润。

当4个利益主体合作时，"枣农+加工商+批发商+零售商"可视为"龙头企业+基地+农户"模式下枣农、加工商、批发商和零售商四者合作的共同利润。

将不同流通模式下各环节利益主体所获利润的调研数据代入不同合作状态下的利润分配模型中，基于 Shapley 值法计算的各利益主体合理利润分配如表 7-7 至表 7-11 所示。

表 7-7　不同合作状态下枣农的利润分配计算　　　　单位：元/千克

分配模型	不同合作状态下的利润							
	枣农	枣农+加工商	枣农+批发商	枣农+零售商	枣农+加工商+批发商	枣农+加工商+零售商	枣农+批发商+零售商	枣农+加工商+批发商+零售商
$v(s)$	2	10	17	32	22	36	47	71
$v(s/\{i\})$	0	6	15	30	18	32	45	66
$v(s)-v(s/\{i\})$	2	4	2	2	4	4	2	5
$\|s\|$	1	2	2	2	3	3	3	4
$\omega(\|s\|)$	1/4	1/12	1/12	1/12	1/12	1/12	1/12	1/4
$\omega(\|s\|)[v(s)-v(s/\{i\})]$	0.50	0.33	0.17	0.17	0.33	0.33	0.17	1.25

枣农获得的利润分配为：

$$\varphi_{枣农}(v) = 0.50+0.33+0.17+0.17+0.33+0.33+0.17+1.25 = 3.25(元/千克)$$

表7-8　不同合作状态下加工商的利润分配计算　　单位：元/千克

分配模型	不同合作状态下的利润							
	加工商	加工商+枣农	加工商+批发商	加工商+零售商	加工商+枣农+批发商	加工商+枣农+零售商	加工商+批发商+零售商	加工商+枣农+批发商+零售商
$v(s)$	5	10	18	35	22	36	44	71
$v(s/\{i\})$	0	4	12	30	16	30	38	55
$v(s)-v(s/\{i\})$	5	6	6	5	6	6	6	16
$\mid s\mid$	1	2	2	2	3	3	3	4
$\omega(\mid s\mid)$	1/4	1/12	1/12	1/12	1/12	1/12	1/12	1/4
$\omega(\mid s\mid)[v(s)-v(s/\{i\})]$	1.25	0.50	0.50	0.42	0.50	0.50	0.50	4.00

$$\varphi_{加工商}(v) = 1.25+0.50+0.50+0.42+0.50+0.50+0.50+4.00 = 8.17(元/千克)$$

表7-9　不同合作状态下批发商的利润分配计算　　单位：元/千克

分配模型	不同合作状态下的利润							
	批发商	批发商+枣农	批发商+加工商	批发商+零售商	批发商+枣农+加工商	批发商+枣农+零售商	批发商+加工商+零售商	枣农+加工商+批发商+零售商
$v(s)$	15	17	18	38	22	47	44	71
$v(s/\{i\})$	0	2	6	26	10	30	32	59
$v(s)-v(s/\{i\})$	15	15	12	12	12	17	12	12
$\mid s\mid$	1	2	2	2	3	3	3	4
$\omega(\mid s\mid)$	1/4	1/12	1/12	1/12	1/12	1/12	1/12	1/4
$\omega(\mid s\mid)[v(s)-v(s/\{i\})]$	3.75	1.25	1.00	1.00	1.00	1.42	1.00	3.00

$$\varphi_{批发商}(v) = 3.75+1.25+1.00+1.00+1.00+1.42+1.00+3.00 = 13.42(元/千克)$$

表7-10　不同合作状态下零售商的利润分配计算　　　单位：元/千克

分配模型	不同合作状态下的利润							
	零售商	零售商+枣农	零售商+加工商	零售商+批发商	零售商+枣农+加工商	零售商+枣农+批发商	零售商+加工商+批发商	零售商+枣农+加工商+批发商
v(s)	30	32	35	38	36	47	44	71
v(s/{i})	0	2	5	12	10	17	18	33
v(s)−v(s/{i})	30	30	30	26	26	30	26	38
|s|	1	2	2	2	3	3	3	4
ω(|s|)	1/4	1/12	1/12	1/12	1/12	1/12	1/12	1/4
ω(|s|)[v(s)−v(s/{i})]	7.50	2.50	2.50	2.17	2.17	2.50	2.17	9.50

$\varphi_{零售商}(v) = 7.50 + 2.50 + 2.50 + 2.17 + 2.17 + 2.50 + 2.17 + 9.50 = 31.01$（元/千克）

通过 Shapley 值法对产业链各环节主体所获利润进行重新分配，枣农、加工商、批发商和零售商获得的利润分别是 3.25 元/千克、8.17 元/千克、13.42 元/千克和 31.01 元/千克（见表7-11）。其中，靠近产业链上游的枣农和加工商利润提高比例最多，其利润分别提高了 62.50% 和 63.40%；靠近产业链下游的批发商所获利润有所减少，其利润下降幅度为 10.53%，零售商所获利润略有增加，增加幅度为 3.00%。产业链整体利润增加 3.84 元/千克，增加幅度为 7.38%。利润分配比例由 3.85%、9.62%、28.82% 和 57.69% 调整为 5.82%、14.63%、24.03% 和 55.52%。从以上数据分析可以看出，合作后各主体之间利益分配差距有所减少，特别是枣农和加工商利润增加比例较大，在一定程度上解决了原利润分配方式下，枣农和加工商所获利润分配较少，整个产业链利润分配不均的问题。整体来看，合作后产业链各环节主体的利润总和有所增加，表明产业链各主体合作的有效性。

表7-11　不同利润分配方式下各主体所获利润　　　单位：元/千克

利润分配方式	枣农	加工商	批发商	零售商	产业链价值增值
合作前利润分配方式	2.00	5.00	15.00	30.00	52.00
Shapley 值利润分配优化方式	3.25	8.17	13.42	31.00	55.84

8 中国枣产业市场价格波动 特征及影响因素分析

8.1 市场价格波动现状

1978 年中国枣产业逐步进入现代生产技术驱动的发展阶段，随着国家农产品购销政策的调整和流通渠道的多样化，枣果可通过多种渠道在市场上自由流通，大大激发了枣产业的发展活力，枣果的市场交易量和价格也较之以往出现增长的趋势。从 2000 年开始至今，随着枣产业进入新一轮发展高潮，我国枣果的市场价格水平出现了较大幅度的变化。2000~2008 年，枣果的市场价格变化较为平稳，呈现稳中有升的变化趋势，不同品种的枣果价格变动趋势大致相同；2008~2012 年，枣产业迎来历史上发展最快的时期，市场价格也飙升至前所未有的高水平，批发市场的枣果价格可高达每千克 140 元左右。此外，不同品种枣果的价格出现了差异性变化趋势，具体而言，新疆枣果价格和市场占有率急速上升，相反，其他地区枣果价格和市场占有率普遍出现明显下降趋势。2012 年后，新疆枣果的价格开始出现持续下跌，对整个枣产业发展造成了巨大影响。

8.1.1 数据来源

本书收集了 2010 年 4 月至 2017 年 3 月全国各地的不同品种枣的市场价格，数据来源于中国枣网的全国枣价统计。由于中国枣的品种繁多，不同市场之间存在较大的差价，因此，难以用一个变量代表所有品种的价格情况。本书最终选择新疆枣价作为研究对象分析市场价格水平，主要原因在于新疆枣占全国枣产量的比例约40%，其市场占有率更是高达70%以上，新疆枣价的变动对全国枣价的变动起着决定性影响，新疆枣价的变动极具有代表性，是全国枣价变动的风向标。

8.1.2 市场价格水平描述性分析

长期来看，新疆枣果价格呈现震荡下行趋势（见表8-1）。具体而言，2010年4月至2017年3月，新疆枣价经历了较大的变动，价格最高达到136元/千克，最低值为17元/千克，最大值和最小值之间相差高达119元/千克，平均价格为67.26元/千克。新疆枣价的标准差为35.02，偏度系数为0.543，数据呈右偏分布，峰度系数为-0.979，数据分布较为分散。从价格变动情况分析，每月与上月同期价格相比，其中47个月的价格出现下跌，所占比例达到55.95%，下跌幅度最高达到42.31%，2011年12月到2012年1月，价格从130元/千克骤跌至75元/千克；而价格上涨的月份不足一半，上涨最高比例达到48.15%，2015年10月到11月，价格从27元/千克增长到40元/千克。整体来看，新疆枣果的市场价格水平不稳定，变动幅度较大，价格平均月度增长率为-1.06%，呈现整体下降趋势（见图8-1）。

表8-1 2010年4月至2017年3月新疆枣价数据

日期	价格（元/千克）	日期	价格（元/千克）	日期	价格（元/千克）	日期	价格（元/千克）
2010年4月	120	2011年2月	116	2011年12月	130	2012年10月	72
2010年5月	118	2011年3月	113	2012年1月	75	2012年11月	73
2010年6月	116	2011年4月	112	2012年2月	80	2012年12月	85
2010年7月	117	2011年5月	116	2012年3月	72	2013年1月	72
2010年8月	115	2011年6月	112	2012年4月	67	2013年2月	68
2010年9月	125	2011年7月	126	2012年5月	70	2013年3月	68
2010年10月	128	2011年8月	128	2012年6月	65	2013年4月	62
2010年11月	136	2011年9月	123	2012年7月	64	2013年5月	60
2010年12月	120	2011年10月	126	2012年8月	67	2013年6月	60
2011年1月	115	2011年11月	125	2012年9月	67	2013年7月	62

续表

日期	价格 （元/千克）	日期	价格 （元/千克）	日期	价格 （元/千克）	日期	价格 （元/千克）
2013 年 8 月	58	2014 年 7 月	42	2015 年 6 月	38	2016 年 5 月	25
2013 年 9 月	54	2014 年 8 月	41	2015 年 7 月	40	2016 年 6 月	22
2013 年 10 月	68	2014 年 9 月	48	2015 年 8 月	35	2016 年 7 月	21
2013 年 11 月	65	2014 年 10 月	50	2015 年 9 月	29	2016 年 8 月	28
2013 年 12 月	66	2014 年 11 月	52	2015 年 10 月	27	2016 年 9 月	38
2014 年 1 月	72	2014 年 12 月	54	2015 年 11 月	40	2016 年 1 月	35
2014 年 2 月	70	2015 年 1 月	52	2015 年 12 月	29	2016 年 11 月	28
2014 年 3 月	60	2015 年 2 月	48	2016 年 1 月	31	2016 年 12 月	30
2014 年 4 月	54	2015 年 3 月	44	2016 年 2 月	26	2017 年 1 月	26
2014 年 5 月	48	2015 年 4 月	43	2016 年 3 月	24	2017 年 2 月	17
2014 年 6 月	40	2015 年 5 月	40	2016 年 4 月	23	2017 年 3 月	23

资料来源：中国枣网。

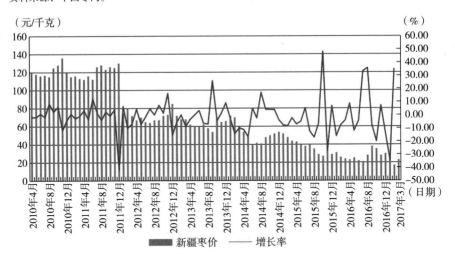

图 8-1　2010 年 4 月至 2017 年 3 月新疆枣价月增长率

资料来源：中国枣网。

8.2　研究方法

为了深入研究中国枣市场价格的波动特征和规律，本书仍采用市场占有率最高的新疆枣的价格作为数据来源。新疆枣的价格数据是时间序列数据，本书采用HP滤波法研究新疆枣价的波动规律和波动特征。由于获取的数据是月度数据，在采用HP滤波法前需要对数据进行预先处理，对剔除消费价格指数后的市场价格进行季节性调整，之后获取剔除季节性因素和周期性因素的价格波动长期趋势，在此基础上通过HP滤波法分析价格波动规律和波动特征。

8.2.1 季节调整法

本书采用了季节调整法分析新疆枣价的月度数据。季节调整法认为时间序列包含了4种变动因素：长期趋势变动T（Trend）、季节性变动S（Seasonal Fluctuation）、周期性变动P（Periodicity）和不规则波动性I（Irregular Variations），月度时间序列可分解为T、S、P、I之和，$Y_t = T_t + S_t + P_t + I_t$。其中：

（1）长期趋势变动T：表示随着时间的推移，数据随之逐渐增加、减少或者不变的长期发展趋势。

（2）季节性变动S：表示由于受到季节因素的影响或某些习俗的影响，数据出现有规律变化的规则。

（3）周期性变动P：表示数据取值沿着趋势线有如钟摆般循环变动的规律。

（4）不规则波动性I：表示把时间序列中的长期趋势、季节趋势和周期性趋势都去除后剩下的部分。

经济时间序列的季节性波动往往容易遮盖经济发展中的其他客观变化规律，因此，本书在分析新疆枣价的波动特征时需要对时间序列数据进行分解，去掉季节波动性的影响，即所谓的"季节调整"（Seasonal Adjustment）。X-12是基于移动平均法的季节调整法，它可以把时间序列Y中的随机成分I和季节成分S分解出来，对时间序列中各变动因素之间的关系，通常有加法关系假设和乘法关系假设，相应地采用时间序列季节分析的加法模型和乘法模型。

（1）加法模型：假设各成分之间彼此独立，没有交互影响，时间序列是由长期趋势性、季节性、周期性和不规则性叠加形成的。如果以Y表示某个时间序列数据，加法模型即为$Y = T + S + P + I$。加法模型中的季节性因素、周期性因素和不规则性因素都围绕长期趋势而上下波动，反映了各自对时间序列的影响方式和程度。加法模型一般适用于随着时间推移，波动幅度没有明显变化的时间序列。

（2）乘法模型：假设各成分之间是相互依赖的，时间序列是由长期趋势性、季节性、周期性和不规则性相乘形成的。如果以 Y 表示某个时间序列数据，乘法模型即为 $Y = T \times S \times P \times I$。乘法模型中的季节性因素、周期性因素和不规则性因素也是围绕长期趋势而上下波动，反映了各因素在长期趋势的基础上对原始时间序列数据的相对影响方式和程度。乘法模型一般适用于随时间推移，波动幅度随之增大或减小的时间序列。

X–12 的核心算法分为 3 个阶段：

第 1 阶段，季节调整的初始估计。

（1）TP_t 表示时间序列的趋势循环成分，通过中心化 12 项移动计算平均趋势循环成分的初步估计：

$$TP_t = （0.5y_{t-6} + y_{t-5} + \cdots + y_{t+5} + 0.5y_{t+6}）/12$$

（2）计算 SI 项的初始估计：

$$SI_t = Y_t - TP_t$$

（3）通过 3×3 移动平均计算季节成分 S 的初始估计：

$$\hat{S}_t = （SI_{t-24} + 2SI_{t-12} + 3SI_t + 2SI_{t+12} + SI_{t+24}）/9$$

（4）消除季节成分中的残余趋势：

$$S_t = \hat{S}_t - （\hat{S}_{t-6} + 2\hat{S}_{t-5} + \cdots + 2\hat{S}_{t+5} + \hat{S}_{t+6}）$$

（5）季节调整结果的初始估计：

$$TPI_t = Y_t - S_t$$

第 2 阶段，计算暂定的趋势循环成分和最终的季节成分。

（1）利用 Henderson 移动平均公式计算暂定趋势循环成分：

$$TP'_t = \sum_{j=-H}^{H} h_j^{(2H+1)} TPI_{t+j}$$

（2）计算暂定的 SI 项：

$$SI'_t = Y_t - TP'_t$$

（3）通过 3×5 项移动平均计算暂定的季节成分：

$$S'_t = （SI'_{t-36} + 2SI'_{t-24} + 3SI'_{t-12} + 3SI'_t + 3SI_{t+12} + 2SI_{t+24} + 3SI_{t+36}）/15$$

（4）计算最终的季节成分：

$S_t' = S_t' \diagup (S_{t-6}' + 2S_{t-5}' + \cdots + 2S_{t+5}' + S_{t+6}') \diagup 24$

（5）季节调整的第 2 次估计结果：

$TPI_t' = Y_t - S_t'$

第 3 阶段，计算最终的趋势成分和最终的随机成分。

（1）利用 Henderson 移动平均公式计算最终的趋势循环成分：

$$TP_t'' = \sum_{j=-H}^{H} h_j^{(2H+1)} TPI_{t+j}'$$

（2）计算最终的随机成分：

$I_t'' = TPI_t' - TP_t''$

在 X-12 季节调整法中，趋势成分和周期成分被视为不可分开的整体，时间序列 Y_t 的趋势循环成分 TP_t 包括了趋势成分和周期性成分。

8.2.2 HP 滤波法

经过季节调整后的数据反映出趋势循环变动成分 TP_t，在此基础上，采用 HP 滤波法在此剔除掉趋势变动成分，得到循环周期成分。HP 滤波法是 Hodrick 和 Prescott（1997）针对美国战后商业周期的研究首次提出的，通过设计一个近似的高通滤波器（High-Pass Filter），在不同频率的成分中分离出较高频率的成分（中短期波动）和较低频率的成分（长期趋势），也就是将变化不定的时间序列数据中具有一定趋势变化的平滑序列分离出来，将时间序列数据分解为平稳变化的趋势性成分和周期波动性成分。HP 滤波法假设时间序列数据为 Y_t（$t = 1$，2，$\cdots$，T），Y_t 由趋势性部分 T_t、周期波动性部分 P_t 和误差项 ε_t 组成，即

$Y_t = T_t + P_t + \varepsilon_t$ （8-1）

HP 滤波法的具体计算方法为使下面的损失函数最小，即

$$\min_{\tau} \left(\sum_{t=1}^{T} (Y_t - T_t)^2 + \lambda \sum_{t=2}^{T-1} \left[(T_{t+1} - T_t) - (T_t - T_{t-1}) \right]^2 \right)$$ （8-2）

其中，$\Delta T_t = T_{t+1} - T_t$，$\Delta T_t$ 是趋势性部分 T_t 的增长率，$\Delta^2 T_t$ 是 ΔT_t 的变动；P_t 和 $\Delta^2 T_t$ 都是独立正态分布，并且两者相互独立；$\sum_{t=1}^{T} (Y_t - T_t)^2$ 表示趋势性部分 T_t

对原时间序列数据 Y_t 的跟踪程度；$\sum_{t=2}^{T-1}\left[\left(T_{t+1}-T_t\right)-\left(T_t-T_{t-1}\right)\right]^2$ 表示所求趋势的平滑程度。

λ 为平滑参数，是对趋势性部分 T_t 波动的惩罚因子（λ 为正值），不同的 λ 值决定了不同的周期方式和平滑度。对于参数 λ 的取值，学术界普遍认为就年度数据而言，$\lambda=100$（Backus 和 Kehoe，1992）[①]；就季度数据而言，$\lambda=1600$（Hodrick 和 Prescott，1997）；就月度数据而言，$\lambda=14400$，这也是 Eviews 软件的默认值。

8.3 基于 HP 滤波法的市场价格波动特征分析

8.3.1 季节调整法下的价格特征分析

本书采用季节调整法对新疆枣价的时间序列数据进行分析，计算所采用的软件为 SPSS 22.0。

第一，2010 年 4 月至 2017 年 3 月新疆枣价的波动情况。根据 2010 年 4 月至 2017 年 3 月的新疆枣价，剔除消费价格指数变动影响（主要是通货膨胀因素），绘制出序列图 8-2，可以看出在此期间，新疆枣价呈现波动向下的趋势，2012 年新疆枣价出现大幅下跌，且价格变动存在一定的周期性特征，每年度的数据都呈现由高到低再变高的规律。时间序列波动的幅度没有呈现出随时间推移而逐渐增大或减少的趋势，据此本书选取加法模型分析价格波动特征。

第二，新疆枣价的季节性波动特征。从图 8-3 可以看出，新疆枣价的季节性波动特征呈现出明显的"V"字形，每年的 11 月和 12 月价格会达到季节性波动的最高点，4 月、5 月和 6 月会达到季节性波动的最低点。通常，价格与产品上

---

① 在年度数据对 λ 的取值方面，经济学家的观点分歧较大，除了 Backus 和 Kehoe（1992）的观点外，Correia、Neves 和 Rebelo（1992），Cooley 和 Ohanian（1991）认为 λ 的取值应该为 400；Baxter 和 King（1999）认为 $\lambda=10$ 更为合理；Ravn 和 Uhlig（2002）认为 λ 的年度数据取值应为 6.25。

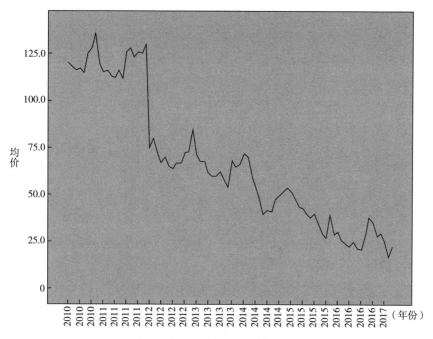

图 8-2　新疆枣价波动的时间序列图

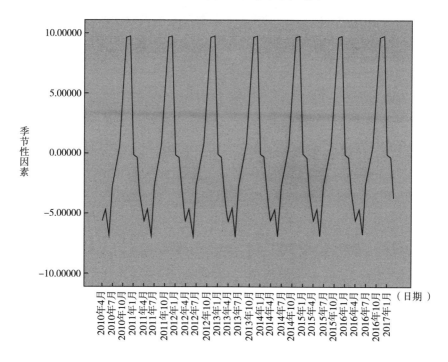

图 8-3　新疆枣价的季节波动特征

市时间关系紧密。每年收购期开始后，市场需求量大、枣果品质好，价格呈现上涨趋势。随着市场需求逐渐饱和、优质枣果的减少，收购后期的价格逐渐回落，至新枣上市前，价格低至最低。2010~2017年，新疆枣价的季节性波动基本保持稳定。

第三，剔除季节因素后的价格波动和趋势变动分析。在剔除季节成分后的序列如图8-4所示，该曲线反映了季节调整后的新疆枣果价格变动规律；趋势变动曲线如图8-5所示，该曲线反映了新疆枣价剔除了季节因素和误差因素后的趋势循环序列。从价格变动的整体趋势上看，新疆枣价呈现明显的下降趋势，在2012年经历快速下滑后，枣价继续保持缓慢下降趋势。

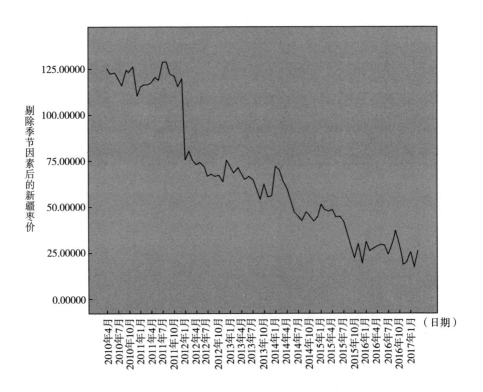

图8-4　新疆枣价剔除季节因素后的价格波动曲线

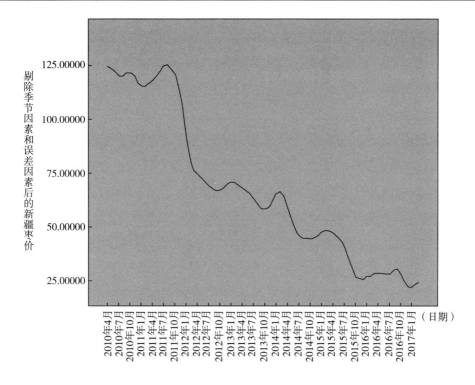

图 8-5　新疆枣价趋势循环序列曲线

8.3.2　基于 HP 滤波法的长期趋势和周期性分析

第一，新疆枣价的长期趋势分析。在使用季节调整法得到新疆枣价的趋势循环数据后，采用 HP 滤波法分析价格的波动长期趋势，在此计算过程中，所采用的软件为 Eviews 8.0。图 8-6 显示出 HP 滤波法对 2010 年 4 月至 2017 年 3 月新疆枣价的长期趋势分解效果较好，趋势值和季节调整后数值之间的拟合优度较高，达到了 94.6%，并且在 1% 的水平上显著（AP 为经过季节调整的新疆枣价数据曲线）。

从长期趋势值看（HP 滤波值）（见表 8-2），从 2010 年 4 月至 2017 年 3 月新疆枣价呈持续下跌趋势且下降速度逐渐加快。枣价下跌过程大致可分为 3 个阶段：第 1 阶段，2010 年 4 月至 2011 年 11 月，枣价下跌幅度在 1%~2%；2011 年 12 月至 2016 年 4 月，枣价下跌幅度在 2%~3%，其中，2012 年 10 月至 2014 年 3

月，枣价下跌速度有所减缓；2016 年 5 月至 2017 年 4 月枣价下跌幅度达到 3% 以上，最高跌幅达到 4%。

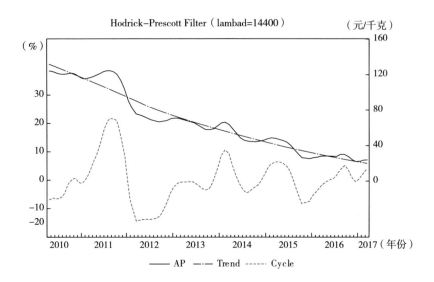

图 8-6　2010 年 4 月至 2017 年 3 月新疆枣价的长期趋势分解

表 8-2　2010 年 4 月至 2017 年 3 月新疆枣价 HP 滤波长期趋势值

时间	单价（元/千克）	时间	单价（元/千克）	时间	单价（元/千克）
2010 年 4 月	131.67	2011 年 4 月	111.13	2012 年 4 月	88.41
2010 年 5 月	129.99	2011 年 5 月	109.33	2012 年 5 月	86.55
2010 年 6 月	128.32	2011 年 6 月	107.50	2012 年 6 月	84.71
2010 年 7 月	126.63	2011 年 7 月	105.65	2012 年 7 月	82.91
2010 年 8 月	124.95	2011 年 8 月	103.78	2012 年 8 月	81.15
2010 年 9 月	123.26	2011 年 9 月	101.88	2012 年 9 月	79.43
2010 年 10 月	121.57	2011 年 10 月	99.96	2012 年 10 月	77.75
2010 年 11 月	119.86	2011 年 11 月	98.03	2012 年 11 月	76.12
2010 年 12 月	118.15	2011 年 12 月	96.10	2012 年 12 月	74.53
2011 年 1 月	116.42	2012 年 1 月	94.16	2013 年 1 月	72.98
2011 年 2 月	114.68	2012 年 2 月	92.23	2013 年 2 月	71.47
2011 年 3 月	112.91	2012 年 3 月	90.31	2013 年 3 月	69.99

时间	单价（元/千克）	时间	单价（元/千克）	时间	单价（元/千克）
2013 年 4 月	68.56	2014 年 8 月	49.07	2015 年 12 月	32.94
2013 年 5 月	67.16	2014 年 9 月	47.99	2016 年 1 月	32.03
2013 年 6 月	65.79	2014 年 10 月	46.92	2016 年 2 月	31.13
2013 年 7 月	64.45	2014 年 11 月	45.87	2016 年 3 月	30.24
2013 年 8 月	63.15	2014 年 12 月	44.82	2016 年 4 月	29.36
2013 年 9 月	61.87	2015 年 1 月	43.79	2016 年 5 月	28.49
2013 年 10 月	60.62	2015 年 2 月	42.76	2016 年 6 月	27.63
2013 年 11 月	59.39	2015 年 3 月	41.74	2016 年 7 月	26.78
2013 年 12 月	58.18	2015 年 4 月	40.72	2016 年 8 月	25.93
2014 年 1 月	56.99	2015 年 5 月	39.72	2016 年 9 月	25.08
2014 年 2 月	55.82	2015 年 6 月	38.72	2016 年 10 月	24.24
2014 年 3 月	54.66	2015 年 7 月	37.73	2016 年 11 月	23.40
2014 年 4 月	53.52	2015 年 8 月	36.74	2016 年 12 月	22.56
2014 年 5 月	52.38	2015 年 9 月	35.77	2017 年 1 月	21.73
2014 年 6 月	51.26	2015 年 10 月	34.82	2017 年 2 月	20.89
2014 年 7 月	50.16	2015 年 11 月	33.87	2017 年 3 月	20.05

第二，新疆枣价的周期性成分分析。周期性成分是剔除长期趋势后的波动值，周期性成分分析表明新疆枣价的变化呈现出显著的周期性波动特征。本书按照"波谷—波峰—波谷"的周期性趋势变化特征，将新疆枣价的变动划分为不同的波动周期。从 2010 年 4 月至 2017 年 3 月，新疆枣价经历了 3 个完整的波动周期（见图 8-7）。具体情况分析见表 8-3、表 8-4。

（1）第 1 周期从 2010 年 4 月至 2012 年 3 月，第 2 周期从 2012 年 3 月到 2014 年 7 月，第 3 周期从 2014 年 7 月至 2015 年 10 月，第四周期正在进行中，尚未完成。

（2）从波动周期的波长情况看，第 1 周期为 23 个月，第 2 周期为 28 个月，第 3 周期为 15 个月，波动周期均较短，基本保持在 1~2 年，略微呈现出波动周期缩短的趋势。价格波动周期的长短变化说明新疆枣价的起伏波动正变得更加频繁。

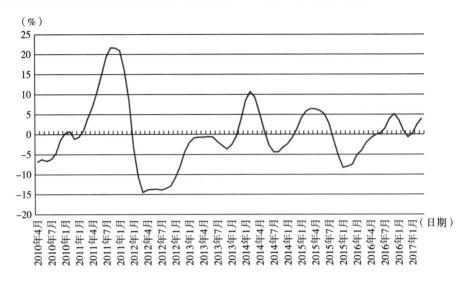

图 8-7　2010 年 4 月至 2017 年 3 月新疆枣价变异率波动情况

表 8-3　HP 滤波法下的价格波动周期

类别	时间							
波峰时间		2011 年 8 月		2014 年 2 月		2015 年 3 月		
波谷时间	2010 年 4 月		2012 年 3 月		2014 年 7 月		2015 年 10 月	
上涨持续时间（月）		16		23		8		
下跌持续时间（月）			7		5		7	

表 8-4　HP 滤波法下的价格波动周期特征

周期 类别		第 1 周期	第 2 周期	第 3 周期
起止时间		2010 年 4 月~2012 年 3 月	2012 年 3 月~2014 年 7 月	2014 年 7 月~2015 年 10 月
波长（月）		23	28	15
波动指数 （%）	波峰	21.69	10.66	6.44
	波谷	-14.47	-4.38	-8.27
	波幅	36.16	15.04	14.71
周期类型		缓升陡降型	缓升陡降型	陡升陡降型

（3）从波动幅度看，第 1 周期波幅为 36.16%，波动幅度最大，第 2 周期波幅大幅下降到 15.04%，第 3 周期的波幅与上一周期相比变动不大，为 14.71%。整体来看，新疆枣价的波动幅度较大，价格变化剧烈。特别是第 1 周期的波动幅

度远超后两个周期，这说明新疆枣价在第 1 周期出现了超常规的大幅上升后迅速下跌，仅用 7 个月的时间就跌到波谷。此后两个周期虽然价格也有较为剧烈的起伏，但是波动幅度保持在 15% 左右。前两个周期的价格涨幅高于跌幅，而第 3 周期的价格跌幅高于涨幅，说明新疆枣价在价格的周期性振荡波动中逐渐趋于稳定，价格也逐步回归理性，但是，随着供给侧结构性过剩问题的出现，价格出现整体快速下滑趋势。

（4）从波动周期类型看，前两个周期为缓升陡降型，第 3 周期为陡升陡降型。价格持续上涨时间在逐渐减少，而持续下跌时间变化差异不明显。价格波动周期类型的变化表明 2010 年前后新疆枣价飞速增长的黄金时期已于 2012 年结束，此后价格增长步幅逐渐放缓，价格很难继续在长时间内保持高位运行。

8.4 市场价格波动规律及主要影响因素分析

8.4.1 市场价格波动规律

本书运用 X-12 季节调整法和 HP 滤波法，对我国 2010 年 4 月至 2017 年 3 月的新疆枣价进行趋势周期性分解，得到了新疆枣价的季节成分、趋势成分、周期性成分。实证研究结果表明，新疆枣价呈现规律性波动趋势，掌握市场价格波动趋势和规律为制定和实施相关价格调节措施奠定了基础。

（1）从长期趋势看，枣果的市场价格呈现明显下降趋势且下降速度逐渐加快。在 2012 年前市场价格基本保持较高水平，2012 年价格陡然下跌，下跌幅度首次超过 10%，此后，价格继续呈现下降趋势，当价格逐渐逼近成本时，价格下跌速度开始减缓。造成市场价格骤然下降的主要原因是新疆枣产区产量的急速上升，造成供给量的迅速增加，而需求量并未在短期内出现明显增加，导致供求关系短时间内严重失衡，最终市场价格出现下跌。

（2）市场价格呈现季节性变化特点，价格变化与枣果的上市时间和供应量有直接关系。枣果价格季节成分的波峰出现在 11~12 月，波谷出现在次年 4~6

月，季节成分对价格的影响程度较大且稳定。总体来看，随着新枣上市价格呈现上涨趋势，此后随着供应量的增加价格到达最高值后开始下跌，直至次年新枣上市前，市场价格跌至当年最低点。

（3）市场价格呈现周期性波动规律。自 2010 年 4 月以来，枣果市场价格波动已经经历了 3 个完整波动周期，第 4 个周期正在进行。目前正处于第 4 周期的上涨阶段，预期价格在到达波峰后会再次出现回落。纵观以往价格波动周期，价格波动幅度逐渐减小，从 36.16% 下降至 14.71%。但是，价格波动更加频繁，波动周期从 23 个月已经减少至 15 个月。总体来看，枣果的市场价格呈周期性变化的特点符合经济规律，价格周期性波动规律表明枣果市场日渐成熟，市场价格逐渐趋于稳定，市场价格难以长时间维持较高水平。

8.4.2 市场价格波动主要影响因素分析

基于上文分析结果，枣果的最终价格不仅受到市场供求关系的影响，还受到成本等方面因素的影响，因此，本书从上述两点着手分析影响枣市场价格波动的主要因素。

（1）市场供求关系因素。价格围绕价值上下波动是价值规律的表现形式，市场具有自发调节供求和价格的功能，市场供求状况决定枣的销售和价格情况。枣产品的最终价格主要受到市场行情的影响。近十几年来，枣产业的市场行情发生了较大变化，市场供求状况从供求基本平衡到供不应求，再到基本平衡，市场价格也随着发生变化。枣产品的市场需求旺盛时，市场价格随之上涨；当需求低迷、大量产品滞销时，市场价格随之下调。从生产者价格指数看（见表 8-5），2012 年之前供不应求，市场价格远远高于成本价；2012 年之后，随着产量的增加，供求逐渐趋于平衡，价格开始回落。当前市场供给开始大于需求，呈现出买方市场的特点，销售的难度越来越大。

表 8-5 生产者价格指数

年份	2003	2005	2007	2010	2011	2012	2013	2014	2015
枣	91.62	95.83	107.99	125.27	144.97	103.71	103.83	102.00	95.81

资料来源：《中国农产品价格调查年鉴 2004~2016》。

就枣产业而言，从产业链的各个环节的价格来看，由于目前市场供求关系是供大于求，从收购环节开始，就由收购商决定原枣的价格，价格话语权掌握在少数大型收购商手中；在零售环节，市场上枣产品的种类丰富，随着零售市场竞争的加剧，销售价格呈现下降趋势。具体而言，每年枣果成熟后，批发商来产地收购红枣，以新疆为例，2012年前后的价格决定有所不同。2012年之前，枣农拥有话语权，在收购过程中占有明显优势地位，收购价格高，而收购商难以用低廉的价格收购到高品质的原枣。2012年之后，枣农和收购商的市场地位发生明显变化，收购过程也发生了改变。首先，收购商到枣园实地考察，了解当年枣园的收成情况。其次，主要的收购商共同商议决定当年枣的收购价格，基本掌握了全部的价格话语权。最后，收购商会将看好的枣园整个包下，枣农负责采摘并装箱，将装箱的枣交给收购商。收购商从中抽检每箱枣的质量，最终按照抽检的平均品质出价。在整个收购过程中，枣农属于弱势群体，谈判能力差，收购商占有绝对优势地位，能够以优惠的价格收购到高品质的枣。由此可见，随着市场形势的变化，枣农和收购商之间的市场地位也发生了改变，枣市场的价格决定权也因此发生了改变。

虽然生产环节是受消费市场需求的变动影响的，但是零售市场价格对市场的反应要滞后于原枣价格对市场的反应。典型案例是新疆骏枣价格波动案例。骏枣是最先进入消费者视野的新疆枣，最初骏枣以果形大、果肉厚、口感醇厚等特点，区别于其他产区的枣品种，迅速引起了消费者的兴趣，短时间内市场需求急剧膨胀，骏枣的价格一度飙升到35元/千克以上。市场发出供不应求的信号，骏枣的种植面积迅速扩大，产量迅速增加。但是，随着供给量的增加，消费者对不同枣品种的认识也不断深入，消费者逐渐发现骏枣品质方面的缺陷，例如口感不够细腻、略带酸口，枣农也发现骏枣的抗裂性较差，成熟期雨后容易裂果、腐烂。多方面原因的共同作用下，骏枣的市场价格开始回落，直至下跌。最后骏枣的出地价已经几乎跌到了成本价，市场形势发生了逆转。此时，消费者将目光从骏枣转移到灰枣上，灰枣以更加优异的品质吸引了消费者的注意，灰枣的出地价格从低于骏枣变为高于骏枣，不少枣农开始改接灰枣。此时，反观销售市场，虽然随着枣产量的增加，枣产品的价格整体出现回落，但是不少地区骏枣的价格依然很高，价格仍然居高不下的是精装骏枣产品，批发市场的骏枣价格已经开始下降。可见，生产环节的价格变动要先于销售环节的价格变动，最初是原枣的高价拉高了销售价格，如今是原枣的价格已经下降，预计在未来骏枣的销售价格会继续下跌，直到跌至与生产环节的价格相匹配。

（2）成本因素。枣产业中最终产品的成本主要包括原料成本、加工成本、物流成本，下文将详细阐释上述3个成本因素。

第一，原料成本主要包括物化成本、人力成本、利润加成等方面，在市场发展的不同阶段，原料价格各个组成部分的比例构成有所不同。在2000年以前，枣产业尚未进入发展阶段，仍以传统产业模式为主，当时由于现代栽培模式应用较少、管理粗放，使物化成本较低，人力成本也不高。但是，当时市场上产品供给量不多，竞争不激烈，所以利润空间相对较大。2000~2011年，随着产业化的不断推进，枣产业进入快速发展时期，在此阶段生产模式开始发生变化，现代栽培模式开始得到广泛应用，部分地区的物化成本开始增加，精细化管理大大增加了人力成本，人力成本所占原料成本比例越来越大。此时，枣产品市场开始受到消费者的广泛关注，人们的消费热情高涨，市场价格也随之推升，产品的利润空间被不断推高，2011年前后达到峰值，利润加成占原料成本的主要部分。这一阶段，枣产业的生产阶段出现了高投入、高产出、高利润，利润加成所占比例最大。2012年以后，市场形势发生变化，市场开始呈现出供大于求的状况。在此阶段，随着土壤肥力的下降、病虫害问题的增多，物化成本缓慢增加；随着市场上劳动力成本的增加，人力成本也有所增减。但是，原料枣的供给大量增加，需求增加有限，导致原料枣的利润率大大下降，利润加成占原料成本的比例大大下降，甚至有些产区的利润加成几乎为零。

第二，加工成本主要包括除了原料枣果成本之外的，在加工过程中产生的各种成本，如直接工资、研发费用、固定成本、维修费、制造费用、管理费用、财务费用等。在上述加工成本中，研发费用的投入直接关系到产品的创新性、市场适应性。一般来说，企业规模越大、发展潜力越大，在研发方面的投入就越高。同样，一些规模较小的企业如果注重研发投入，其未来的发展潜力也是不可估量的。因此，具有不同发展目标和发展理念的企业，在研发方面的投入比例有所不同，重视未来发展和市场竞争力培养的企业，研发投入比例通常较高。至于其他方面的加工成本，除了工资成本随着劳动力市场的供求关系变动而变动，其他成本基本保持稳定，相同规模企业之间的成本相差不多。

第三，物流成本主要是指销售物流，即将制成品从生产制造厂商运往各个销售终端的费用。现代物流业的发展无疑带动了整个产业的发展，物流成本也成为产品成本中的重要组成部分。枣产业中物流的重要意义在于促进了产业区域化发展，生产更加集中在适宜枣树生长的优生区，通过物流运输将成熟枣果运往全国各地销售。枣产业的物流成本主要包括常温物流和冷链物流。常温物流主要用来运输干枣和枣类加工品，冷链物流主要用于鲜食品种的运输。常温物流又分为以B2B为主要形式的批量运输和以B2C为主要形式的零散运输，目前枣产业的常温运输仍然是以批量运输为主，零散运输主要是由单个消费者通过网络渠道购买商品而产生的。常温运输的费用与市场行情相符，但是由于部分主产区如新疆距离较远导致物流成本较高。农产品冷链物流增长空间大，我国果蔬产品进入冷链系统的比例只有5%，而欧美发达国家农产品进入冷链系统的在95%以上。就鲜食枣而言，为了保证其新鲜程度通常采用冷链物流，但是冷链物流的成本较高，需要物流系统中各个环节具有高度协调性。此外，物流成本还会受到市场淡旺季的影响，枣果成熟、物流需求旺盛的旺季成本可以高达淡季成本的2倍左右。

从上文分析可知，枣的市场价格受到多种因素的综合影响，价格信号影响和调节着枣产业的各个环节。生产者根据枣的市场价格调整种植品种和种植规模，加工上根据市场价格确定加工规模和加工品种类，消费者根据价格、口味、偏好等因素共同确定购买量和购买品种。根据市场价格变动的历史和现状，可预测未来市场发展趋势。

9 主要结论与对策建议

9.1 主要结论

本书从消费需求特征分析着手，从供给侧结构性改革的视角，分析了中国枣产业的生产、流通、市场等问题，得出以下研究结论并提出对策建议：

9.1.1 供求结构性失衡是制约枣产业发展的根本问题

在近 20 年的时间里，中国枣产业发展经历了巨幅波动，市场供求状况从供不应求、价格飙升到供过于求、价格暴跌，枣产业发展始终未实现供求平衡，严重影响了产业的稳定可持续发展。目前，市场的基本形势是供求结构性失衡，枣产业进入了发展瓶颈期。究其原因在于，在高额利益驱使下，枣产业生产规模经历了盲目扩张，单纯增加产量而无视市场需求，造成了全国枣果供给量在短时间内迅速增加，而需求量增长速度缓慢，最终导致低端产品严重供过于求，引发市场价格骤降，而中高端产品供不应求，消费需求难以得到满足。通过理论推演和实证研究，本书认为扭转市场供求结构性失衡的途径只有进行枣产业的供给侧结构性改革，以消费者有效需求为出发点，通过生产、流通、加工等方面全面系统的供给侧结构性改革，向市场提供能够满足有效需求的产品，使市场在更高水平实现供求均衡，最终达成枣产业转型升级和可持续发展的目标。

9.1.2 枣产品需求结构升级，消费具有发展潜力

基于对消费者需求的实地调研数据，本书分析了消费者个体特征、消费行为和消费态度等消费者需求特征。采用有序多分类 Logistic 模型分析了影响枣产品消费的主要因素，得出针对不同年龄结构、收入水平、受教育程度和职业的消费者，枣产业需要着力从绿色产品生产、加工品种结构、精深加工品研发、品牌建设等方面进行，从而有效提高市场需求量和价格水平。采用情景分析法预测了市场未来需求量，结合当前供给现状得出枣产品的消费市场仍有巨大发展潜力，但是需要通过"控制总量、调整结构、增加供给"三步走的战略逐步实现市场供求结构性均衡，促使枣产业发展实现转型升级。

9.1.3 枣产业生产发展高度集中，区域比较优势明显

中国枣产业的生产高度集中在以新疆枣产区为首的 6 个主产区，新兴枣产区和传统枣产区在产业发展历史、资源禀赋、组织管理方式等方面均存在较大差异，新兴枣产区的生产优势明显高于传统枣产区。全国枣产业生产呈现出"西进东退"的特点，生产重心已经逐渐从东部的传统枣产区转移到西部的新兴枣产区新疆。

枣产业生产布局的变化主要源于新疆的资源禀赋优势和高效的组织管理方式，其自然气候条件、土壤环境、标准化栽培技术等因素均促使了生产效率的提高，新疆枣产量已经接近全国总产量的40%，其生产集中度和竞争力已经远超其他传统枣产区。但是，新疆枣产区也存在地区发展不均衡、品种结构单一、生产规模盲目扩张等问题。相对而言，传统枣产区在生产方面则不能延续以往单纯追求产量的发展战略，而应以市场需求为导向，着力挖掘自身比较优势，寻求特色发展。

9.1.4 生产具有比较优势，投入成本较高

通过新兴枣产区和传统枣产区的生产成本收益比较分析得出，现代栽培模式比传统栽培模式生产效率更高，亟待继续在各产区大规模推广。通过对种植枣树

和其他农作物的成本收益比较分析得出，种植枣树具有较为可观的经济效益和比较优势。目前枣产业生产发展目标是降本提质增效，然而，若实现生产提质增效发展必须克服自然因素、技术因素、经济因素和政策因素等诸多因素的影响。本书将酸枣产业作为供给侧结构性改革战略下枣产业生产降本提质增效的典型案例，说明只有从制约生产发展的影响因素着手，才能最终实现降本提质增效的目标。

9.1.5 产业组织化程度低，利润分配不均衡

中国枣产业组织化程度低，流通模式仍以批发市场为流通渠道的传统流通模式为主，与"合作社+农户"模式和"龙头企业+基地+农户"模式并存。不同流通模式下，利润分配比例存在一定的差异，整体来看，产业链各环节主体的利润分配不合理，枣农所获利润分配比例最低，严重影响其积极性和生产稳定性。通过产业链上下游各环节主体加强合作，产业链整体利润有所增加，各主体利润分配比例也更加均衡，枣农和加工商的利润得到较大幅度提升，提升比例分别为62.50%和63.40%，因此，需要充分发挥龙头企业的带动作用，减少交易成本，提高产业组织效率。

9.1.6 市场价格规律性波动特征明显

综观2010年4月至2017年3月枣产品市场价格，呈现整体下滑趋势、规律性波动特征明显。本书通过采用季节调整法和HP滤波法分析枣产品的市场价格变动趋势和波动规律，分析得出2012年后市场价格明显下跌，此后价格呈现持续下跌趋势。价格具有明显季节周期性变化特征，随着当年枣果上市11月和12月价格会达到季节性波动的最高点，次年4月、5月、6月价格逐渐回落至最低点，价格具有周期性波动特点，价格波动频率逐渐增高而波幅逐渐减小。通过调整供给产品的上市时间、品种结构、加工类型等方式可在一定程度上调节市场价格的波动。

9.2 对策建议

9.2.1 优化产业区域布局，寻求特色化发展战略

不可否认的是，新兴枣产区新疆产区借助自身资源禀赋和新疆生产建设兵团管理优势，使大枣面积迅速扩大，产量大幅度提升，外观品相极大改进，挤占传统枣产区生产份额，是枣产业难以稳定和可持续发展的重要原因。依照供给侧结构性改革的要求，新疆产区需要控制面积、稳定产量、降低成本、提高经济效益；利用现代化生产与管理优势，提高现代标准化栽培技术、规模机械化生产和绿色生产水平；充分发挥市场对资源有效配置的作用，减少行政干预，使新疆大枣回归理性价格，减少对传统产区的挤兑。

传统枣产区应寻求比较优势，以生态农业为突破点，发挥枣树抗旱耐瘠、木本粮油特色，围绕山地丘陵，在创建"绿水青山就是金山银山"中，发挥经济效益、社会效益、生态效益相统一的独特优势。改变传统发展模式、单一效益追求、小农户生产、质量难以把控、市场难以把握的被动局面，有意识地在布局景观农业、观光农业、康养农业、现代休闲旅游农业中实现一二三产业融合，带动当地交通、通信、卫生、餐饮、住宿等行业的发展，为农村剩余劳动力提供大量就业机会，提升产业整体效益。山地丘陵稳定大枣面积，扩大酸枣及区域特色品种的面积，山东、河北盐碱区域稳定小枣、冬枣面积与产量，提升质量，扩大消费群体。

9.2.2 以提质增效为目标，加大科技创新支持力度

我国枣产业生产发展应逐步实现"降成本、提效率、保品质"。在此发展目标的引领下：第一，降低生产成本。通过省力化栽培模式和现代栽培技术的创新，降低生产投入、减少人工成本，从而实现生产成本的降低。第二，提高生产效率。培养枣农科学管理意识和水平，彻底改变粗放式的生产管理方式，引导枣

农将生产向精细化管理转变。第三，提升枣果品质。品种栽培混乱、成为土壤肥力下降和病虫危害严重问题已经是影响枣产业高质量发展的瓶颈。包括新兴枣产区新疆，应在优良品种培育与推广、有机肥使用以及绿色防控技术方面加力。首先，优化品种结构。依据区域资源禀赋和市场需求培育和推广制干、鲜食、加工不同需求、独具特色的优良品种。其次，实行生产标准化制度，研发、颁布一批绿色、有机生产标准。最后，研发和推广一批省力化、轻简化栽培管理技术，大幅度降低人工成本。

9.2.3 发挥枣产品药食同源优势，提升深加工水平

目前，枣产品多为初加工和粗加工，以原果消费为主，调研可知干枣消费占79.49%，而受消费者青睐的鲜枣、休闲小零食、枣酱、枣酒、枣糕、枣类奶制品、枣类果脯等高端消费品缺乏，与消费人群消费习惯变化，新型需求不匹配。应挖掘枣药食同源、传统膳食及在传统医学中的特殊功能，传统中医已证明红枣有补气养血功效，性温，养血安神。现代医学药理发现红枣能提高血液含氧量，富含铁元素和丰富的维生素 C。枣仁是安神助眠的不可替代品。国家应根据这些基本功效，支持培植加工企业，以适应未来高端人群、特殊人群、年轻消费者消费习惯，提升消费能力和水平。

9.2.4 实施品牌带动战略，创新体制机制

彻底解决传统流通模式下产业链中各主体利益分配不公问题，必须以品牌为牵引，构建"企业+新型经营主体+普通农户"的枣产业经营模式。将产品品牌化是在社会主义市场经济条件下实现产业兴旺的基本途径。品牌是沟通生产者和消费者的重要桥梁，是市场化的重要特征。调研结果表明，品牌的强弱决定了消费者的认可程度，从而决定消费者的持久购买行为，也可以转化为一个生产经营主体的持久的业务增长、盈利及生存发展能力。千家万户式小农生产依靠什么途径与城市的高消费对接，唯一的途径就是要企业化运作，而企业的生命在于品牌的建设。因此，构建强势品牌是产业高质量发展的先决条件。在品牌的引领下，才能实现生产者、经营者的利益共享，降低交易成本。政府应该在区域品

牌、地理标志品牌、企业品牌、产品品牌方面给予大力支持，并鼓励在品牌引领下构建利益共同体。同时，利用互联网思维给传统枣产业发展注入新的活力和动力。通过大数据的分析和整合，改造传统枣产业的生产方式、营销方式、产业结构等，提升传统枣产业的创造力和生产力，最终实现产业效益的提升和产业升级。

9.2.5　加大力度开拓国际市场

调研结果表明，枣产业出口量很少，出口地消费主要限于华人圈子。我们要抓住国家构建"一带一路"倡议需求，深入研究分析海外消费者的消费偏好，研发满足海外消费者需求产品。研发从外形到口感都符合当地人的消费习惯的枣产品，特别是精深加工品。从口感到营养价值，西方消费者更容易接受作为水果的鲜食品种，因此，应该研发更多鲜食品种，加强运输和存储技术的开发，降低鲜食品种运往海外市场的损耗成本和运输成本。建立与国际接轨的安全标准，着力制定符合国际标准的产品质量标准和技术规程，积极推动国际认证的实施。同时，加大我国枣产品和枣文化的海外宣传力度，突出枣的营养价值和养生功能，通过精深加工产品改变原有传统干枣产品的市场形象。只有制定和实施国际标准，并积极争取获得国际认证，才能帮助产品顺利进入国际市场。

9.2.6　强化财政金融保险政策支持，消除产业发展后顾之忧

资金问题是传统产区转型升级面临的实际问题，金融支持政策是解决产业发展资金问题的最有效方式。政府应该对金融机构予以适当的政策引导，将枣产业作为地方性特色产业、生态建设以及一二三产业融合项目予以财政引导资金支持。同时，金融机构可据此制定相关细则，设置专项贷款项目，提供资金支持。从降低枣农风险的角度看，我国农业保险正处于起步阶段，枣产业尚未被正式列入农业保险的保障范围，但是，有些地方已经开始开展试点工作。例如，河北省阜平县当地政府与人保财险通力合作，在政策性农业保险险种之外，开发出具有当地农业产业特色的险种，其中就覆盖了当地特色产业枣产业。枣产业的农业保险是采用成本价格保险，既保障了灾害事故原因造成的减产，又保障了市场价格

波动造成的损失，从而能够保证农民的基本收入。此外，当地政府还对保费予以补贴，其中政府提供60%的补贴，剩余40%的保费由农民自己承担。应该认真总结这方面的经验，在更大范围内予以推广。

参考文献

［1］ Adam Smith. The Wealth of Nations ［M］. London：Penguin Classics, 1982.

［2］ Alfred Marshall. Principles of Economics ［M］. Los Angeles：Prometheus Books, 1997.

［3］ Andersen Per, Petersen N. C. Procedure for Ranking Efficient Units in Data Envelopment Analysis ［J］. Management Science, 1993, 39 (10)：1261-1264.

［4］ Anjula Pandey Rakesh Singh J. Radhamani D. C. Bhandari. Exploring the Potential of Ziziphus Nummularia Wight et Arn. From Drier Regions of India ［J］. Genet Resour Crop Evol, 2010 (57)：929-936.

［5］ Arrow K. J. , Debreu G. Existence of an Equilibrium for a Competitive Economy ［J］. Econometrica, 1954, 22 (3)：265-290.

［6］ Barbier E. B. Economics, Natural Resource Scarcity and Development：Conventional and Alternative Views ［M］. London：Earthscan Publications, 1989.

［7］ Bogers R. P. , Brug J. , Van Assem P. , Dagneliea P. C. Explaining Fruit and Vegetable Consumption：The Theory of Planned Behavior and Misconception of Personal Intake Level ［J］. Appetite, 2004 (42)：157-166.

［8］ Charnes A. , Cooper W. W. , Rhodes E. Measuring the Efficiency of Decision Making Units ［J］. European Journal of Operational Research, 1978 (2)：429-444.

［9］ Cowell Frank A. Measuring Inequality ［M］. London：Harvester Wheatsheaf, 1995.

[10] Davidk B. , Kehoe P. International Evidence on the Historical Properties of Business Cycles [J] . American Economic Review, 1992 (4): 321-346.

[11] Fishbein M. , Ajzen I. Belief, Attitude, Intention, and Behavior: An Introduction to Theory and Research [M] . MA: Addison-Wesley, 1975.

[12] Fisher, Allan G. B. Production, Primary, Secondary and Tertiary [J] . Economic Record, 1939, 15 (1): 24-38.

[13] Fisher, Allen G. B. Clash of Progress and Security [J] . South African Journal of Economics, 1936, 3 (4): 366-376.

[14] Gracia A. , Albisu L. M. Food Consumption in the European Union: Main Determinants and Country Differences [J] . Agribusiness, 2001, 17 (4): 469-488.

[15] Hodrick Robert J. , Prescott Edward C. Postwar U. S. Business Cycles: An Empirical Investigation [J] . Journal of Money, Credit and Banking, 1997, 29 (1): 1-16.

[16] Irving Fisher. The Nature of Capital and Income [M] . Connectiat: Martino Publishing, 1988.

[17] Jenkins S. P. The Measurement of Economic Inequality in Readings on Economic Inequality [M] . New York: Sharpe ME, 1991.

[18] J. Stan Metcalfe, J. Foster. Evolutionary Growth Theory [M] //Handbook of Alternative Theories of Economic Growth [M] . London: Edward Elgar Publishing, 2010.

[19] J. Foster, J. Potts. A Micro-meso-macro Perspective on the Methodology of Evolutionary Economics: Integrating History, Simulation and Econometrics [J] . Schumpeterian Perspectives on Innovation, Competition and Growth, 2009 (20): 53-68.

[20] J. R. Hicks. Value and Capital: An Inquiry into Some Fundamental Principles of Economic Theory [M] . Oxford: Clarendon Press, 1946.

[21] Liu ShouYang, Wang YouKe, Zhao Xia, Wei XinGuang. Effects of Plant Growth Regulators on Yield and Water Use Efficiency of Jujube in Northern Shaanxi

［J］. Journal of Northwest A&F University-Natural Science Edition, 2012, 40 (12): 184-194, 200.

［22］Lorenz M. O. Methods of Measuring the Concentration of Wealth ［J］. Publications of the American Statistical Association, 1905, 70 (9): 209-219.

［23］Mari J. M., Chachar Q. I., Chachar S. D. Organic Management of Fruit Fly in Jujube Ecosystem ［J］. International Journal of Agricultural Technology, 2013 (9): 125-133.

［24］Maslow A. H. A theory of Human Motivation ［J］. Psychological Review, 1943, 50 (4): 370-396.

［25］Myers S., Marquis D. G. Successful Industrial Innovations: A Study of Factors Underlying Innovation in Selected Firms ［J］. National Science Foundation Report, 1969 (1): 69-71.

［26］North D. Institutions, Institutional Change and Economic Performance ［M］. Cambridge: Cambridge University Press, 1990.

［27］P. Krugman, Geography and Trade ［M］. Cambridge, MA: MIT Press, 1991.

［28］Qing-Han Gao, Chun-Sen Wu, Min Wang. The Jujube Fruit: A Review of Current Knowledge of Fruit Composition and Health Benefits ［J］. Journal of Agricultural and Food Chemistry, 2013 (61): 3351-3363.

［29］Ren YuZhong, Wang ShuiXian, Xie Lei, Dong XinGuang. Effects of Irrigation Methods on Water Use Efficiency and Fruit Quality of Jujube in Arid Area ［J］. Transactions of the Chinese Society of Agricultural Engineering, 2012 (28): 95-102.

［30］Richard R., Nelson, Sidney G. Winter. An Evolutionary Theory of Economic Change ［M］. Cambrige: The Belknap Press of Harvard University Press, 1982.

［31］Ross J. E. Intermediate – metallicity, High – velocity Stars and Galactic Chemical Evolution ［J］. Monthly Notice of Royal Astronomical Society, 2003 (5): 199-212.

［32］Schiebel W. Value Chain Analysis：An ECR Tool for Assessing Business Competitive Advantage ［J］. International Journal of Management Practice，2007 (3)：112-123.

［33］Schmookler J. Invention and Economic Growth ［M］. Cambridge：Harvard University Press，1966.

［34］Sen A. On Economic Inequality ［M］. Oxford：Clarendon Press，1973.

［35］Sunil Pareek. Nutritional Composition of Jujube Fruit ［J］. Emirates Journal of Food and Agriculture，2013，25 (6)：463-470.

［36］Walras Léon. Elements of Pure Economics ［M］.London：Routledge，2003.

［37］Wout J. Hofman. The Improvement of Agriculture- Chain Competence ［M］. London：Tomson，2001.

［38］毕金峰，于静静，白沙沙，王沛，丁媛媛. 国内外枣加工技术研究现状 ［J］. 农产品加工·学刊，2010 (2)：52-55.

［39］陈丽丽，赵红茹，梁丽娟. 关于渭南市发展红枣产业的思考 ［J］. 防护林科技，2016 (3)：116-117.

［40］陈文博，余国新，刘云超. 基于新疆红枣产业景气分析的抗风险研究 ［J］. 新疆农业科学，2015，52 (2)：386-391.

［41］初乐，吴茂玉，朱风涛，等. 新疆地区红枣产业现状及发展及建议 ［J］. 农产品加工·学刊，2012 (4)：110-113.

［42］代丽，刘孟军，甄文超，等. 中国枣树研究论文的统计与分析 ［J］. 河北农业大学，2000 (1)：40-43.

［43］单杨. 中国果品加工产业现状及发展趋势 ［J］. 食品科学技术学报，2012，30 (3)：1-12.

［44］董相友. 沧州市红枣产业现状、存在问题与发展对策 ［J］. 河北林业，2014 (9)：22-25.

［45］董阳. 地区比较优势产业竞争力分析——以宁夏灵武长枣产业为例 ［J］. 宁夏农林科技，2007 (3)：22-24.

［46］傅国华. 运转农产品产业链，提高农业系统效益 ［J］. 中国农垦经

济，1996（11）：24-25.

［47］高京草，王长柱，高文海．从2007年枣大面积裂果谈我国枣产业结构调整［J］．中国果树，2008（4）：64-65.

［48］葛文光，马立然，王洁．河北省枣产业的现状和优势及发展对策［J］．农业现代化研究，2011（11）：713-716.

［49］龚刚．论新常态下的供给侧改革［J］．南开大学学报（哲学社会科学版），2016（2）：13-20.

［50］古丽尼沙·阿不都克热．新疆红枣产业市场前景及盈利模式探析［D］．新疆大学硕士学位论文，2012.

［51］郭满玲．我国鲜食枣品种资源及分布研究［D］．西北农林科技大学硕士学位论文，2004.

［52］郭培芬，王云计．沧州枣业面临的问题和根本出路［J］．山西果树，2008（1）：52.

［53］郭庆宏，徐康乐．沾化冬枣产业的发展现状及未来方向［J］．烟台果树，2009（3）：6-7.

［54］郭宇，苏保乾．产业化导向下农民专业合作组织的地位和功能——山东冬映红冬枣生产者协会的启示［J］．河北农业大学学报（农林教育版），2006（1）：5.

［55］过建春，王芳，夏勇开，等．中国香蕉产业经济问题研究［M］．北京：经济科学出版社，2011.

［56］韩长赋．大力推进质量兴农绿色兴农，加快实现农业高质量发展［N］．农民日报，2018-02-06.

［57］韩一军．中国小麦产业发展与政策选择［M］．北京：中国农业出版社，2012.

［58］贺强，王汀汀．供给侧结构性改革的内涵与政策建议［J］．价格理论与实践，2016（12）：13-16.

［59］胡鞍钢，周绍杰，任皓．供给侧结构性改革——适应和引领中国经济新常态［J］．清华大学学报（哲学社会科学版），2016（2）：17-22，195.

［60］胡祥林，吴祥福，周黎芳，陆锡其．东阳南枣加工工艺及效益分析
［J］．中国果菜，2005（3）：34-35.

［61］黄华梨，等．甘肃省枣产业科学发展战略思考［J］．甘肃林业科技，
2016（9）：36-43.

［62］黄季焜．农业供给侧结构性改革的关键问题：政府职能和市场作用
［J］．中国农村经济，2018（2）：2-14.

［63］黄季焜．四十年中国农业发展改革和未来政策选择［J］．农业技术经
济，2018（3）：4-15.

［64］黄新华．深化供给侧结构性改革：改什么、怎么改［J］．人民论坛·
学术前沿，2019（20）：54-62.

［65］贾康，苏京春．"供给侧"学派溯源与规律初识［J］．全球化，2016
（2）：30-54，132-133.

［66］贾康．"十三五"时期的供给侧改革［J］．国家行政学院学报，2015
（6）：12-21.

［67］贾康．供给侧改革与中国经济发展［J］．求是学刊，2016（11）：
41-52.

［68］贾康．新供给：经济学理论的中国创新——在现代化新阶段历史性的
考验中，从供给端发力破解［J］．经济研究参考，2014（1）：7-12.

［69］姜长云．科学理解农业供给侧结构性改革的深刻内涵［J］．经济纵
横，2017（9）：24-29.

［70］姜闯．南疆红枣产业发展中存在的问题及对策［J］．山西果树，2012
（3）：43-45.

［71］姜闯．制约我国南方鲜食枣产业发展因素及对策［J］．中国农业信
息，2008（11）：39-41.

［72］蒋和平，辛岭．建设中国现代农业的思路与实践［M］．北京：中国
农业出版社，2009：110.

［73］蒋全熊，陶利刚，马占儒．我国枣产业发展形势及灵武长枣良种培育
之思考［J］．农业科学研究，2009（12）：55-57.

［74］金辉．高质量发展要求提高供给体系质量［N］．经济参考报，2017-12-25.

［75］金农．我国枣产业的发展现状［J］．农产品加工，2007（1）：74，76.

［76］雷萍．基于模糊层析分析的宁夏长枣产业经济效益诊断研究［J］．安徽农业科学，2010，38（8）：4238-4240，4254.

［77］李稻葵．关于供给侧结构性改革［J］．理论事业，2015（12）：16-19.

［78］李凤，马惠兰，苏洋．基于非参数核密度估计法的红枣市场价格波动与风险评估［J］．中国农业大学学报，2016（10）：172-179.

［79］李鸿杰．甘肃枣产业发展研究［J］．经济林研究，2003（21）：95-97.

［80］李全．关于加快干热区枣产业发展的思考［J］．中国农村科技，2011（11）：68-70.

［81］李晓军，苏春涛，阴启忠，等．沾化冬枣产业现状和发展对策［J］．落叶果树，2009（3）：20-24.

［82］李忠新，杨莉玲，等．新疆核桃产业化发展研究［J］．新疆农业科学，2014（5）：973-980.

［83］梁晓超，冯俊华．陕西红枣产业集群化发展模式可行性分析［J］．合作经济与科技，2013（2）：22-24.

［84］刘海刚，沙毓沧，段曰汤．云南省枣产业发展现状、前景、存在问题及建议［J］．热带农业科学，2010（9）：105-107.

［85］刘军弟，王静，刘天军，韩明玉，霍学喜．中国苹果加工产业发展趋势分析［J］．林业经济问题，2012，32（2）：185-188.

［86］刘孟军，周俊义．河北省枣树业的发展现状、存在问题和建议［J］．河北果树，1998（2）：6-7.

［87］刘孟军．韩国枣树的生产现状及主要科研成果［J］．河北林果研究，1999（3）：94-99.

［88］刘孟军. 红枣产业发展趋势［J］. 农产品加工，2010（9）：4-5.

［89］刘孟军. 透视中国枣产业［J］. 果农之友，2006（1）：7.

［90］刘孟军. 枣产业发展趋势及对策［J］. 北京农业，2007（28）：25-26.

［91］刘孟军. 枣产业是创造"绿色财富"的好抓手［N］. 中国绿色时报，2007-10-25.

［92］刘孟军. 中国红枣产业的现状与发展建议［J］. 果农之友，2008（3）：3-4，26.

［93］刘孟军. 中国枣产业发展报告1949-2007［M］. 中国林业出版社，2008.

［94］刘通. 浅析阿克苏红枣产业现状及对策［J］. 经济研究导刊，2012（19）：177-178.

［95］刘新华. 山东特产乐陵小枣产业的调查与分析［J］. 重庆工学院学报（社会科学版），2009（10）：38-40.

［96］刘艳亚，宋家清. 东营市冬枣产业发展中存在的问题及对策［J］. 落叶果树，2011（43）：57-58.

［97］刘运超，余国新，闫艳燕. 新疆红枣产业发展现状与对策研究［J］. 北方园艺，2013（18）：165-169.

［98］卢良恕，孙君茂. 新时期中国农业发展与现代农业建设［J］. 中国工程科学，2004（1）：22-29.

［99］马广奇. 制度变迁理论：评述与启示［J］. 生产力研究，2005（7）：225-230.

［100］马克思. 资本论（第2卷）［M］. 中共中央马克思恩格斯列宁斯大林著作编译局，译，北京：人民出版社，1975。

［101］马立然. 河北省现代枣产业发展对策研究［D］. 河北农业大学硕士学位论文，2012.

［102］［美］芭芭拉·沃德，勒内·杜博斯. 只有一个地球［M］. 委会，译. 长春：吉林人民出版社，1997.

［103］［美］瑞秋·卡逊．寂静的春天［M］．许亮，译．北京：北京理工大学出版社，2015.

［104］［美］约瑟夫·熊彼得．经济发展理论［M］．王永胜，译．北京：立信会计出版社，2017.

［105］穆维松，冯建英，田东，郑小平．中国葡萄产业经济研究［M］．北京：中国农业出版社，2016.

［106］农业部农村经济研究中心课题组．农业供给侧结构性改革：难点与对策［M］．北京：中国农业出版社，2017.

［107］彭建营．河北省枣产业结构与布局［J］．林业实用技术，2012（11）：57-59.

［108］祁春节，等．柑橘产业经济与发展研究2012［M］．北京：中国农业出版社，2012.

［109］祁业凤，刘孟军，王瑞亨．国际枣属植物文献研究分析［J］．安徽农业科学，2008，36（22）：9791-9792，9805.

［110］秦泳泺，陈秋婷，党联，李青．新疆兵团红枣产业高效生产中的问题研究［J］．新疆农垦科技，2015（5）：73-75.

［111］［瑞］伊·菲·赫克歇尔，戈特哈德·贝蒂·俄林．赫克歇尔-俄林贸易理论［M］．北京：商务印书馆，2018.

［112］石启龙，赵亚．枣在我国加工利用现状及发展趋势［J］．粮油加工与食品机械，2002（8）：30-32.

［113］孙佳佳，闫文娟，国亮．中国苹果产业供给侧结构性改革机制探析［J］．北方园艺，2019（21）：135-141.

［114］田刚，杨俊孝．新疆红枣产业发展促农增收效益评价［J］．经济研究导刊，2012（24）：188-189.

［115］田贵平．物流经济学［M］．北京：机械工业出版社，2007.

［116］王斌，王玉奎，张月华，高洪涛．东营市冬枣产业生产现状及发展方向［J］．山西果树，2009（11）：41-42.

［117］王琛，吴敬学．我国玉米产业生产技术效率与其影响因素研究——基

于 2001~2011 年的省级面板数据 [J]．中国农业资源与区划，2015，36（4）：23-32．

[118] 王凯，韩纪琴．农业产业链管理初探 [J]．中国农村经济，2002（5）：9-12．

[119] 王仁怀，陈超，袁金香，张洪霞，钮力亚．沧州冬枣产业的发展现状及对策 [J]．河北果树，2008（1）：31-32．

[120] 王伟新，魏金义．生产空间分布是否影响水果价格波动？——以苹果、香蕉为例的实证检验 [J]．农业现代化研究，2017，38（3）：493-501．

[121] 王晓蓉，贾根良．"新熊彼特"技术变迁理论评述 [J]．南开经济研究，2001（1）：49-58．

[122] 王学军，张新生．河北省枣产业现状与发展方向 [J]．河北农业科学，2007（11）：47-48．

[123] 王一鸣，陈昌盛，李承健．正确理解供给侧结构性改革 [N]．人民日报，2016-03-29．

[124] 王雨濛，孔祥智．农业供给侧结构性失衡原因分析与改革的思考 [J]．农林经济管理学报，2018，17（3）：245-253．

[125] 王煜慧．山西省红枣产业发展现状及对策 [J]．农产品加工·学刊，2013（9）：48-49．

[126] 王志丹，吴敬学，赵姜，毛世平．中国甜瓜产业经济发展研究 [M]．北京：中国社会科学出版社，2014．

[127] 王中堂．山东省枣产业近十年的发展状况 [J]．山东农业科学，2013，45（5）：126-128．

[128] 魏天军．灵武长枣产业发展现状、存在问题与对策 [J]．宁夏农林科技，2009（2）：52-53，46．

[129] 吴婷，王保强，王建春，何海娟．十三师红枣产业的发展现状及对策 [J]．安徽农学通报，2015，21（17）：14-15．

[130] 夏树让，傅国军．鲜枣产业发展巧，经济效益才能高 [J]．山西农业，2006（5）：18-19．

［131］夏树让．我国鲜枣产业走向世界的发展方向［J］．北京农业，2008（25）：26.

［132］谢振华，刘熙宇，蓝玉红．衡阳市发展沾化冬枣产业初探［J］．湖南林业科技，2005（5）：98-99，102.

［133］熊彼特．经济发展理论［M］．北京：北京出版社，2008.

［134］杨易．中国苹果产业发展研究［M］．北京：中国农业科学技术出版社，2013.

［135］叶兴国．深入推进农业供给侧结构性改革［N］．经济日报，2016-12-15.

［136］［以］唐·巴廷金．货币、利息与价格［M］．邓瑞索，译．北京：中国社会科学出版社，1996.

［137］尹凤川．东营市冬枣产业现状与发展对策探讨［D］．山东农业大学硕士学位论文，2006.

［138］［英］大卫·李嘉图．政治经济学及赋税原理［M］．郭大力，王亚楠，译．北京：北京联合出版公司，2013.

［139］［英］希克斯．价值与资本［M］．薛蕃康，译．北京：商务印书馆，2010.

［140］［英］约翰·梅纳德·凯恩斯．就业、利息和货币通论（重译本）［M］．高鸿应，译．北京：商务印书馆，2010.

［141］于斌斌．演化经济学理论体系的建构与发展：一个文献综述［J］．经济评论，2013（5）：139-146.

［142］于吉祥，王惠恭，田甘雨，郜慧萍，张端玲．山西省红枣产业化发展战略探讨［J］．山西林业科技，2002（2）：44-45.

［143］余红红，李娅，消费者对核桃产品的需求意愿及影响因素分析——基于云南省昆明市1115份消费者调查数据［J］．林业经济，2019（10）：62-69.

［144］余艳锋，邓仁根，周开洪，周海波．中国枣产业贸易发展现状及前景展望［J］．农业展望，2008，4（11）：30-33.

［145］玉苏甫·买买提，阿娜尔古丽·拜克热，阿丝叶·阿布都力米提．新

疆红枣产业发展现状及问题对策［J］．安徽农学通报，2015，21（14）：11-13.

［146］喻妍，田清淞．山东与其他蔬菜大省产业发展的比较分析［J］．中国蔬菜，2017（12）：5-9.

［147］张殿生．沧州金丝小枣市场浅析及发展对策［J］．河北林果研究，2008（6）：206-210.

［148］张克俊．现代农业产业体系的主要特征、根本动力与构建思路［J］．华中农业大学学报（社会科学版），2011（5）：22-28.

［149］张昆仑．"产业"的定义与产业化——从马克思的"产业"思想论起［J］．学术界，2006（1）：105-108.

［150］张勤，陈卫军．灵武市长枣产业现状与对策［J］．宁夏林业通讯，2008（4）：25-27.

［151］张淑敏．黄骅冬枣产业健康发展的影响因素及对策［J］．现代农业科技，2011（24）：66-67.

［152］张万福．陕西省佳县农民植枣意愿及适宜规模研究［D］．河北农业大学硕士学位论文，2011.

［153］张学杰，王金玉，方智远．我国蔬菜加工产业发展现状［J］．中国蔬菜，2007，1（4）：1-4.

［154］张益，郝晓燕，韩一军．我国小麦产业链纵向价格传导及市场整合分析［J］．经济问题，2018（1）：65-70.

［155］张莹，刘芳，何忠伟．我国红枣产业出口贸易分析与展望［J］．农业展望，2012，8（1）：51-54.

［156］张玉梅．滨州市冬枣产业 SWOT 分析及发展策略［J］．河北农业科学，2009，13（6）：121-123，164.

［157］张忠仁，周长东，梁燕．山西省红枣产业现状和发展前景［J］．山西果树，2003（3）：32-33.

［158］赵金宏．灵武长枣产业发展现状与思考［J］．宁夏农林科技，2007（6）：68-69.

［159］中国人民银行沧州市中心支行课题组．对沧州市梨枣产发展及金融支

持情况的调查［J］．河北金融，2006（12）：46-48．

［160］周应恒．中国梨产业经济研究［M］．北京：经济管理出版社，2016．

［161］邹金环．东营市冬枣产业的现状和发展趋势［D］．山东农业大学硕士学位论文，2004．

［162］左两军，张丽娟．农产品超市经营对农业产业链的影响分析［J］．农村经济，2003（3）：31-32．

附　录

附录1　新疆红枣生产销售状况问卷调查

您好！

我们设计本问卷旨在了解新疆的红枣生产销售情况，从中分析红枣产业目前存在的问题，并提出切实可行的建议对策，希望您能帮助我们完成这份问卷。本次调查承诺保护您的隐私权，十分感谢您对本次调查的大力支持与配合！

注：①无特殊说明，题目为单项选择题。②"其他"项填写您自己认为的答案。③请在您所选答案序号下打"√"。

调查地点：_____市_____师_____团_____连

调查时间：_____年_____月_____日

一、农户基本信息

1. 年龄_____岁，性别_____，家庭人数_____人，家庭劳动力人数_____人

家庭收入情况

	2012 年	2013 年	2014 年
一、家庭总收入（元）			

续表

	2012 年	2013 年	2014 年
1. 农业收入（元）			
其中：红枣收入			
2. 非农收入（元）			
二、家庭总支出（元）			
1. 农业生产支出（元）			
其中：种植红枣支出			

二、生产基本情况

2. 种植枣园的年限？＿＿＿＿＿＿＿年

3. 近三年红枣种植情况

品种	2012 年			2013 年			2014 年		
	种植面积（亩）	结果面积（亩）	产量（千克）	种植面积（亩）	结果面积（亩）	产量（千克）	种植面积（亩）	结果面积（亩）	产量（千克）
灰枣									
骏枣									

4. 您在枣树种植中主要遇到哪些问题？（可多选）

①优质树苗的选择　②如何施用化肥　③病虫害的防治　④产后贮藏　⑤果园机械化管理　⑥修剪、疏花疏果　⑦其他＿＿＿＿＿＿＿

5. 是否参加过任何形式的关于枣树种植的培训活动？

①是　②否

若参加过，

（1）您参加的培训是由哪些人或机构提供的？

①农业部门　②专业协会　③科研专家　④企业　⑤其他＿＿＿＿＿＿＿

（2）属于何种类型的培训？

①实用技术培训　②劳动法规、安全生产、劳动保护等引导性培训　③管理

培训　④其他

（3）参加培训的方式？

①面对面授课　②现场指导　③电视、广播　④远程教育

（4）您对培训效果是否满意？①满意　②一般　③不满意

若没有参加过培训活动，原因是什么？

①没时间　②没机会　③缺乏资金　④认为培训没用　⑤其他_____

6. 您在种植过程中遇到病虫害时您是如何处理的（可多选）

①自己凭借经验处理　②通过看相关书籍了解解决办法　③向农业技术部门求助　④果园有固定的技术人员帮助处理

7. 您的枣园是否实行标准化生产？

①是　②否

如果是实行标准化生产，

（1）那么具体是在哪些环节实行标准化生产？

①生产全过程　②接穗　③浇水　④施肥　⑤打药　⑥采摘

（2）枣园实行的是什么标准？①国家　②地方　③企业

8. 您的枣园曾经还种过什么？①棉花　②梨　③苹果　④桃　⑤其他

您觉得比种植枣效益怎样？①高　②差不多　③低

9. 您对种植枣的前景是否看好？

①是　②否　③很难说

您下一步有何打算？

①扩大生产规模　②保持现状　③减少种植面积，种植其他农作物或水果④其他_____

10. 您是否能享受到政府提供的惠农政策？

①是　②否

11. 您对政府惠农政策的落实情况是否满意？

①满意　②一般　③不满意

12. 您是否得到了政府的补贴？

①是　②否

如果是，得到的是_____补贴，平均每亩补贴_____元

13. 您希望政府在促进枣产业发展方面提供哪些帮助？（多选）

①提供生产资料补贴　②提供贷款利息补贴　③减免税收　④提供相关技术培训　⑤提供销售平台　⑥其他_____

14. 您的居住地是否有农业合作组织？

①是　②否

您是否参加了该组织？

①是　②否

参加合作社之后的收益是否增加？

15. 您家种枣的资金来源？

①自有资金　②向亲戚朋友借　③银行贷款　④其他

16. 是否获绿色/无公害/有机栽培认证？

①是　②否

栽培面积为_____亩

三、流通模式调查

17. 您是否了解红枣市场价格与销售信息？

①是　②否

18. 您目前采用的枣销售渠道：

①直销/到当地市场销售　②商贩上门收购　③批发商　④合作社　⑤超市⑥其他_____

以后会继续这种方式吗？

①是　②否

19. 您对目前采用的销售渠道带来的销售量是否满意？

①满意　②一般　③不满意

20. 您对目前采用的销售渠道的红枣售价是否满意？

①满意　②一般　③不满意

21. 您对目前采用的销售渠道的服务质量是否满意？

①满意　②一般　③不满意

22. 您未来会选择哪种流通模式？

①直销　②合作社+农户　③农户+批发商　④超市　⑤其他_____

四、生产成本

枣园生产成本及收益调查表

指标	单位	年份					
		2010	2011	2012	2013	2014	2015
一、种植面积	亩						
二、株行距	米						
三、生产成本	元						
（一）物质费用	元						
1. 种子	元						
2. 接穗	元						
3. 肥料	元						
4. 农药	元						
5. 水	元						
（二）生产服务支出	元						
1. 灌溉费	元						
2. 机械费	元						
3. 燃料费	元						
4. 工具材料费	元						
5. 其他	元						
（三）间接费用	元						
1. 固定资产折旧	元						
2. 修理费	元						
3. 其他	元						
（四）人工成本	元						
1. 播种费用	元						
2. 嫁接	元						
3. 修剪用工费	元						

指标	单位	年份					
		2010	2011	2012	2013	2014	2015
4. 土肥水管理费	元						
5. 喷药	元						
6. 除草	元						
7. 其他							
四、年总产值	元						
1. 平均销售价格	元						
2. 平均亩产量	千克						
3. 亩产值	元						
4. 每亩纯收益	元						

注：人工成本的劳动日工价：修剪用工＿＿＿＿＿＿元/天、花果采摘＿＿＿＿＿＿元/天、土肥水管理＿＿＿＿＿＿元/天、喷药用工＿＿＿＿＿＿元/天，其他＿＿＿＿＿＿。

附录2　河北省枣生产销售状况问卷调查

果农朋友：

您好！

　　为了解河北省枣生产销售情况，从中分析我省枣产业目前存在的问题，并根据实际情况提出切实可行的建议对策，为我省枣产业发展，我们设计了本问卷，希望您能够帮我们完成这份问卷。本次调查承诺保护您的隐私权，十分感谢您对本次调查的大力支持与配合。

　　注：①无特殊说明，题目为单项选择题。②请在您所选答案序号下打"√"。③"其他"项填写您自己认为的答案。

　　调查地点：＿＿＿＿＿＿市＿＿＿＿＿＿县＿＿＿＿＿＿乡＿＿＿＿＿＿村

　　调查时间：＿＿＿＿＿＿年＿＿＿＿＿＿月＿＿＿＿＿＿日

一、农户基本信息

1. 年龄_____岁，性别_____，家庭人数_____人，家庭劳动力人数_____人

2. 您的文化程度：①小学及以下　②初中　③高中或中专　④大专　⑤本科及以上

3. 种植枣园的年限？_____年

4. 是否是合作社成员？①是　②否

二、生产基本情况

5. 果园的总种植规模_____亩；枣园的种植规模_____亩

6. 枣园结果面积_____亩；折合鲜枣产量_____千克

7. 您家果园中都种植了什么枣品种？不同种类的枣售价？各品种所占比例为多少？

品种	售价	所占比例

8. 您在枣树种植中主要遇到哪些问题？（可多选）

①优质树苗的选择　②如何施用化肥　③病虫害的防治　④产后贮藏　⑤果园机械化管理　⑥修剪、疏花疏果　⑦其他

9. 是否参加过任何形式的关于枣树种植的培训活动？①是　②否

若参加过_____

（1）您参加的培训是由哪些人或机构提供的？

①农业部门　②专业协会　③科研专家　④企业　⑤其他_____

（2）属于何种类型的培训？

①实用技术培训　②劳动法规、安全生产、劳动保护等引导性培训　③管理培训　④其他

（3）参加培训的方式？

①面对面授课　②现场指导　③电视、广播　④远程教育　⑤多方式结合

（4）您对培训效果是否满意？①满意　②一般　③不满意

若没有参加过培训活动，原因是什么？

①没时间　②没机会　③缺乏资金　④认为培训没用　⑤其他_____

10. 您的苗木主要由哪里提供？

您是否满意？①满意　②一般　③不满意

11. 您在种植过程中遇到病虫害时您是如何处理的？（可多选）

①自己凭借经验处理　②通过看相关书籍了解解决办法　③向农业技术部门求助　④果园有固定的技术人员帮助处理

12. 您的果园是否实行标准化生产？

①是　②否

如果是实行标准化生产，

（1）那么具体是在哪些环节实行标准化生产？

①生产全过程　②接穗　③浇水　④施肥　⑤打药　⑥采摘

（2）果园实行的是什么标准？①国家　②地方　③企业

13. 您的果园曾经还种过什么水果？①苹果　②梨　③杏　④桃　⑤其他_____

您觉得比种植枣效益怎样？①高　②差不多　③低

14. 您对种植枣的前景是否看好？①是　②否　③很难说

您下一步有何打算？

①扩大生产规模　②保持现状　③减少种植面积，种植其他水果或农作物④其他_____

15. 贵村是否能享受到政府提供的惠农政策？①是　②否

16. 您对政府惠农政策的落实情况是否满意？①满意　②一般　③不满意

17. 您是否得到了政府的补贴？①是　②否

如果是，得到的是_____补贴，平均每亩补贴多少_____元？

18. 您希望政府在促进枣产业发展方面提供哪些帮助？（多选）

①提供生产资料补贴　②提供贷款利息补贴　③减免税收　④提供相关技术培训　⑤提供销售平台　⑥其他_____

19. 您村是否有农业合作组织？①是　②否

您是否参加了该组织？①是　②否

参加合作社之后的收益是否增加？①是　②否

20. 您家枣种植的资金来源？

①自有资金　②向亲戚朋友借　③银行贷款　④其他

21. 您是否采用矮化密植：①是　②否

22. 是否间作：①是　②否

如果是，间作的作物是_____，间作密度为_____。

23. 是否获绿色/无公害/有机栽培认证？①是　②否　栽培面积为_____亩

三、流通模式调查

24. 家中枣园年产量_____千克；年总产值_____万元。

25. 枣收入占收入的百分比_____。

26. 您目前采用的枣销售渠道：

①直销　②合作社+农户　③批发商+农户　④超市　⑤其他_____

以后会继续这种方式吗？①是　②否

27. 你对目前采用的流通模式的成本是否满意？

①满意　②一般　③不满意

28. 您对目前采用的流通模式的销售量是否满意？

①满意　②一般　③不满意

29. 您对目前采用的流通模式的服务质量是否满意？

①满意　②一般　③不满意

30. 您未来会选择哪种枣流通模式？

①直销　②合作社+农户　③批发商+农户　④超市　⑤其他_____

四、生产成本

枣园亩均生产成本及收益调查表

指标	单位	品种				
一、生产成本	元					
（一）物质费用	元					
1. 种子	元					
2. 接穗	元					
3. 肥料	元					
4. 农药	元					
5. 水	元					
6. 其他	元					
（二）生产服务支出	元					
1. 灌溉费	元					
2. 机械费	元					
3. 燃料费	元					
4. 工具材料费	元					
5. 其他	元					
（三）间接费用	元					
1. 固定资产折旧	元					
2. 修理费	元					
3. 其他	元					
（四）人工成本	元					
1. 播种费用	元					
2. 嫁接	元					
3. 修剪用工费	元					
4. 土肥水管理费	元					
5. 喷药	元					
6. 除草	元					
7. 其他	元					
二、土地成本	元					
三、年总产值	元					

续表

指标	单位	品种			
1. 平均销售价格	元				
2. 平均亩产量	千克				
3. 亩产值	元				
4. 每亩纯收益	元				

注：人工成本的劳动日工价：修剪用工_____元/天、花果采摘_____元/天、土肥水管理_____元/天、喷药用工_____元/天，其他_____。

感谢您抽出宝贵的时间来完成这份问卷，谢谢您的合作！

附录3　河北省红枣生产投入产出情况调查问卷

果农朋友：

您好！

为了解河北省枣生产投入产出情况并从中分析我省枣生产中成本投入存在的问题，根据实际情况提切实可行的建议对策为我省枣生产发展，乃至我省枣产业的发展服务，我们设计了本问卷，希望您能够帮我们完成这份问卷。本次调查承诺保护您的隐私权，十分感谢您对本次调查的大力支持与配合。

注：①无特殊说明，题目为单项选择题。②请在您所选答案序号下打"√"。③"其他"项填写您自己认为的答案。

调查地点：_____市_____县_____乡_____村

调查时间：_____年_____月_____日

一、农户基本情况

1. 年龄_____岁，性别_____，家庭人数_____人，家庭劳动力人数_____人。

2. 您的文化程度：A. 未上过学　B. 小学　C. 初中　D. 高中或中专　E. 大

专及以上

　　3. 家庭所处地理位置：A. 山区　　B.（山前）平原　　C. 城市郊区

　　4. 家中枣园种植面积_____亩；挂果面积_____亩；年产量_____吨；年总产值_____万元。

　　5. 家庭收入情况

	2013 年	2014 年	2015 年
一、家庭总收入（元）			
1. 农业收入（元）			
其中：红枣收入			
2. 非农收入（元）			
二、家庭总支出（元）			
1. 农业生产支出（元）			
其中：种植红枣支出			

　　6. 近三年红枣种植情况

品种	2013 年		2014 年		2015 年	
	面积（亩）	产量（千克）	面积（亩）	产量（千克）	面积（亩）	产量（千克）
灰　枣						
骏　枣						
壶瓶枣						
金昌 1 号						
赞皇枣						

二、红枣成本调查

（一）农资成本

　　7. 您的苗木主要由哪里提供？（请说明）_____

　　您是否满意：A. 是　　B. 否

　　8. 你一般采取下列哪种采购化肥和农药的方式？

A. 农贸市场自主购置　B. 政府统购　C. 农资商直销　D. 其他

9. 选择这一方式的原因？

A. 方便

B. 从众原因

C. 部分团场或地方的枣园：当地政府根据病虫草害发生特点，出资购置农药，进行统防统治；大户枣园

D. 农资商实地免费进行植保技术服务，并配套推销自己的农药；散户枣园：到农贸市场，通过自己购置或农资商推荐购置农药

E. 其他（请说明）

10. 您一般选择的施肥方式为？

A. 撒明肥　B. 深施肥　C. 浇水施肥　D. 叶面施肥

11. 化肥支出（每年）_____（单位：元）

12. 使用农药种类？

A. 杀虫剂　B. 杀菌剂　C. 除草剂　D. 其他

13. 农药支出（每年）_____（单位：元）

（二）劳动力成本

14. 人工成本的劳动日工价是多少？

修剪用工_____元/天；套袋摘袋_____元/天；枣果采摘_____元/天；土肥水管理_____元/天；喷药用工_____元/天；其他_____。

三、红枣收益情况调查

15. 您家生产的红枣主要销售渠道？

A. 企业订单　B. 合作组织统一销售　C. 商贩上门收购　D. 到当地市场销售　E. 其他（请说明）_____

16. 您所种植的红枣是否采用分级销售？A. 是　B. 否

四、生产技术调查

17. 您在红枣种植中主要遇到哪些困难？（多选）

A. 优质树苗的选择   B. 如何施用化肥   C. 病虫害的防治   D. 产后贮藏
E. 果园机械化管理   F. 修剪、套袋、疏花疏果   G. 其他

18. 您所采用的农业技术主要来源是？（多选）

A. 农业部门   B. 专业协会   C. 科研专家   D. 电视广播   E. 报纸杂志   F. 网络   G. 企业   H. 其他

19. 您参加过红枣生产技术培训吗？

A. 经常参加   B. 有时参加   C. 从未参加过

若从未参加过技术培训，请回答为什么？

A. 没时间   B. 没机会   C. 缺乏资金   D. 认为培训没用   E. 其他

您参加的培训是由哪些人或机构提供的？

A. 农业部门   B. 专业协会   C. 科研专家   D. 企业   E. 其他

您认为效果如何？

A. 很好   B. 一般   C. 不好

20. 您在种植过程中遇到病虫害时您是如何处理的？（多选）

A. 向农业技术部门求助   B. 自己凭借经验处理   C. 通过看相关书籍了解解决办法   D. 果园有固定的技术人员帮助处理

21. 您的果园是否实行标准化生产？ A. 是   B. 否

如果是实行标准化生产，那么具体是在哪些环节实行标准化生产？

A. 生产全过程   B. 施肥   C. 打药   D. 采摘   E. 包装

如果是实行标准化生产，你果园实行的是什么标准？

A. 国家   B. 地方   C. 企业

五、红枣种植意愿调查

22. 您的果园曾经还种过什么水果？

A. 苹果   B. 梨   C. 桃   D. 杏   E. 其他

您觉得比种植红枣效益怎样？

A. 高   B. 差不多   C. 低

23. 您认为与其他农作物相比，种植红枣的优势在哪里？（可多选）

A. 销售价格高　B. 种植成本低　C. 红枣产量高　D. 当地政府鼓励　E. 管理容易　F. 其他

24. 您是否愿意继续种植红枣？

A. 是　B. 否

如果不愿意，其主要原因是（可多选）

A. 比较效益低　B. 劳动力不足　C. 怕国家政策变动　D. 外出务工收入更高　E. 红枣收入低　F. 其他（请说明）＿＿＿＿＿

25. 您是否了解红枣市场价格与销售信息？

A. 是　B. 否

如果了解，主要通过哪些渠道了解？（可多选）

A. 网络　B. 报刊、电视宣传　C. 贩销人员　D. 当地干部宣传　E. 其他

26. 您对目前红枣销售价格的看法是？

A. 基本合适　B. 偏低　C. 偏高

您心目中的理想价位为：最低价＿＿＿＿＿元/千克；最高价＿＿＿＿＿元/千克

27. 您在红枣生产中最重视的是？

A. 品质　B. 产量　C. 生产成本　D. 销售渠道　E. 销售价格　F. 品牌　G. 其他

28. 您在红枣生产经营中最希望得到政府哪些方面的扶持？

A. 土地使用　B. 资金补助　C. 农业技术指导　D. 贷款支持　E. 提供市场信息　F. 其他（请具体说明）＿＿＿＿＿＿＿＿＿

29. 您对种植红枣的前景是否看好？

A. 是　B. 否　C. 很难说

您下一步有何打算？

A. 扩大生产规模　B. 保持现状　C. 减少种植面积，种植其他水果或农作物

感谢您抽出宝贵的时间来完成这份问卷，谢谢您的合作！

附录4 县级枣产业发展情况调查问卷

调查地点： 　　市　　县　　乡　　村

调查时间： 　　年　　月　　日

一、整体概况

1. 本区县所属地理位置　A. 山区　B. 平原　C. 城市郊区

2. 本区县主要枣类种植品种＿＿＿＿＿＿＿＿

枣树种植规模＿＿＿＿＿＿＿＿

枣树分别采用何种栽培模式＿＿＿＿＿＿＿＿

是否有专门枣产业加工企业＿＿＿＿＿＿有多少家＿＿＿＿＿＿规模＿＿＿＿＿＿

3. 本县枣产业是否有补贴及惠农政策？A. 有　B. 无

每亩补贴多少元？＿＿＿＿＿＿＿惠农政策是什么？＿＿＿＿＿＿＿

4. 目前政府谁在牵头枣产业的发展＿＿＿＿＿＿＿（关于重视程度）

5. 您认为本区红枣产业有何发展优势？

＿＿＿

6. 您认为本区红枣产业有何待解决的问题？

＿＿＿

二、合作社

7. 本县是否有枣产业类合作社　A. 是　B. 否

8. 合作社共有＿＿＿＿＿＿＿家？

9. 合作社的组织形态　A. 专业合作社　B. 土地股份合作社

10. 合作社的大致规模（＿＿＿＿＿＿＿亩）

11. 合作社内部利益分配形式是什么？＿＿＿＿＿＿＿

三、公共设施与公共服务

12. 水利设施建设情况?

_____

13. 是否组织过枣产业培训? 时间? 人数?

_____

四、企业发展

14. 是否有红枣类企业_____规模化发展的企业有多少家_____生产类企业_____家;加工类企业_____家

15. 红枣类企业是否有优惠政策?

_____

16. 有无资金支持?　A. 有　B. 无

有无贴息贷款?　A. 有　B. 无

有无农业保险?　A. 有　B. 无

本县枣产业基本情况调查表

品种名称	面积 (万亩)	结果面积 (万亩)	折合鲜枣产量 (吨)	用途 (制干/加工/鲜食)	价格 (元/千克)	流通渠道

附录5　酸枣产业调查问卷

调查地点：＿＿＿＿＿市＿＿＿＿＿县＿＿＿＿＿乡＿＿＿＿＿村

调查时间：＿＿＿＿＿年＿＿＿＿＿月＿＿＿＿＿日

一、酸枣生产基本情况

1. 您是否参加酸枣合作社/酸枣企业？

①是，＿＿＿＿＿＿＿＿企业/合作社

②否

2. 酸枣产量情况

品种	2017 年		2016 年		2015 年	
	面积（亩）	产量（千克）	面积（亩）	产量（千克）	面积（亩）	产量（千克）

3. 您所采摘的酸枣是否是野生酸枣？＿＿＿＿＿＿

①是，野生酸枣

②不是，是人工抚育野生酸枣

4. 您还从事哪种农作物的生产？

①玉米　②棉花　③苹果　④梨　⑤其他＿＿＿＿＿＿

与其他作物相比，您觉得酸枣效益怎样？

①高　②差不多　③低

酸枣产业增收效果是否明显？

①是　②否

5. 当前生产中仍存在哪些问题？

6. 您对酸枣的前景是否看好？

①是　②否　③很难说

7. 您是否得到了政府的补贴？①是　②否

如果是，得到的是＿＿＿＿＿＿＿＿补贴，平均每亩补贴＿＿＿＿＿＿＿元

8. 您希望政府在促进枣产业发展方面提供哪些帮助？（多选）

①提供生产资料补贴　②提供贷款利息补贴　③减免税收　④提供相关技术培训　⑤提供销售平台　⑥其他＿＿＿＿＿＿＿＿

二、生产成本

酸枣生产成本及收益调查表

指标	单位	年份					
		2017	2016	2015	2014	2013	2012
一、种植面积	亩						
二、生产成本	元						
（一）物质费用	元						
1. 接穗	元						
2. 肥料	元						
3. 农药	元						
4. 水	元						
5. 其他							
（二）生产服务支出	元						
1. 灌溉费	元						
2. 其他	元						
（三）间接费用	元						
1. 修理费	元						
2. 其他	元						
（四）人工成本	元						
1. 修剪用工费	元						
2. 采摘	元						
3. 除草	元						
4. 其他							
三、年总产值	元						
1. 平均销售价格	元						

续表

指标	单位	年份					
		2017	2016	2015	2014	2013	2012
2. 亩产值	元						
3. 每亩纯收益	元						

注：人工成本的劳动日工价：修剪_____元/天、采摘_____元/天，其他_____。

三、流通模式调查

9. 您目前采用的销售渠道：

①直销到当地市场　②经纪人上门收购　③批发商　④合作社　⑤其他

10. 生产基地的运作模式？

①基地+农户　②基地+龙头企业+农户　③基地+合作社+农户　④其他

11. 龙头企业对推动酸枣产业发展是否起到显著的带动作用？①是　②否

12. 基地是否全是标准化管理？

①是　②否

哪一级别的标准？①国家级　②省级　③市级　④县级

标准化的内容？_____

13. 各流通环节的价值增值？

农户→经纪人/合作社/企业→加工企业→批发市场/药企/批发→药店/零售商→消费者

_____

_____

14. 酸枣在流通环节仍存在的问题？

①储存（黄曲霉素问题）

②其他

四、加工消费

15. 消费者对于酸枣产品的需求偏好？

16. 酸枣的加工品种类？各占比重大小？

①中药

②食品

③饮品

④茶

⑤化妆品

⑥其他

17. 精深加工酸枣的利润率？

18. 各类加工品的市场行情如何？未来发展趋势？

五、政策措施

19. 酸枣产业发展的制度保障：现有支持政策？期待哪些政策出台？

20. 酸枣产业发展亟待解决的问题有哪些？有哪些政策建议？

附录 6　中国枣产业消费者需求特征调查问卷

尊敬的女士/先生：

　　您好！为了得到关于消费者对红枣消费偏好以及影响消费的因素等相关信息，以便能帮助红枣产业转型升级，特拟定了该问卷，希望您能抽出时间协助我们做好这次调查，您的回答对调查信息非常重要。请您在选定处打"√"。非常感谢您的合作！

　　1. 您的性别是：（单选题＊必答）

　　○男

　　○女

2. 您的年龄是：（单选题＊必答）

○26 岁以下

○26~35 岁

○36~45 岁

○46~55 岁

○55 岁以上

3. 您的职业是：（单选题＊必答）

○学生

○自由职业者

○事业单位从业人员

○企业单位从业人员

○个体工商户

4. 您的受教育程度为：（单选题＊必答）

○初中及以下

○高中及以下

○专科或本科

○研究生及以上

5. 您的收入水平为：（单选题＊必答）

○2000 元以下

○2000~3999 元

○4000~5999 元

○6000~7999 元

○7999 元以上

6. 您来自哪里？（单选题＊必答）

○南方

○北方

7. 你购买枣产品是否在意产品的品牌（不在意直接回答第 9 题，在意回答第 8 题）（单选题＊必答）

○在意

○不在意

8. 您购买的枣产品的品牌为：（多选题＊必答）

□好想你

□和田玉枣

□兵团红

□楼兰红枣

□西域美农

□一品玉

□大唐西域

□禾煜枣

□五星枣

□其他

9. 您购买红枣的目的为：（多选题＊必答）

□作为礼品

□养生

□传统节日膳食制作（例如：腊八节）

□零食，单纯喜欢

□其他

10. 您经常购买的品种为：（如果您的答案是枣类加工品请回答第 11 题，其他答案直接回答 12 题）（多选题＊必答）

□干枣

□鲜枣

□枣类加工品

11. 您购买的具体的枣类加工品为：（多选题＊必答）

□即食枣产品

□枣酱

□枣酒

□枣糕

□枣类奶制品

□枣类果脯

□枣加核桃

□其他

12. 您对购买的枣产品口感有何要求：（多选题＊必答）

□脆甜可口

□口感松软

□脆嫩多汁

□其他

13. 您对购买的枣产品包装有何要求？（单选题＊必答）

○粗包装

○精包装

○简包装

○散装

14. 您是否偏好绿色枣产品？（单选题＊必答）

○是

○否

15. 您对食用方便性有何要求：（多选题＊必答）

□拆开即食型

□散装，需清洗

□无枣核型（加工类）

□无要求

16. 您能接受的枣产品心理价格（以斤为单位）：（单选题＊必答）

○11 元以下（□干枣 □鲜枣 □加工品）

○11～30 元（□干枣 □鲜枣 □加工品）

○31～60 元（□干枣 □鲜枣 □加工品）

○60 元以上（□干枣 □鲜枣 □加工品）

17. 您对枣产品的年销售量为：（单选题 ＊ 必答）

○6 斤以下

○6～10 斤

○11～20 斤

○20 斤以上

18. 你选择的购买途径为：（单选题 ＊ 必答）

○实体店

○网店